Michael McRae
Shangrila

SERIE PIPER

Zu diesem Buch

Am östlichen Ende des Himalaya, in Tibet, zwängt sich der Brahmaputra als Tsangpo durch die tiefste Schlucht der Erde – eingegraben zwischen zwei Siebentausendern. Dieser undurchdringliche Canyon ist eines der letzten Rätsel der Geographen: Irgendwo muß ein riesiger Wasserfall sein, höher als die Niagarafälle. Anders ist der Höhenunterschied im Flußverlauf nicht zu erklären. Warum ist er in keiner Karte verzeichnet, hat ihn tatsächlich kein Mensch je gesehen? Handelt es sich etwa um das legendäre Shangrila, den Sehnsuchtsort, den James Hilton in seinem Erfolgsroman »Der verlorene Horizont« verewigte? Und was erwartet denjenigen, der diesen heiligen Ort zum ersten Mal betritt? Fasziniert von der Einmaligkeit Shangrilas, folgt Michael McRae den internationalen Expeditionsteams an die Grenzen der bekannten Welt, wo sie fremd, geheimnisvoll und wunderschön ist.

Michael McRae, Journalist und Autor, schreibt für National Geographic, Outside und Geo, unter anderem über seine ausgedehnten Reisen nach Afrika, Südamerika und Asien. Seit 1993 berichtet er über die verschiedenen Tsangpo-Expeditionen. Er lebt in Oregon.

Michael McRae
Shangrila

Die Suche nach dem letzten Paradies

Aus dem Amerikanischen von
Ulrike Frey

Mit 8 Seiten farbigem Bildteil

Ein MALIK Buch
Piper München Zürich

Ungekürzte Taschenbuchausgabe
Mai 2004

Titel der amerikanischen Originalausgabe:
»The Siege of Shangri-La. The Quest for Tibet's Legendary Hidden Paradise«,
Broadway Books/Random House, New York 2003

erschienen im Verlagsprogramm Malik
Umschlagkonzept: Büro Hamburg
Umschlaggestaltung: Birgit Kohlhaas
Foto Umschlagvorderseite: Tiziana und Gianni Baldizzone
(aus: »Brahamaputra«, Frederking & Thaler)
Foto Umschlagrückseite: Billy Ellzey
Satz: Satz für Satz. Barbara Reischmann, Leutkirch
Druck und Bindung: Clausen & Bosse, Leck
Printed in Germany ISBN 3-492-24150-6

www.piper.de

Für Ginny,
meine göttlich weibliche Abenteurerin,
in Liebe und Dankbarkeit

Inhalt

Prolog: Geheimnisvoller Tsangpo 9

Erster Teil: Der verborgene Wasserfall 21

Zweiter Teil: Auf der Suche nach dem Paradies 99

Dritter Teil: Jenseits der Geographie 159

Epilog: Nach der Flut 255

Glossar 267

Literaturhinweise 269

Danksagung 273

Karte 276

Prolog

GEHEIMNISVOLLER TSANGPO

Im neunzehnten Jahrhundert, dem Goldenen Zeitalter der Entdeckungen, wurden die entlegenen und unerforschten Regionen der Erde mit viel Phantasie in einer Art geographischer Meditation heraufbeschworen, dann erst zogen die Europäer aus, um sie zu »entdecken«. Dem Verhältnis der westlichen Welt zu fernen Ländern wohnte also ursprünglich beinahe etwas östlich Spirituelles inne. Gebiete, von denen oft nur Spekulationen oder oberflächliche Beschreibungen früher Reisender ein Bild vermittelt hatten, nahmen nun durch Landvermessung und Kartographie deutlichere Konturen an. Nach mehreren Vermessungen lösten sich die »weißen Flecken auf der Landkarte« schließlich aus dem Bereich der geographischen Spekulation und wurden Wirklichkeit.

Im Zeitalter der wissenschaftlichen Entdeckungen galten die großen Forscher – Livingstone, Burton, Speke und Stanley in Afrika, Amundsen, Scott und Shackleton an den Polen sowie gegen Ende des Jahrhunderts eine Reihe von Himalaya-Forschern – als Hohepriester der Geographie. Die Karten, die diese furchtlosen Reisenden anfertigten, waren »für die geographische Forschung dasselbe wie die Heilige Schrift für die Theologie: eine glaubwürdige Quelle, die bislang nur flüchtig erhaschte Wahrheiten bestätigte«, so die Historiker Karl Meyer und Shareen Brysac.

Ein östlicher Philosoph dagegen würde wohl anmerken, daß sich ein solch empirisches Vorgehen bei der Entdeckung der Welt vor eigentlichen Einsichten verschließt und daß sich eine imaginäre Landschaft von uns entfernt und wir den entscheidenden Bezug zu ihr verlieren, sobald wir sie durch rationale Beobachtungen erklären wollen. So sind im tibetischen Buddhismus beispielsweise die Grenzen zwischen der sinnlich wahrnehmbaren Landschaft und der Seelenlandschaft fließend.

Die Erforschung der einen Welt kann zur Reise in die andere werden, vor allem, wenn es sich bei der Landschaft um ein heiliges Kraftzentrum handelt. An solchen Orten lassen sich vier Ebenen der Geographie unterscheiden, heißt es. Die physische Ebene ist für jeden sichtbar, doch die innere, die verborgene und die paradiesisch geheime Sphäre sind nur spirituell unterwiesenen Adepten zugänglich und auch nur dann, wenn der rechte Zeitpunkt gekommen ist. Für sie steht eine Reise durch solch eine Landschaft gleichsam für ein Voranschreiten auf dem Pfad der Erleuchtung.

Die folgende Geschichte handelt von der Entdeckung eines dieser Kraftzentren – der Yarlung-Tsangpo-Schlucht im Südosten Tibets – und davon, wie der Westen sie erforscht hat. Hier stürzt der Tsangpo, nachdem er sich über 1600 Kilometer quer durch den Himalaya gewunden hat, geradewegs vom tibetischen Hochplateau und verschwindet zwischen hohen Berggipfeln. Bevor der Fluß sich unter dem Namen Brahmaputra durch die Ebenen Nordindiens wälzt, hat er auf einer Strecke von nur 320 Kilometern mehr als 2700 Meter Höhe verloren.

Die Quelle des Nils gab vor hundertfünfzig Jahren den Geographen ebenso viele Rätsel auf wie der Tsangpo. Denn welchen Lauf nahm dieser Fluß? Speiste er – wie mittlerweile erwiesen ist – den Brahmaputra, oder mündete er in einen der zahlreichen anderen Flüsse, die vom tibetischen Hochland her kamen und östlich des Himalaya durch die Urwälder Birmas und Chinas donnerten? Gerade einmal 300 Kilometer vom Tsangpo entfernt liegen der Yangtse, Mekong, Salween und Irrawaddy, daneben kleinere Flüsse wie Lohit, Dibang und Dihang. Die vier großen Ströme fressen sich durch das Gebirge und lassen dabei tiefe, enge und unpassierbare Schluchten hinter sich. In tieferen Lagen rauschen sie durch subtropische Wälder, zu deren üppiger Tier- und Pflanzenwelt Orchideen, der kleine Panda – auch als roter Panda bekannt – und in der unteren Region des Tsangpo die letzten knapp zwanzig Tiger Tibets gehören.

Bis zur Mitte des neunzehnten Jahrhunderts blieben die Tsangpo-Schlucht und ein Großteil ihrer Umgebung ein weißer Fleck inmitten eines Niemandslandes: Hier lebten kriegerische Stämme, die klimatischen und landschaftlichen Extremen ausgesetzt waren, und Tibets Grenzen waren früher ohnehin für alle Fremden geschlossen. Die Briten hatten nicht nur ein akademisches Interesse daran, die Schlucht zu durchqueren, auch die strategische Notwendigkeit sowie kommerzielle Überlegungen spielten eine wichtige Rolle: Großbritannien befand sich damals in einem geopolitischen Wettlauf mit Rußland, dem sogenannten Great Game, dem »Großen Spiel«. Die Intrige wurde Anfang des Jahrhunderts gesponnen, als britische Geheimagenten herausgefunden hatten, daß russische Gesandte in Tibet gewesen waren. Aus Angst, der Zar könnte einfallen und von dort aus versuchen, Zentralasien und das Kronjuwel Indien unter seine Gewalt zu bringen, schickte Großbritannien Spione nach Tibet, um etwas über die Eigenheiten des Landes zu erfahren und Informationen zu erhalten. Als Späher wurden die berühmten Pandits aus der einheimischen Bevölkerung Indiens rekrutiert und von britischen Beamten ausgebildet. Als Pilger verkleidet, entsandte man sie nach Tibet, wo sie eine Karte über den Lauf des Tsangpo zeichnen und feststellen sollten, ob es zwischen ihm und dem Brahmaputra eine Verbindung gab. In diesem Fall würde man dem Fluß von Indien aus stromaufwärts folgen können, und die britischen Truppen wie auch die Händler hätten einen neuen Zugang über den Himalaya nach Tibet.

Die Geschichte des Great Game haben bereits andere erzählt. Wir wenden uns hier anstatt der Geopolitik vielmehr der Geographie zu, genauer gesagt der – physischen wie metaphysischen – Geographie der Tsangpo-Schlucht. Den Auftakt für unsere Erzählung bilden die zwanziger Jahre, als die Verbindung zwischen dem Brahmaputra und dem Tsangpo bereits erwiesen und ein Großteil der Schlucht erforscht war. Dem gesamten Flußlauf war jedoch noch niemand gefolgt. Der innerste Abschnitt der Schlucht, die 16 Kilometer im tiefsten Teil des Cañons, wo der Fluß schäumend zwischen den Gipfeln des Namche Barwa und des Gyala Pelri hindurchrauscht, hatte bis dahin jeden Fremden abgeschreckt – von den Pandits bis zu den britischen Geheimagenten Frederick Bailey und Henry Morshead. Sie alle mußten feststellen, daß es entlang dieser Strecke keine Wege oder Dörfer gab, nichts außer dem Tsangpo selbst, der in unüberwindbare Tiefen zu stürzen schien.

Doch 1923 machte sich der berühmte Pflanzenjäger Francis Kingdon-Ward auf, das »Rätsel« um den Tsangpo – wie er es nannte – zu lösen: Was sonst konnte ein derartiges Gefälle auf so kurzer Strecke erklären als ein riesiger Wasserfall? Wie für viele Geographen war die Frage nach den verborgenen Wasserfällen des Tsangpo auch für Kingdon-Ward »der große Traum der Geographie«, der den westlichen Forschungsreisenden vorangegangener Jahrzehnte unerfüllt geblieben war. Die Quelle des Nils hatte man entdeckt und die Pole erreicht. Nun richteten sich alle Augen auf Tibet, nicht nur wegen seiner wachsenden mystischen Bedeutung als Quelle okkulten

Wissens, sondern auch wegen seiner politischen Isolation. Als verbotenes Land voller Magie und Geheimnisse rückte Tibet ins Blickfeld des Westens und wurde zum Gegenstand weitreichender öffentlicher Spekulationen.

Im ersten Teil dieses Buches steht die Forschungsreise Kingdon-Wards im Mittelpunkt, aber auch der Rückblick auf die Reisen der Pandits und derjenigen von Bailey und Morshead im Jahr 1913. Die Geschichte der frühen Expeditionen in die Schlucht ist eng mit Fragen der Topographie und der Naturkunde verknüpft sowie am Rande auch mit der Ethnographie der Stämme, die hier leben: die Mönpas, die Lhopas und in der unteren Schluchtregion die kriegerischen Abors. Obwohl sich all diese Forscher auf die Suche nach dem geheimnisvollen Wasserfall begaben, war keine Expedition von Erfolg gekrönt. Weder dem Pandit Kintup noch Bailey und Morshead, nicht einmal Kingdon-Ward gelang es, die 16 Kilometer lange »Lücke« im innersten Bereich der Schlucht zu schließen. Ihre Beobachtungen legten vielmehr die Vermutung nahe, daß der Flußlauf in diesen unbezwingbaren Tiefen auch ohne einen Wasserfall steil genug war, das starke Gefälle zu erklären. Nach Kingdon-Wards Erforschung der Schlucht schien somit fast ausgeschlossen, daß es einen verborgenen Wasserfall gab.

Das erste Kapitel endet mit der Machtübernahme der Kommunisten in Tibet 1950, die erneut ein Einreiseverbot für Ausländer nach sich zog. Für die folgenden vier Jahrzehnte verschwand die Schlucht hinter dem Bambusvorhang, und ihr Geheimnis blieb gewahrt.

Der zweite Teil beschreibt die Epoche der modernen Forschungsreisen in die Schlucht und beginnt mit der Öffnung des Südosten Tibets für den Tourismus Anfang der neunziger Jahre. Zuvor hatten die Chinesen das Gebiet noch für militärisch sensibel erklärt, da es an die umstrittene Grenze zu Indien stößt. Der Zugang zur Schlucht blieb somit für ausländische Reisende weiterhin verboten, während das übrige Tibet jedem zugänglich war.

Nun begegnen wir Forschern, die an einer ganz anderen Art von Geographie interessiert sind als Kingdon-Ward und seine Zeitgenossen es waren. Diese Abenteurer, abtrünnige Gelehrte mit ausgezeichneten Kenntnissen der tibetischen Sprache und östlichen Religionen, verband die Aufgeschlossenheit für die Mythologie des tibetischen Buddhismus, deren Kosmologie von Berggottheiten und Dämonen es durchaus mit der griechischen Mythologie aufnehmen kann. Bei ihren Touren durch das Land, per Anhalter oder zu Fuß, stellten sie fest, daß nicht nur die gelehrten Kleriker und Monasten, sondern auch die Tibeter aus dem einfachen Volk eine spirituelle Verbindung zur Natur pflegten, die in Europa, wo man auf rationale Beobachtungen fixiert war, verlorengegangen schien. Sie entdeckten, daß die Magie ein Bestandteil der tibetischen Alltagsrealität war, ein unerklärliches, aber ganz normales Phänomen an Kraftorten wie der Tsangpo-Schlucht. Dieser verborgene heilige Ort, Bäyül genannt, gehört zu den berühmtesten in ganz Tibet. Aus den Erzählungen über diese verborgenen mythologischen Reiche entstand das imaginäre Königtum Shangrila – aufgezeichnet von den ersten Missionaren und Entdeckern, denen es gelungen war, die enormen physischen und politischen Hindernisse Tibets zu überwinden.

Zwei der eifrigsten spirituellen Geographen waren die Gelehrten Ian Baker und Hamid Sardar, die sich in Kathmandu niedergelassen hatten. Baker, der die Kunst und Religion Asiens studiert und in Oxford in englischer Literatur promoviert hatte, und Sardar, ein amerikanisch-iranischer Tibetologe und Harvard-Absolvent, unternahmen die bislang umfassendste Erforschung der Schlucht und ihrer natürlichen und übernatürlichen Gegebenheiten. Zwischen 1993 und 1998 führten die beiden acht Forschungsreisen durch, mal zusammen, mal getrennt. Sie reisten als Pilger und als Akademiker und hatten dabei spirituelle Reiseführer zur Hand, die vor hunderten von Jahren in einer – wie Baker sie nennt – »Dämmersprache« verfaßt wurden. Zunächst war keiner von beiden sonderlich daran interessiert, die Frage des verborgenen Wasserfalls wieder aufzugreifen, doch ihre Suche nach dem geheimen Mittelpunkt des Bäyül – dem legendären Yangsang Ney, dem innersten, geheimen Ort – führte sie schließlich doch in die unerforschte Klamm, vor der alle vorangegangenen Entdecker hatten kapitulieren müssen. Das Ergebnis ihrer Suche und die nachfolgende Diskussion über die »Entdeckung« eines riesigen verborgenen Wasserfalls sorgten in der ganzen Welt für Schlagzeilen und lösten eine Debatte über die Bedeutung von Entdeckungen in der heutigen Zeit aus.

Das abschließende Kapitel des Buches befaßt sich ausgiebig mit eben dieser Problematik, basiert teils aber auch auf meinem eigenen Unterfangen, mit Sardar zur Schlucht zu gelangen. Wir hofften, dorthin vorstoßen zu können, wo er das geweihte Heiligtum des Bäyül vermutet: ein unbewohntes Nebental, das noch kein Fremder und kaum ein einheimischer Bewohner der Schlucht betreten hat. Doch diese Reise steht noch aus.

Im Sommer 1994 hörte ich zum ersten Mal von der Tsangpo-Schlucht: Ein Männermagazin wandte sich mit einem eiligen Auftrag an mich und fragte, ob ich alles andere stehen und liegen lassen und einen Beitrag über eine wichtige geographische Entdeckung schreiben könne, auf die Richard D. Fisher, ein eher unbekannter Expeditionsleiter aus Tuscon, Arizona, Anspruch erhebe. In den fünfzehn Jahren, in denen ich schon über Forschungsreisen und Entdeckungen schrieb, hatte ich noch nie von ihm gehört. Der zweiundvierzigjährige Fisher behauptete jedoch, im Südosten Tibets »als erster den größten und tiefsten Cañon der Welt erforscht und dokumentiert« zu haben.

Moment mal, dachte ich mir. Lag der tiefste Cañon denn nicht in den peruanischen Anden, am Rio Colca? Das hatte zumindest erst kürzlich in einem Artikel der Zeitschrift *National Geographic* gestanden. Abgesehen von dieser Unstimmigkeit erschien mir unwahrscheinlich, daß Fisher am Ende des zwanzigsten Jahrhunderts eine so bedeutende Entdekkung gelingen sollte, wo selbst die entlegensten, unzugänglichsten und gefährlichsten weißen Flecken auf der Landkarte schon lange ausgefüllt waren. Wollte er damit etwa andeuten, daß die Forscher, Geographen und Kartographen die immense Tiefe der Schlucht jahrhundertelang einfach übersehen hatten, und ihre Verdienste durch seine Entdeckung schmälern? Es war, als sei irgendein unbekannter Bergsteiger gerade aus dem entlegensten Winkel der Erde zurückgekommen und behauptete, einen Gipfel gefunden zu haben, der höher war als der Mount Everest.

Andererseits hatten Fishers Messungen in der Schlucht das *Guinness Buch der Weltrekorde* überzeugen können. Die Herausgeber des Buches waren auf ihn zugekommen, nachdem sie einige Artikel über seine Entdeckung gelesen hatten. Nur in einem Punkt hatte ihr beratender Geograph sich nicht mit ihm einigen können: Wie sollte man den gewaltigen Graben, den der Tsangpo in die Landschaft gefräst hatte, bezeichnen? Für einen Cañon fand ihn der Experte nicht eng und seine Wände nicht steil genug. Er meinte, in Nachauflagen des Weltrekordbuchs solle er lieber als tiefstes Tal der Erde aufgeführt werden und den bisherigen Eintrag, das Kali-Gandaki-Tal im nepalesischen Himalaya, das er um gut 350 Meter übertraf, ersetzen.

Sollte sich *National Geographic* etwa geirrt haben? Das schien unwahrscheinlich, und doch deutete noch etwas anderes in Fishers Pressemappe darauf hin, daß er und die Herausgeber des *Guinness Buch der Rekorde* einer wirklich großen Sache auf der Spur waren: Es handelte sich um eine Meldung der staatlichen chinesischen Nachrichtenagentur Xinhua vom 4. Mai 1994, in der Geologen von der Academica Sinica den neuen Tiefenrekord als ihre eigene Entdeckung ausgaben. Die Meßergebnisse der chinesischen Forscher wichen zwar leicht von denen Fishers ab, doch auch sie hatten auf den knapp 320 Kilometern Gesamtlänge der Klamm eine durchschnittliche Tiefe von etwa 5000 Metern ermittelt. Der Bericht erwähnte außerdem, der Grand Canyon sei im Vergleich dazu »nur anderthalb Kilometer tief«.

Daß die chinesische Meldung gerade zu diesem Zeitpunkt veröffentlicht worden war, mag reiner Zufall gewesen sein, doch die ganze Sache roch förmlich nach historischem Revisionismus, nach einem Wettlauf, bei dem das angesehene internationale Forschungsinstitut krampfhaft zu versuchen schien, dem unbekannten amerikanischen Expeditionsleiter um eine Nasenlänge voraus zu sein. In meinen Augen sprach diese Kontroverse (oder wohl eher der Sturm im Wasserglas) Bände. Wie gering war doch die Bedeutung derartiger Entdeckungen kurz vor der Jahrtausendwende! Die Bestimmung der Tiefe eines tibetischen Flußtales konnte sich mit der Erforschung der Pole oder der Nilquelle kaum messen. Waren uns die wirklichen Entdeckungen ausgegangen, so daß uns nur noch Spielereien mit topographischen Statistiken blieben?

Am nächsten Tag buchte ich einen Flug nach Tuscon. Daß mich das Projekt, auf das ich mich einließ, in den folgenden sechs Jahren immer wieder beschäftigen und schließlich der Anlaß für dieses Buch sein sollte, konnte ich damals noch nicht ahnen. Rick Fisher spielte eine wichtige Rolle bei der ganzen Geschichte, denn immerhin stieß Ian Baker erst auf seine Einladung hin zur Schlucht vor. Aber auch wenn sich

Fisher später in den Mittelpunkt der Ereignisse stellen sollte, ist er nicht die zentrale Figur – falls es eine solche überhaupt gibt. Sein Part – sein Schicksal, könnte man sagen – ist der des finsteren, gekränkten Abenteurers in einem Drama um Intrige, Rivalität und faustisches Streben, das in dieser abgelegenen Himalaya-Region begann, sobald die ersten Fremden sie betraten. Wie das ganze Land, so umgibt auch die Schlucht eine schimmernde Aura des Geheimnisvollen und der Magie, obwohl (oder vielleicht gerade weil) der Westen alles versuchte, diesen Ort zu definieren und in Zahlen zu fassen. Noch immer ist die Schlucht ein unbeschriebenes Blatt Papier, eine Projektionsfläche für die Träume und Phantasien des Abendlandes, nicht anders als in den frühen Jahren ihrer Erforschung.

James Hiltons 1933 veröffentlichter Roman *Der verlorene Horizont* spielt in einem geheimen Gebirgstal namens Shangrila, das irgendwo in den Bergen Tibets liegt. Mit seinen gepflegten Gärten, den bemalten Teehäusern und dem Kloster, das alles ringsum überragt, stellt es eine heilige Stätte des Lernens und der Kultur dar, ein Garten Eden, in dem die Zeit stehengeblieben zu sein scheint. Diese Vorstellung vom Paradies nährte die eskapistischen Träume des kriegsmüden Europas. Das Bäyül Pemakö, wie die Tsangpo-Schlucht auch genannt wird, hat jedoch kaum Ähnlichkeit mit Hiltons Utopie. Es ist ein Paradies des tantrischen Buddhismus, dessen widriges Klima, fast senkrecht abfallende Berghänge, undurchdringliche Urwälder und tosende Wasser einem höheren Zweck dienen: Sie sollen die Achtsamkeit erhöhen und den Weg zur Selbsterleuchtung verkürzen.

Wie Shangrila war auch die Tsangpo-Schlucht früher von der westlichen Welt abgeschottet. Doch in letzter Zeit kam es zu einer regelrechten Invasion von rivalisierenden ausländischen Reisenden – spirituellen Heilssuchern, chauvinistischen chinesischen Forschern, erlebnishungrigen Wildwasserfanatikern, die alle auf ihre Weise Bestätigung suchen –, so daß aus Shangrila ein Tal des Hasses und des Streits wurde. Nur wenigen war bewußt, auf welche Schwierigkeiten sie sich in Pemakö würden einlassen müssen. Und alle kehrten zutiefst verändert zurück – sofern sie die Reise überlebten.

Erster Teil

DER VERBORGENE WASSERFALL

»Kein Wunder … daß Tibet die Phantasie der Menschheit beflügelt hat. Seine ganz eigene Zurückhaltung, seine Abgeschiedenheit und unerschütterte Ruhe und das Geheimnisvolle, das seine gewaltigen Flüsse und Gebirge umgibt, üben auf den Forscher eine unwiderstehliche Anziehung aus. Weite Teile Tibets sind noch nie von einem Menschen betreten worden …«

Francis Kingdon-Ward,
The Riddle of the Tsangpo Gorges

Francis Kingdon-Ward machte sich keine Illusionen über die Herausforderungen, die ihn erwarteten, als er Anfang des Jahres 1924 in London die Segel für seine Reise nach Kalkutta – und damit auch zur Tsangpo-Schlucht im Südosten Tibets – setzte. Mit neununddreißig Jahren zählte er bereits zu den erfahrensten und erfolgreichsten Pflanzensammlern der Welt. Er war dreizehn Jahre lang für Bees & Company, eine Saatgutfirma aus Cheshire, durch Asien gereist und hatte etliche exotische Pflanzenarten in den Gärten Englands heimisch gemacht: vom prächtigen gelben Rhododendron – ihm zu Ehren

R. wardii benannt – bis zu den verschiedensten Primeln, Lilien und Mohnblumen.

Sein erster Auftrag für Bees hatte den Fünfundzwanzigjährigen 1911 ins Bergland der südwestchinesischen Provinz Yunnan sowie in die angrenzenden Gebiete nach Tibet geführt, nicht weit vom Ziel seiner jetzigen Expedition entfernt. Er war fast das ganze Jahr über mit einem Leibdiener und seinem riesigen, halbwilden Tibet-Mastiff Ah-poh unterwegs gewesen und hatte nach robusten alpinen Arten gesucht, die seiner Meinung nach auch im gemäßigten englischen Klima gedeihen würden. Die Arbeit war zeitaufwendig und extrem anstrengend, denn er schuftete in atemberaubenden Höhen. Wenn er Pflanzen fand, die in Frage kamen, aber noch in voller Blüte standen, kehrte er einige Monate später wieder, um die Samen zu ernten. Manchmal mußte er dabei auf einer Höhe von gut 3000 Metern über dem Meeresspiegel im mehr als einen Meter tiefen Schnee nach markierten Pflanzen graben. Dann preßte er sorgfältig die Samen – wie auch die kompletten Pflanzen, die er für private Herbarien und für die Royal Botanic Gardens in Edinburgh sammelte –, etikettierte sie und verpackte sie für die Verschiffung zurück nach England. Überdies mußte er seine Beobachtungen Abend für Abend genau aufzeichnen.

Nach einem Jahr hatte Kingdon-Ward fast zweihundert verschiedene Pflanzenarten gesammelt, von denen zweiundzwanzig wissenschaftliche Neuentdeckungen waren. Am Ende seiner Feldarbeit stand ein dreiwöchiger Gewaltmarsch an, dann trudelte er wieder in der chinesischen Stadt Tengyue, seinem Ausgangsort, ein. Er sah furchtbar aus: »Mein Haar war lang und zerzaust, die ... Zehen schauten vorne aus den Stiefeln heraus, meine Reithosen waren zerrissen und der Mantel an den Ellenbogen durchgewetzt«, schreibt er in *The Land of the Blue Poppy*, dem zweiten seiner fünfundzwanzig Bücher und, laut seinem Biographen Charles Lyte, seinem

Francis Kingdon-Ward.

wohl besten Werk. Nachdem Kingdon-Wards Proviant aufgebraucht war, hatte er sich sechs Monate lang mit kargen Rationen einheimischer Kost begnügt: mit Tsampa, bitterem Ziegeltee, Yakmilch und -butter, Pilzen, Bambussprößlingen und Eiern, wenn er welche finden konnte. Er und sein Diener Kin hatten mehrere Krankheiten, üble Wetterbedingungen, widerspenstige Maultiertreiber und Lastenträger, Erdrutsche und Einsamkeit erlebt (besonders Kingdon-Ward, der ein Leben lang immer wieder unter schweren Depression litt). Nach dem Aufstand, der die Provinz Yunnan im Anschluß an den Zusammenbruch der Mandschu-Dynastie 1911 erschüttert hatte, trieben sich überall im Hügelland desertierte Soldaten herum, die sich auf Raubzüge verlegt hatten, um zu überleben. Als fremder Reisender mit voll bepackten Lasttieren war Kingdon-Ward für sie ein gefundenes Fressen, außerdem wurde er öfters von mißtrauischen Beamten verhört. Schließlich war es erst sieben Jahre her, seit der britische Colonel Francis Younghusband mit seinen Streitkräften einen blutigen Vormarsch auf die tibetische Hauptstadt Lhasa unternommen hatte, um dem unnachgiebigen Land den Willen Großbritanniens aufzuzwingen. Bis zu diesem Zeitpunkt hatte Tibet die Angebote der Briten zurückgewiesen, sich dem Vorstoß der Russen in Zentralasien zu widersetzen und dem Empire anzuschließen, und hatte seine Grenzen dicht gemacht. Younghusband, ein Erzimperialist und die Schlüsselfigur in der politischen Intrige des Great Game, führte eine Streitkraft von tausendzweihundert Soldaten, zehntausend Trägern und ebenso vielen Lasttieren vom indischen Darjeeling über den Himalaya in das »Verbotene Reich«. Seine Truppen metzelten in einem einzigen, berüchtigten Scharmützel siebenhundert dürftig bewaffnete Tibeter nieder und zwangen schließlich die Regierung zur Unterzeichnung eines Kooperationsvertrags.

So gefährlich Tibet 1911 für Fremde jedoch auch sein mochte:

Für einen Pflanzenjäger waren seine gigantischen Flußtäler ein wahres Nirwana. Nach Kingdon-Wards Ansicht existierten eigentlich zwei Tibets: das karge Hochplateau, wo der Oberlauf des Tsangpo, des Salween, des Mekong und anderer Ströme lagen, und daneben die beeindruckenderen Schluchtregionen am Mittellauf der Flüsse. Nachdem sich diese quer durch die Hochebene Richtung Osten und Südosten gezogen haben, wenden sie sich in dieser Gegend nach Süden und rauschen durch den Himalaya und die Grenzgebirge östlich des Namche Barwa, des letzten hohen Gipfels des Gebirgsmassivs. Dann donnern sie zwischen den Bergen hinunter, ergießen sich in die Ebenen von Nordindien, Birma und Laos und fließen schließlich zum Meer.

Immer eloquenter beschreibt Kingdon-Ward die Schluchtregionen als eine Landschaft »mit dunklen Wäldern und duftenden Wiesen, mit schneebedeckten Gipfeln und blumenübersäten Berghängen, mit kriechenden Gletschern, Gebirgsseen und rauschenden Flüssen, die mit Getöse durch Felsschluchten donnerten... einsame Klöster kleben wie Schwalbennester an den Steilhängen, und finstere Festungen auf schroffen Felshöhen überragen die Dörfer und Felder in den Tälern zu ihren Füßen.«

In dieser geschönten, an Shangrila erinnernden Schilderung vergißt er jedoch zu erwähnen, daß die Täler zugleich beängstigend unwirtlich sind. In den Urwäldern wimmelt es von Blutegeln, Milben, Brennesseln, Giftschlangen und großen, wilden Tieren wie beispielsweise dem bengalischen Tiger. Die dicht bewaldeten Hänge sind entsetzlich steil und oft undurchdringlich. Es gibt nur wenige Dörfer, kaum Ackerbau und nicht viel zu essen. Das Wetter ist fast das ganze Jahr über scheußlich: drückende Hitze, Regengüsse, in höheren Lagen Schnee und Eis. Mit erschreckender Regelmäßigkeit verändern katastrophale Überschwemmungen und Erdrutsche die Landschaft.

Die Vorstellung von einem Urwald in Tibet scheint auf den ersten Blick mit dem wüstenartigen Klima nördlich des Himalaya unvereinbar. Tibet liegt jedoch im Regenschatten eines Gebirgsmassivs, ähnlich wie es beim Death Valley und der Sierra Nevada der Fall ist. Der Himalaya stellt eine Barriere für die Monsunwinde dar, die den Regen über den indischen Subkontinent peitschen. Die feuchten, schweren Luftmassen werden die Berghänge hinauf und über die Gipfel getrieben, und wenn sie dann über die tibetische Hochebene hinwegfegen, haben sie ihren Ballast bereits abgeworfen, sind trocken und hemmen üppiges Pflanzenwachstum.

Im Osten des Himalaya, östlich der Eiszinnen des Namche Barwa, findet der Monsun jedoch einen Weg zwischen den Bergen hindurch auf das Hochplateau: Er strömt durch die Schluchten wie durch eine Schleuse. Kingdon-Ward nannte die 320 Kilometer zwischen dem Namche Barwa und dem Fuß der Yunnan-Hochebene »die Achillesferse dieser sonst so uneinnehmbaren Bergfestung, die Tibet wie eine Mauer umgibt.« Heftige Sturmwinde tosen zwischen den Felsspalten herauf, starke Niederschläge aus Regen und Schnee sind die Folge. Die feuchten Talregionen sind mit einem Dickicht aus Rhododendron und Riesenbambus bewachsen und in höheren Lagen mit wunderschönen Kiefern-, Zedern- und Pappelwäldern überzogen, die sich jenseits des Himalaya fächerartig ausbreiten und dann rasch dem trockenen Klima der Hochebene weichen. Diese Schneise durch das Gebirge war Zeit seines Lebens Kingdon-Wards Revier – hier fand er die meisten der dreiundzwanzigtausend Pflanzenarten, die er im Laufe seiner Karriere sammelte.

In den dreizehn Jahren, in denen Kingdon-Ward in dieser Region unterwegs gewesen war, hatte er alle größeren Stromgebiete der Gegend erkundet, nur nicht den Tsangpo. Der Zugang zur Schlucht – ob vom Westen her flußabwärts, quer durch die tibetische Hochebene, oder von Süden her flußaufwärts, vom nordindischen Staat Assam kommend – war schon schwierig genug, und die politischen Umwälzungen in China sowie die Existenz feindlich gesinnter Einheimischer wie der Abors und Mishmis in den Bergen unterhalb der Schlucht bereiteten zusätzliche Probleme. Daß Kingdon-Ward das ersehnte Ziel nicht erreichte, heißt jedoch keineswegs, daß er es nicht versucht hätte.

Nachdem er seine erste Expedition in *The Land of the Blue Poppy* aufgezeichnet hatte, war er beispielsweise 1913 erneut Richtung China aufgebrochen, zwar ohne einen festen Reiseplan, doch nun mit Unterstützung der Royal Geographical Society, die ihn als Mitglied aufgenommen hatte und an seiner Erkundung der Region interessiert war. Neben der Anfertigung von Karten für die RGS und dem Sammeln von Samen für Bees & Co. hatte er die Aufgabe, dem Mittellauf des Brahmaputra – in Tibet Tsangpo genannt – durch die Schlucht zu folgen. Bis um die Jahrhundertwende eine britische Vermessungsexpedition nachweisen konnte, daß der Tsangpo in den Brahmaputra übergeht, war über die Verbindung zwischen den beiden Flüssen nur spekuliert worden. Keinem dieser Expeditionen war es jedoch gelungen, den zerklüfteten innersten Abschnitt der Tsangpo-Schlucht zu durchqueren, so daß er auch 1913 noch einen weißen Fleck auf der Landkarte bildete.

Der Name Brahmaputra hatte sich in Kingdon-Wards Gedächtnis eingeprägt, seit er ihn als kleiner Junge gehört hatte. Sein Vater, Harry Marshall Ward, war ein berühmter Botaniker an der Cambridge University, und oft besuchten Gelehrte und Forscher ihn dort auf dem Rückweg von einer Auslandsreise. Einer von ihnen, dem der junge Frank begegnete, war in Indien gewesen und schilderte den Brahmaputra als einen Fluß voller Geheimnisse. »Am Ufer des Brahmaputra gibt es Orte, an denen noch kein Weißer gewesen ist«, soll er dem Jungen erzählt haben. Die Bemerkung regte Kingdon-Wards

Phantasie an und ließ ihn jahrelang nicht mehr los. Als er 1925 *The Riddle of the Tsangpo Gorges* verfaßte, wiederholte er diesen Ausspruch fast wörtlich, um damit ganz Tibet zu beschreiben.

Auf der Expedition im Jahr 1913 wollte Kingdon-Ward das »Rätsel« lösen, das überall – in den Salons des Londoner Nobelviertels Mayfair genauso wie in den Sitzungssälen der RGS – für Faszination sorgte: Wie konnte derselbe Fluß, der bei Lhasa noch auf einer Höhe von über 3600 Metern dahinströmte, auf einer so kurzen Strecke ein so starkes Gefälle aufweisen, sobald er die tibetische Hochebene hinter sich ließ? Wenn der Fluß in den Abor-Bergen am Ende der Schlucht, etwa 320 Kilometer unterhalb des Quellgebiets, wieder zum Vorschein kommt, hat er fast 3000 Meter Höhe verloren. Irgendwo in den Tiefen der Tsangpo-Schlucht, so vermutete man, mußte es einen Wasserfall geben, der mit den Niagarafällen oder den Viktoriafällen am gewaltigen Sambesi in Afrika vergleichbar oder sogar noch größer war. Nachdem die Verbindung zwischen dem Tsangpo und dem Brahmaputra nun als sicher galt, erschien die Vorstellung von einem riesigen, verborgenen Wasserfall in der Schlucht um so glaubwürdiger. Wäre der Tsangpo nämlich mit weiter entfernten Flüssen wie dem Irrawaddy oder dem Salween verbunden, die östlich des Brahmaputra verlaufen, wäre sein mysteriöser Weg durch das Massiv lang genug, um die Gebirgsausläufer auch ohne einen Wasserfall zu erreichen. 1913 war die gängige Theorie jedoch, daß der Tsangpo den Oberlauf des Brahmaputra bildete und die einzige Möglichkeit für eine Verbindung zwischen den beiden Flüssen ein gewaltiger Wassersturz irgendwo in der Schlucht war.

Die Legende der Brahmaputrafälle war geboren – »der große Traum der Geographie«, wie Kingdon-Ward sie nannte. Beherzt wie immer, absolvierte er einen Schnellkurs in Vermessung und Kartographie bei der RGS und schiffte sich Ende

1912 nach China ein. Dort angekommen, hielt ihn das Vermessen aber vom Botanisieren ab, und seine Begeisterung für das Handwerkszeug der Kartographenzunft hielt sich in Grenzen. Der Plantisch, der einem linierten Reißbrett auf einem Stativ ähnelt und dazu dient, die geographische Lage des Geländes aufzuzeichnen, der Theodolit, eine Art Tachymeter, den man zur Messung senkrechter und waagerechter Winkel verwendet, und verschiedene Sextanten, Barometer, Neigungsmesser und Kompasse – all diese Instrumente waren schwer, kompliziert in der Handhabung und erregten unerwünschte Aufmerksamkeit. Jeder, der mit einem Plantisch und einem Theodoliten gesichtet wurde, besonders ein Europäer, wurde der Spionage verdächtigt.

Im Lauf des neunzehnten Jahrhunderts hatte der British Survey of India mit erheblichem Aufwand Instrumente und Methoden für die heimlichen Sondierungsmissionen seiner indischen Vermessungsspione in Tibet, die Pandits, entwickelt. Anders als Kingdon-Ward mit seinem europäischen Aussehen konnten sie sich als Pilger oder Händler verkleiden. Unter den wenigen Habseligkeiten der Pandits befanden sich äußerlich unauffällige Gebetsmühlen, in denen Kompasse und verschlüsselte Wegbeschreibungen versteckt waren, Wanderstöcke mit eingebauten Thermometern, mit denen man den Siedepunkt des Wassers messen und in eine Höhenangabe umrechnen konnte, und Gebetsketten mit hundert statt der üblichen hundertacht Perlen – aus mathematischer Sicht wesentlich praktischer, um die Übersicht über die gleichmäßig langen Schritte der Pandits zu bewahren. Alle hundert Schritte ließen sie sorgfältig eine Perle durch die Finger gleiten – Tag für Tag, Stunde um Stunde.

1847 wurde der Pandit Nain Singh von Indien aus mit dem Befehl abgesandt, dem gesamten Lauf des Tsangpo zu folgen. Auf seinem Weg von Westen nach Osten gelangte er bis nach

Tsetang, einer Stadt am Flußufer, etwa 400 Kilometer vor der Schlucht. Dort ging ihm das Geld aus, und er mußte über eine südliche Route durch den Himalaya zurückreisen. Vier Jahre später warb der Great Trigonometrical Survey of India den Lama Nem Singh an, der von Tsetang aus weiterforschen sollte – in den Berichten der Gesellschaft trägt er den Decknamen »G.M.N.«. Nachdem er gelernt hatte, die Vermessungen unauffällig durchzuführen, machte er sich mit Kintup, einem mutigen, auch »KP« genannten Schneider aus Sikkim, von Darjeeling aus auf den Weg. Die beiden erreichten zwar den Anfang der Schlucht und den Ort Gyala, doch das unwegsame Terrain jenseits der Siedlung zwang sie, ihr Vorhaben aufzugeben.

Ihre Expedition ließ etwa 160 Kilometer des Flusses unerforscht – den Abschnitt zwischen Gyala und dem britischen Außenposten Sadiya in Assam. Daß der Fluß tatsächlich durch diese Klamm führte, war immer noch nicht erwiesen. Nach den Erkenntnissen von 1870 konnte jeder der drei Flüsse, die in der Nähe von Sadiya zusammentrafen – der Dihang, der Dibang und der Lohit Brahmaputra – mit dem Tsangpo in Verbindung stehen. Auch von Assam her hatten sich britische Vermessungstrupps stromaufwärts gekämpft, die hofften, eine Antwort auf diese Frage finden und die Lücke schließen zu können. Guerillakämpfer aus dem Stamm der Abors und das Dickicht des Urwalds ließen sie jedoch nur erbärmlich langsam vorankommen. An manchen Tagen legten sie kaum mehr als hundert Meter zurück. Lieutenant Henry Harman, der den Vermessungstrupp anführte, berichtete, daß nicht einmal sein Hund die grüne Wand durchbrechen konnte und getragen werden mußte. Harman selbst war schließlich vom Tropenklima so geschwächt, daß er zur Hill Station Mussoorie zurückreisen mußte. In diesem Erholungsort der Briten in den indischen Ausläufern des Himalaya konnte er wieder zu Kräften kommen.

Pandit Kintup, der mutige Schneider aus Sikkim.

Für die nächste Mission, die Erkundung des 160 Kilometer langen verbliebenen Abschnitts, wählte Harman erneut Kintup aus und stellte ihm einen weiteren Pandit, einen chinesischen Mönch, zur Seite. 1880 überschritten die beiden die Grenze nach Tibet und erreichten den Tsangpo ohne Zwischenfälle. Doch dann wurde der chinesische Mönch krank und behandelte Kintup drei Wochen lang »miserabel«, wie dieser später berichtete. Weiter flußabwärts gelangten sie in den Ort Tun Cun, wo sie Quartier nahmen. Der Mönch, ein offenbar recht weltlich eingestellter Zeitgenosse, fand Gefallen an der Frau des Wirtes und ging ein Verhältnis mit ihr ein, das vier Monate dauerte. Schließlich wurden die Ehebrecher überführt, und erst, als Kintup dem betrogenen Ehemann fünfundzwanzig Rupien als Entschädigung anbot, durften die Pandits weiterziehen.

Doch es sollte für den armen Kintup noch schlimmer kommen. Im März 1881 hatten er und der Mönch endlich Gyala in der Nähe der Schlucht erreicht. Einige Kilometer hinter dem Ort kamen sie zu dem kleinen Kloster Pemaköchung. In einem Bericht über seine Einsatzbesprechung, der einige Jahre später veröffentlicht wurde, ist eine Aussage Kintups wiedergegeben, derzufolge der Tsangpo drei Kilometer hinter dem Kloster etwa 45 Meter über eine Klippe in die Tiefe stürzt. Dahinter verliert sich der Fußpfad entlang des Ufers, und man gelangt über einen Umweg wieder hinauf zu den von Rhododendren überwucherten Steilhängen. Kintup und der Mönch waren am Ende ihrer Kräfte und zogen sich in die Klosterfestung Tongkyuk Dzong zurück, wo der Mönch sofort untertauchte. Kintup blieb nurmehr übrig festzustellen, daß der Halunke ihn als Sklaven an den Dzongpon, den Distriktverwalter, verkauft und sich dann schleunigst aus dem Staub gemacht hatte.

Nach zehn Monaten Frondienst gelang es Kintup, seinen Herren zu entkommen. Im März 1882 machte er sich auf den Weg zum unteren Ende der Schlucht. Auf Pfaden hoch über dem Fluß wanderte er am Rand der unerforschten Schlucht entlang – die Männer des Dzongpon immer dicht auf den Fersen. Beim Kloster Marpung, etwa 50 Kilometer vor Tongkyuk, holten sie ihn ein. Der Klostervorsteher hatte jedoch Mitleid mit Kintup und kaufte ihn für fünfzig Rupien.

Harmans Vorhaben, zu beweisen, daß der Tsangpo in den Dihang und damit in den Brahmaputra fließt, ließ Kintup nicht los. Der Pandit war damit beauftragt worden, fünfhundert Holzscheite von jeweils 30 Zentimetern Länge zu schneiden, Löcher hineinzubohren und in jedem ein Blechröhrchen zu befestigen. Dann sollte er irgendwie Harman Nachricht geben, damit dieser an der Stelle Beobachter postieren konnte, wo der Dihang über die Grenze nach Assam fließt. Am vereinbarten Tag sollte Kintup nach und nach jeweils fünfzig dieser Holzklötze in den Tsangpo werfen. Wenn die Beobachter sie entdeckten, wäre Harmans Vermutung, daß der Dihang die Verbindung zwischen dem Tsangpo und dem Brahmaputra darstellt, bestätigt und das Geheimnis des Flusses zumindest ein Stück weit gelüftet.

Der Klostervorsteher von Marpung war ein gütiger Mann, und da er Kintup als frommen Buddhisten erkannte, gestattete er ihm, gelegentlich heilige Stätten in der Schlucht aufzusuchen. Bei einem dieser Ausflüge zersägte Kintup die Baumstämme und versteckte sie in einer Höhle. Ein anderes Mal erlaubte ihm der Lama, eine Pilgerreise nach Lhasa zu unternehmen. Dort traf Kintup einen Richter aus Sikkim, der auf dem Rückweg nach Darjeeling war. Um sicherzugehen, daß seine Anweisungen Harman auch erreichten, diktierte er dem Mann einen Brief. Dann wanderte er zurück nach Marpung und wartete auf den Tag, an dem das Experiment beginnen sollte.

Harman war in der Zwischenzeit jedoch schwer krank geworden und hatte Indien im Dezember 1882 verlassen. Fünf Monate danach war er an einer Lungenentzündung gestorben. Kintups Brief hatte ihn nie erreicht. Und die Holzscheite? Sollten sie es tatsächlich jemals bis zum Dihang geschafft haben, dann waren sie wohl unbemerkt vorbeigetrieben.

Schließlich schenkte der Lama Kintup die Freiheit. Dieser, noch immer seine Mission vor Augen, folgte dem Tsangpo stromabwärts Richtung Assam, kam jedoch schon bald in das von den Abors beherrschte Gebiet. Die Einheimischen waren »beinahe nackt, der untere Teil ihres Körpers nur mit einem Tuch verhüllt«, berichtet er. Sie waren stets mit Pfeil und Bogen bewaffnet, und es hieß, daß sie »Hunde, Schlangen, Tiger, Leoparden, Affen etc. essen«. Wohlwollende Dorfbewohner erzählten ihm, daß er ganz sicher getötet würde, wenn er weiterging. Kintup war also gezwungen umzukehren – 65 Kilometer vor der Grenze zwischen Tibet und Assam. Über die tibetische Hochebene kehrte er nach Darjeeling zurück, wo er im Dezember 1884 ankam. Er war vier Jahre unterwegs gewesen.

Die Nachricht von Kintups Rückkehr erreichte Harmans Nachfolger, Colonel Henry Charles Baskerville Tanner, nicht sofort. Erst zwei Jahre später wurde Kintup für einen Abschlußbericht zur Vermessungsbehörde beordert. Da er nicht schreiben konnte, hatte er in der Schlucht keinerlei Aufzeichnungen gemacht. Statt dessen diktierte er seinen Bericht vollständig aus der Erinnerung, und zwar in Hindustani, einer Sprache, die wiederum Tanner nicht beherrschte. Die Schilderung wurde also übersetzt, um alle militärisch heiklen Informationen bereinigt und schließlich 1889 in einer limitierten Auflage von hundertfünfzig Exemplaren veröffentlicht.

In seiner Schilderung soll sich Kintup an einen gewaltigen Wasserfall erinnert haben, etwa drei Kilometer vom Kloster Pemaköchung entfernt, also an genau der Stelle, wo er und der hinterlistige chinesische Mönch vom Weg abgekommen und umgekehrt waren. Dem Bericht zufolge stürzte der Tsangpo über eine Steilwand namens Sinji Chogyal und bildete dann einen großen See. An sonnigen Tagen habe man am Fuß des Wasserfalles immer Regenbogen sehen können.

Acht Jahre zuvor, 1881, waren im Bericht der Royal Geographical Society die Reisen des französischen Missionars Père Desgodins beschrieben worden. Er hatte von einem »riesigen Wasserfall am östlichen Rand Tibets« gesprochen. Konnte es da noch irgendeinen Zweifel an der Existenz eines tibetischen Niagara geben?

F. M. »Eric« Bailey mit seinem tibetischen Diener Putamdu.

Die Veröffentlichung von Kintups Bericht im Jahr 1889 gab dem Vorhaben, den verborgenen Wasserfall zu finden, neuen Auftrieb. Verschiedene Pläne, von Norden her zur Schlucht vorzudringen, wurden als zu riskant verworfen: Die Versorgung mit Nachschub war kaum möglich, die Anreise von Lhasa zu weit. Auch von Assam her sandte man Spähtrupps aus, aber sie stießen auf die Abors, die sie zur Umkehr zwangen. Der Unternehmungsgeist erlahmte für einige Jahre, doch als Captain Frederick M. »Eric« Bailey 1911 auf eigene Faust loszog, um das Geheimnis zu lüften, lebte die Suche wieder auf.

Wenn es jemandem gelingen sollte, die Schlucht zu durchqueren, dann Bailey. Er war groß und kräftig, gut gebaut, ein Naturliebhaber und ausdauernder Sportler und sprach fließend Tibetisch. Er reiste nie ohne sein Schmetterlingsnetz und die Jagdgewehre. Wegen seiner Angewohnheit, in den gefährlichsten Situationen stehenzubleiben, um eine neue Insekten-, Pflanzen- oder Vogelart zu sammeln, hatte er sich den Spitznamen »Hatter« – »Spinner« – eingehandelt. Younghusband bezeichnete ihn als »schneidigen, abenteuerhungrigen Offizier« und »hervorragenden Kameraden« und kommandierte ihn nach dem Lhasa-Feldzug ab, um das westliche Tibet zu erforschen. Bailey war abgehärtet: Er hatte Temperaturen von minus fünfundzwanzig Grad und Höhen von fast 5500 Metern ertragen, und er liebte extreme Landschaften und die Menschen, die sie hervorbrachten. Nach der Erledigung seines Auftrags im Westen Tibets blieb er im Land, war allen behilflich – vom einfachsten Bauern bis zum Panchen Lama – und las alles, was jemals über Tibet geschrieben worden war. Besonders das Rätsel um den Wasserfall am Tsangpo hatte es ihm angetan.

Nach neun anstrengenden Dienstjahren in Zentralasien hatte Bailey Anspruch auf zwei Jahre Urlaub. Im August 1909 fuhr er an Bord des Dampfschiffes *Egypt* von Bombay nach Edinburgh und war schon bald wieder zu Hause bei Freunden und Familie. Wenn er nicht gerade angelte, jagte oder in London auf irgendeiner Party im Trocadero oder Ritz war, tüftelte er an einem verwegenen Plan, wie er als Privatperson während seines Diensturlaubs dem Rätsel um den Wasserfall auf den Grund gehen könnte.

Im Januar 1911 war es dann so weit. Bailey überquerte den Ärmelkanal und bestieg in Paris den Zug, der Richtung Moskau und schließlich nach Peking fuhr. Sein früherer tibetischer Dienstjunge, der sechzehnjährige Putamdu, war auf seine Anordnung hin den weiten Weg von Tibet nach Peking gekommen, und nun fuhren die beiden mit dem Dampfschiff den Yangtse hinauf nach Wanxian. Von dort setzten sie die zweiwöchige, über 700 Kilometer lange Reise nach Chengdu in Sänften fort. Bailey war überredet worden, in Sänften zu reisen, um sein Ansehen zu erhöhen, aber er weigerte sich, getragen zu werden, und ging einen Großteil der Strecke zu Fuß. Auf dem Weg von Chengdu nach Südwesten, Richtung Tsangpo, fing Bailey Schmetterlinge und schoß Rebhühner und Hasen.

In den Wäldern, die vor ihnen lagen, war in der Zwischenzeit einiges schiefgegangen. Etwa zur gleichen Zeit als Bailey und Putamdu den Yangtse hinauffuhren, hatten Stammesmitglieder der Abors den britischen Regierungsvertreter in Assam, Noel Williamson, sowie neununddreißig seiner Gefolgsleute ermordet. Williamson war bei den Einheimischen nicht unbeliebt gewesen – doch es war »wohl eher Sympathie aus Berechnung«, erklärt Bailey, »denn er schenkte ihnen große Mengen Opium und andere Dinge.« Williamson wußte jedoch auch, wie unberechenbar die Abors sein konnten. Er hatte strikte Order, ihr Gebiet nicht zu betreten. Die Briten wollten um jeden Preis verhindern, daß es an den fernen Grenzen des Empires zu Unruhen kam und sie eine kostspielige Strafexpedition ausrüsten müßten. Doch Williamson hatte die Order mißachtet.

In Chengdu erfuhr Bailey von dem Massaker. Sein Vater hatte dem Generalkonsul ein kryptisches Telegramm mit nur vier Worten geschickt: »Bailey warnen Massaker Sadiya.« Das war alles, und auch das Konsulat hatte keine weiteren Informationen. »Die Nachricht war besorgniserregend«, schreibt Bailey, »denn es ging nicht aus ihr hervor, wer wen niedergemetzelt hatte und aus welchem Grund. So mußten wir auf der weiteren Reise äußerst vorsichtig sein.«

Später erfuhr er, was geschehen war: Williamson und seine Männer hatten trotz der Warnungen freundlich gesinnter Einheimischer den Dihang überquert und das Gebiet der

Abors betreten. Mehrere Tage marschierten sie flußaufwärts, bis einige der nepalesischen Kulis krank wurden. Williamsons Sanitätsoffizier, Dr. Gregorson, schickte die drei schwersten Fälle zur Behandlung zurück, zusammen mit einem Kurier, der Berichte über den Verlauf der Expedition bei sich trug. Auf ihrem Rückweg kamen die Männer zur Abor-Siedlung Rotung, wo sie freundlich aufgenommen wurden. Noch am selben Abend meinte der übermütige Kurier jedoch, seine Gastgeber beeindrucken zu müssen, zog die Briefe hervor und schwenkte sie hin und her, so daß alle sie sehen konnten – ein verhängnisvoller Fehler.

Die Umschläge waren weiß, hatten aber wegen des Todes Edwards VII. einen schwarzen Trauerrand. Jeder Brief war mit rotem Wachs versiegelt. Der Dorfvorsteher erkundigte sich nach der Bedeutung der Farben, und laut Bailey antwortete der Kurier:

»›Seht ihr das Weiße? Das steht für die beiden weißen Männer [Williamson und Dr. Gregorson]. Und diese schwarze Linie um sie herum ist die Wache der indischen Militärpolizei.‹

›Und das Rote‹, fragte der Abor, der wußte, daß das Scharlachrot der Chilischoten in seinem Stamm drohendes Unheil symbolisierte, ›bedeutet das Unheil?‹

›Ja‹, meinte der Kurier, ›großes Unheil.‹«

Das Dorfoberhaupt beschloß, daß die Briefe die britischen Behörden nicht erreichen durften. Nachdem die Kulis und der Kurier am nächsten Morgen Rotung verlassen hatten, wurden sie aus einem Hinterhalt überfallen und getötet. Dann verfolgten die Abors Williamson, Gregorson und die restlichen Träger und metzelten sie fast ausnahmslos nieder.

»Die ganze Sache war nur durch das dumme Prahlen des Kuriers, eines Miri, ausgelöst worden«, schreibt Bailey. »Es war letztendlich eine Verkettung dummer Ungeschicklichkeiten, auch wenn sie vielleicht nicht dümmer waren als die Vorfälle, die die meisten Kriege auslösen.« Noch heikler wurde die

Lage Baileys durch die Tatsache, daß die Beziehungen zwischen Tibet und China zu dieser Zeit auf dem Tiefpunkt angelangt waren. In Lhasa waren der äußerst verhaßte chinesische Amban und Hunderte seiner Günstlinge ermordet worden. China reagierte prompt und mit aller Härte. Unzählige Tibeter – Männer, Frauen und Kinder – wurden enthauptet oder totgeschlagen. Kingdon-Ward war ja zur gleichen Zeit wie Bailey in der Provinz Yunnan und traf einen unbedeutenden tibetischen Fürsten, der mit tausendfünfhundert Schlägen verprügelt worden war. Bailey begegnete in der chinesischen Stadt Bathang einem Lama, der an einem Tag tausendzweihundert Hiebe bekommen hatte und am nächsten noch einmal dreihundert. Die ganze Gegend wimmelte von chinesischen Soldaten, die auf Rache aus waren.

Bailey besaß jedoch einen Paß, der ihm den Aufenthalt in den Provinzen Yunnan und Sichuan ermöglichte, und so beschloß er, sein Glück zu versuchen. Auf Ponys und in Begleitung eines neuseeländischen Missionars aus Bathang, den er nur Mr. Edgar nennt, erreichte Bailey mit seinem Gefolge die tibetische Grenze am Ufer des Mekong. Zuerst wollten die chinesischen Soldaten Bailey den Fluß nicht mit dem Seil überqueren lassen, aber Edgar begann, auf Chinesisch mit ihnen zu diskutieren, bis er sie überzeugen konnte und sie nachgaben. Man verband den Ponys die Augen, schnallte ihnen eine hölzerne Rolle auf den Rücken, die an einem robusten »Seil« aus verzwirnter Bambusrinde hing, und schob sie hinaus über den schlammigen Mekong. Die Überquerung des 90 Meter breiten Flusses dauerte nur wenige Sekunden, und Bailey berichtet: »Ihre Angst hatte durchaus etwas Komisches, als sie merkten, daß sie keinen festen Boden mehr unter den Füßen hatten. Denn während sie über dem Fluß schwebten, streckten sie bei ihrem kläglichen Versuch, wieder zum Stehen zu kommen, alle Viere von sich.«

Zwei Stunden später hatten fünf Männer, drei Ponys und

sechs Ladungen Gepäck die Flußüberquerung geschafft. Endlich waren sie am anderen Ufer angelangt, aber sie befanden sich jetzt außerhalb des Gültigkeitsbereichs von Baileys Paß, in Kriegsgebiet. Es wurde dunkel.

Im tief zerklüfteten Umland der Schlucht mußten sie zu 4500 Meter hohen, eis- und schneebedeckten Pässen aufsteigen und dann wieder hinunter in Wälder, deren gewaltige Kiefern und Zedern einen Stammumfang von fast dreieinhalb Meter hatten. An den schroffen Felshängen streiften Bären und Gorale umher – eine Bergziege mit einem struppigen, rötlichen Fell – und über ihren Köpfen schossen kreischend die Papageien durch die Baumkronen des Waldes. Die Gruppe gelangte ins Stromgebiet des Salween und erreichte am 15. Juni 1911 das Dorf Menkong und seine chinesische Garnison. Es war eine Ironie des Schicksals: Nur zwei Tage nach ihrer Abreise Richtung Tsangpo schlug auch Kingdon-Ward hier sein Lager für die bevorstehende erste Expedition im Auftrag von Bees & Company auf.

Edgar kehrte von Menkong aus nach Bathang zurück und ließ Bailey und seine Männer allein weiterziehen. In den folgenden zwei Monaten, so schreibt Bailey in seinen Memoiren, habe er keinen einzigen Weißen zu Gesicht bekommen. Chinesische Soldaten hatten viele Klöster, an denen Bailey vorbeikam, zerstört und Hunderte von Mönchen umgebracht. Trotzdem waren nicht sie es, die ihm letztendlich zum Verhängnis wurden. Am ersten Juli hatte er das unbeschadet gebliebene Kloster Shugden erreicht, ein Kloster »direkt am Rande des Gebietes, in das ich vorzustoßen plante.« Die Flüsse in seiner Umgebung mündeten in den Po Tsangpo, einen größeren Nebenfluß des Tsangpo, der aus dem Norden kommt und bei der großen Flußschleife des Tsangpo, dem Great Bend, in den Hauptfluß mündet. Dieser Zusammenfluß war nicht weit von der Stelle entfernt, an der sich laut Kintup angeblich der Wasserfall befand. Doch auf dem Weg dorthin mußte man ein Gebiet durchqueren, das der kriegerische Stamm der Pobas beherrschte, der gegen die Chinesen kämpfte und bereits fünfhundert ihrer Soldaten getötet hatte. Der Distriktverwalter des Klosters Shugden weigerte sich, die Verantwortung für Baileys Sicherheit zu übernehmen. »[Er] sagte, ich würde sicher umgebracht werden«, schreibt Bailey, »... die Chinesen würden mich als britischen Spion töten, und die Pobas ... weil sie mich für einen Chinesen hielten, und weil sie sowieso jeden Fremden töteten.«

Da der Verwalter Bailey keine Ponys und Träger zur Verfügung stellen wollte, blieb diesem nichts anderes übrig, als wieder umzukehren. »Meine Enttäuschung ist sicher nachvollziehbar – so kurz vor dem Ziel«, hält Bailey fest. »Den ganzen Vormittag verhandelte ich mit ihm, und erst gegen zwei Uhr machte ich mich schweren Herzens auf den Rückweg.«

Baileys Diensturlaub war beinahe vorüber, so daß er auf schnellstem Wege zurück nach Indien mußte: entweder direkt Richtung Süden, nach Assam, oder – falls die Stämme in den Hügeln dieser Region nach wie vor verrückt spielten – durch Birma. Sein Plan war recht gewagt, zumal er immer noch nicht wußte, welcher Stamm für das Massaker an Williamsons Leuten verantwortlich war. Auf dem Weg nach Sadiya würde er genau durch das Gebiet kommen, wo sich das Gemetzel zugetragen hatte.

Bailey wählte eine Route am Zayül flußabwärts. Putamdu, ein weiterer Dienstjunge und sieben Kulis begleiteten ihn. Obwohl es schon fünf Uhr Nachmittag war, herrschte eine drückende Hitze von dreißig Grad – auf einer Höhe von über 2100 Metern. Bailey stopfte Tabakblätter in seine Wickelgamaschen, um die Blutegel abzuwehren – doch mit wenig Erfolg. Nach einer besonders anstrengenden Etappe mußte er feststellen, daß seine Beine von Blutegeln übersät waren: Hundertfünfzig hatte er gezählt, bis er es schließlich aufgegeben hatte, weil es dunkel geworden war.

Einmal kam die Gruppe auf ihrem Weg an mehreren Holzkäfigen vorbei, in denen man die Köpfe von Verbrechern zur Schau gestellt hatte, die von chinesischen Soldaten enthauptet worden waren. »Die Köpfe selbst waren zwar nicht mehr da, hatten aber grausige Spuren hinterlassen«, notierte Bailey. Im Dorf Chikong stieß er auf eine Garnison von zweihundert chinesischen Soldaten, von denen ihn einer aus Bathang kannte und zum Essen einlud. Bailey behandelte einige der Männer mit Chinin, und der Hauptmann der Garnison zeigte sich dafür erkenntlich, indem er eine Flasche Champagner hervorzauberte, ihn in einer komfortablen Hütte einquartierte und ihm zwei Soldaten als Eskorte für den weiteren Weg mitgab. Einige Monate später erfuhr Bailey, daß Stammesangehörige der Pobas die gesamte Truppe niedergemetzelt und die Leichen in den Fluß geworfen hatten.

Ein Stück weiter südlich im Hügelland traf er zum ersten Mal auf Mishmis – »drei schwerfällige, mürrische Männer, die fast keine Kleidung, dafür aber Ketten aus Hundezähnen trugen und ihr langes Haar oben auf dem Kopf zu einem Knoten zusammengebunden hatten.« Dies waren die »Barbaren«, von denen ihm die Chinesen in Peking erzählt hatten. Es hieß, sie hätten Schwänze wie Affen. Je näher er jedoch dem Gebiet der Mishmis kam, desto kürzer wurden die angeblichen Schwänze. Nun handelte es sich nicht mehr um »ein lustig geringeltes Ding ... [sondern] einen kurzen, etwa acht Zentimeter langen Stummel, auf dem sich nur unbequem sitzen läßt. Und tatsächlich kann man erkennen, wo eine Gruppe Mishmis Rast gemacht hat, da sie mit Stöcken Löcher in die Erde bohren mußten, um ihre Schwänze hineinstecken zu können.«

Schließlich fand er den wahren Grund: Die Mishmis schleppen riesige Pakete mit Tee durch das Hügelland, und um während der Pausen den Rücken zu entlasten, stützen sie ihre Bündel auf T-förmigen Stöcken ab. Die Wege waren mit den Abdrücken dieser Wanderstäbe übersät. Die beiden chinesischen Soldaten, die Bailey begleiteten, wollten diese Erklärung jedoch nicht gelten lassen und wiesen ihn darauf hin, daß die drei mürrischen Mishmis Jacken trugen, die lang genug waren, um einen Schwanz von acht Zentimetern Länge gerade eben zu verbergen.

Die Mishmis zeigten sich Bailey gegenüber freundlich. Sie erzählten ihm, daß Noel Williamson und seine Männer von den Abors umgebracht worden waren. Bailey war erleichtert, denn es war auch bekannt, daß die Mishmis sechzig Jahre zuvor zwei französische Missionare ermordet hatten. Er war daher trotzdem auf der Hut – um so mehr, als er eines Morgens aufwachte und sah, wie sich seine tibetischen Kulis über eine Seilbrücke davonstahlen und sich hastig auf den Heimweg machten. Jetzt waren nur noch Bailey und sein treuer Putamdu übrig.

Im Austausch gegen neue Kulis wollten die Mishmis Opium, und Bailey konnte ihnen den Gefallen tun. Er hatte in China für solche Fälle zwei Pfund besorgt. Das kleine Grüppchen setzte die Reise auf Wegen fort, denen Williamson nur fünf Monate zuvor gefolgt war. Baileys Stiefel waren ausgetreten, und er flickte die Sohlen mit der Haut eines Takin, den er für seine Sammlung erlegt hatte. Schließlich gingen die Stiefel jedoch endgültig aus dem Leim; er mußte seine Segeltuchbadewanne zerschneiden und sich die Stücke um die Füße wickeln wie die Inuit ihre *mukluks*, ihre Fellstiefel. Er bekam Fieber, die Bisse der Blutegel begannen zu eitern, und er mußte zugeben, daß er sich »in einem ziemlich dürftigen gesundheitlichen Zustand« befand.

Endlich kam Bailey in Sadiya an – unrasiert und mit zerfetzter Kleidung schlurfte er in seinen erbärmlichen Fußlappen in die Stadt. Die Gattin eines gewissen Captain Robinson lud ihn zum Tee ein. Glücklicherweise fand er ganz unten in einer Blechschachtel noch einen blauen Serge-Anzug und ein sauberes Hemd mit Kragen und Einstecktuch,

»sowie zu meinem Entzücken ein Paar Hausschuhe, die ich völlig vergessen hatte«.

»Gewaschen, rasiert und – mit Ausnahme der Hausschuhe – tadellos gekleidet, machte ich mich auf den Weg zu Mrs. Robinson«, schreibt er, »und die Art und Weise, wie ich ihren vorzüglichen, aber wenig nahrhaften Kuchen verschlang, muß sie erstaunt und entsetzt haben.«

Zurück in Indien bekam Bailey große Schwierigkeiten – zumindest von offizieller Seite. Er wurde getadelt, weil er seinen Urlaub überzogen hatte, und büßte zwanzig Tage Sold ein. Inoffiziell erhielt er jedoch viel Beifall aus den Reihen des britischen Foreign Service sowie Auszeichnungen von der Royal Geographical Society und der United Service Institution of India. Auf eigene Faust hatte er einen breiten Streifen unbekannten und strategisch höchst bedeutsamen Territoriums erfaßt, Karten angefertigt und die unterschiedlichsten Informationen über die Region und ihre Volksstämme gesammelt – wertvolles Material für das Empire, das nach dem Massaker an Noel Williamson zurückschlagen wollte. Die indische Regierung hatte beschlossen, die Abors zu bestrafen und eine Truppe unter dem Kommando von Sir Hamilton Bower loszuschicken, der den Angriff gerade vorbereitete.

Bowers Rachearmee war für den Kampf im Urwald gewappnet. Neben siebenhundertfünfundzwanzig Berufssoldaten, den von den Briten ausgebildeten Gurkhas, hatte er um die dreitausendfünfhundert Kulis aus dem Volk der Nagas rekrutiert, der Todfeinde der Abors. Die wilden Nagas marschierten – nur mit einem Lendenschurz bekleidet und einem langen Speer – in Gruppen von jeweils sechs Männern los. Sie stimmten ein schauerliches Kriegsgeheul an, ein »Hi-Hah! Hi-Hoh!«, das von weitem zu hören war und »jedem einen heiligen Schrecken einjagen sollte, der es hörte.«

Bailey war schon früher als Spion unterwegs gewesen, und im Laufe seiner glanzvollen Karriere in Zentralasien sollte es noch einmal dazu kommen: Der Foreign Secretary Sir Henry McMahon sorgte dafür, daß Bailey an die Front zurückgehen und sich dort als Nachrichtenoffizier der Bestrafungsmission »ein wenig unauffällig nützlich machen« konnte. Er erkannte, daß sich nach vielen Jahren nun endlich die Chance bot, von Assam aus nach Tibet vorzudringen, und daß Bailey der richtige Mann für dieses Vorhaben war. Im Oktober 1912 war Bailey wieder in Sadiya, voller Erwartung, die lange Reise in die Schlucht antreten zu können und Kintups Wasserfall zu finden.

Er brauchte nur noch einen Landvermesser und fand schließlich in Captain Henry Morshead den idealen Begleiter. Der sechzigjährige Morshead hatte lange Jahre für den Survey of India gearbeitet und zeigte eine »ungewöhnlich starke physische Ausdauer« – wie Bailey es ausdrückt – sowie eine große Begeisterung für das Vorhaben. Als die Strafmission im Frühjahr 1913 ihrem Ende zuging, stellten er und Morshead die Ausrüstung für ihre Reise in die Schlucht zusammen – zufällig etwa zur gleichen Zeit, als Kingdon-Ward im benachbarten China Pflanzen sammelte und von den verborgenen Wasserfällen in Tibet nur träumen konnte. Kingdon-Ward setzte seine ganzen Hoffnungen auf die Expedition im Jahr 1913, mit der er das Rätsel um die Brahmaputrafälle ein für alle Mal lösen wollte. Er war bereits ein gutes Stück weit gekommen, als er durch einen Brief der RGS erfuhr, daß Bailey und Morshead das gleiche Ziel hatten. Anstatt jedoch enttäuscht oder beleidigt zu sein, lobte Kingdon-Ward ihre Bemühungen. »[Bailey] ist mittlerweile sicher bei den Wasserfällen angekommen«, schrieb er in einem Zwischenbericht über den Verlauf seiner eigenen Reise an die Gesellschaft, »und er wird unsere Erwartungen gewiß nicht enttäuschen.«

Bei der Wahl ihrer Route ins Innere der Schlucht, wo die Wasserfälle angeblich zu finden waren, stützten sich Bailey und Morshead auf die Erinnerungen einiger Tibeter aus dem Dorf Mipi im östlichen Teil des Cañons. Sie waren die Überlebenden eines Flüchtlingstrecks, der Osttibet verlassen hatte, als die Chinesen 1903 dort eingefallen waren. Buddhistische Schriften aus dem siebzehnten Jahrhundert bezeichnen die Schlucht als »Bäyül Pemakö«, als »verborgenes Land des erblühenden Lotos« und prophezeien, daß sie in unruhigen Zeiten als Zufluchtsstätte dienen wird – als Paradies auf Erden, wo riesige Früchte eine ganze Familie ernähren und das Getreide von selbst wächst und gedeiht. Doch die Flüchtlinge hatten nichts als unwirtlichen Urwald und feindselige Nachbarn vorgefunden. Die meisten Einwanderer hatten Mipi wieder verlassen, um in die Hochebene zurückzukehren, waren aber auf dem Heimweg scharenweise ums Leben gekommen. Etwa hundert Menschen waren zurückgeblieben, weil sie zu krank oder zu gebrechlich für die Reise waren, und ihr Anführer, Gyamtso, wurde Baileys Vertrauter und beriet ihn mit Hilfe des Dorforakels bei der Routenplanung.

Die Gruppe – Bailey, Morshead, zehn Kulis aus Mipi und drei Urwaldführer – brachen Mitte Mai Richtung Norden auf. Morshead arbeitete unermüdlich und schien keine Angst zu kennen. »Ich glaube, er dachte so wenig über die Gefahr nach, daß ihm gar nicht bewußt war, welche Risiken wir eingingen«, schreibt Bailey. »[E]r stand beispielsweise da, übersät von Blutegeln und in Stiefeln, aus denen das Blut sickerte, und beachtete es gar nicht weiter, so wie ein kleines Kind, dessen Gesicht mit Marmelade verschmiert ist. Das bereitete mir Sorgen, denn ich fühlte mich für Morsheads Tropenhygiene ebenso verantwortlich wie für meine eigene.« Auf dem Mount Everest sollte Morshead einige Jahre später diese unbekümmerte Einstellung gegenüber seiner Gesundheit mehrere Finger kosten.

Auf ihrem Weg in die Schlucht stießen sie auf einen Lagerplatz mit »blanken Gerippen in verrotteten Kleidern« – die Überreste der tibetischen Einwanderer, für die der Rückzug tödlich geendet hatte. Der Pfad führte durch klaustrophobisch anmutende Bambusgehölze, wo die Stämme so eng standen, daß man sich unmöglich zwischen ihnen hindurch zwängen konnte. Im strömenden Regen hackten sie sich den Weg bergauf frei, bis sie auf Pässe gelangten, die mit hüfthohem Schnee bedeckt waren. Fünf der Kulis wurden zeitweise schneeblind, und Bailey löste eine Lawine aus, konnte den Fall aber mit dem Griff seines Schmetterlingsnetzes abbremsen.

»Ich werde oft gefragt, wie Morshead und ich unsere Reiseroute *planten*«, würde Bailey einige Jahre später in *No Passport to Tibet* über den Gewaltmarsch schreiben. »1913 kam uns gar nie der Gedanke, daß eine Expedition überhaupt eine feste Route haben und bis ins Detail organisiert sein sollte. Als wir Mipi verlassen hatten, gab es so viel zu entdecken, war alles für uns wichtig, ganz egal wohin wir gingen und was wir sahen … Wir hatten keine Schwierigkeiten damit, uns den Gegebenheiten immer wieder aufs neue anzupassen … [doch] wenn wir eine Ahnung davon gehabt hätten, was uns erwartete, wären wir vielleicht davor zurückgeschreckt.«

Als sie sich dem Gebiet der wilden Pobas näherten, wurde ihnen die Durchreise erneut von Lokalbeamten verwehrt, die befürchteten, als chinesische Kollaborateure ermordet zu werden. Sie mußten also einen Umweg machen und wollten weiter oben auf den Tsangpo treffen, um dann flußabwärts nach dem Wasserfall zu suchen. Am 17. Juli erreichten sie Gyala und stießen auf einen Fluß, der über eine Steilwand stürzte. Die Dorfbewohner nannten sie Singche Chogye. Es handelte sich ganz offensichtlich um den Wasserfall, von dem Kintup gesprochen hatte, aber es war ebenso offensichtlich, daß er nicht am Tsangpo lag.

In Gyala war ihnen an einem der seltenen wolkenlosen Tage der spektakuläre Blick auf den strahlend weißen Gipfel des 7151 Meter hohen Gyala Pelri vergönnt. »Eigentlich war dies einer der ganz großen Berge der Welt«, schreibt Bailey, »doch verblüffend war, daß nur 20 Kilometer davon entfernt der Gipfel des Namche Barwa mit 7756 Metern aufragte und dazwischen der Tsangpo floß – 4260 Meter unterhalb des Gyala Pelri und fast 4880 Meter unterhalb des Namche Barwa.« Daß eine so tiefe Schlucht einen neuen Weltrekord darstellen könnte, darüber scheint sich Bailey keine Gedanken gemacht zu haben. Diese »Entdeckung« blieb Abenteurern vorbehalten, die achtzig Jahre später auf seinen Spuren wandeln und sich für Pioniere halten sollten.

Hinter Gyala gestaltete sich das Vorwärtskommen mit jedem Tag schwieriger. An einer Stelle in der Nähe des Klosters Pemaköchung fand Bailey einen Pfad zum Fluß hinunter und entdeckte einen Wasserfall von etwa neun Meter Höhe, dessen Gischt über dem Flußbett 15 Meter hoch aufsprühte. Morshead sah einen Regenbogen darin und taufte ihn Rainbow Falls. Sie hatten jetzt nur noch wenig Proviant, waren erschöpft und fieberkrank, so daß sie sich kaum Hoffnungen machten, noch viel weiter zu kommen. »Keiner gab es vor dem anderen zu, doch insgeheim wußten wir beide, daß wir es niemals schaffen würden, die Schlucht direkt am Flußufer entlang zu durchqueren«, gesteht Bailey. »Es wurde immer schwieriger. Aus westlicher Sicht erforschten wir ein Land, über das es nichts als Mutmaßungen gab; wir erkundeten einen der letzten geheimen Orte der Erde, der vielleicht einen Wasserfall barg, dessen Pracht sich mit der der Niagara- oder Viktoriafälle messen konnte. Allein der Gedanke daran, was wir in ein paar Tagen möglicherweise entdecken würden, hätte mich wach gehalten, wenn das nicht schon die schmerzenden, pochenden Schnitte in meinen Knien getan hätten.«

Doch es sollte keine Entdeckung geben. Hinter dem einsamen Kloster mußten sie sich hoch über dem Fluß durch ein Dickicht von Rhododendren kämpfen, deren Stämme den Umfang eines Beines hatten. Ihre Hände waren aufgerissen und vom ständigen Fällen der Bäume mit Blasen übersät, ihre Vorräte auf wenige Tagesrationen zusammengeschrumpft.

»Widerwillig mußten wir uns geschlagen geben«, schreibt Bailey. Obwohl es ihm gelang, mit einem Führer noch einige Kilometer in die Schlucht vorzudringen, zwang ihn seine immer mißlicher werdende Konstitution zur Umkehr. Doch ihre Reise war noch lange nicht zu Ende. Beachtlicherweise führten Bailey und Morshead auf dem gesamten Weg nach Tsetang, wo Kintup und der chinesische Mönch ihre Erkundung begonnen hatten, Vermessungsarbeiten am Tsangpo durch. Dann wandten sich die beiden inzwischen heruntergekommenen Forscher Richtung Süden und überquerten den Himalaya. Als sie nach einer Reise von mehr als 2500 Kilometern, größtenteils zu Fuß, in Rangiya in die Eisenbahn stiegen, sahen sie eher aus wie Landstreicher als wie Beamte des indischen Staatsdienstes. Am 17. November 1913 erreichten sie Kalkutta, suchten sofort das Grand Hotel auf und gönnten sich ein heißes Bad und ein gutes Essen.

Zurück in London legte Bailey der RGS einen offiziellen Bericht vor. »Der angeblich 45 Meter hohe Wasserfall erwies sich lediglich als eine größere Stromschnelle von neun Meter Höhe«, erklärte er auf einer gut besuchten Sitzung am 22. Juni 1914. Doch gleichzeitig räumte er ein, daß ein Abschnitt im Innersten der Schlucht unerforscht geblieben war – dort, wo sie am tiefsten und dunkelsten war und der Fluß wie durch einen Abfluß ins Innerste der Erde strudelte und verschwand. Auf der einen Seite war dieses 16 Kilometer lange Teilstück von einer fast senkrechten, mehrere hundert Meter hohen Steilwand begrenzt, auf der anderen Seite von einer Kette messerscharfer Felsrippen, die sich vom Gipfel des Namche

Barwa aus herunterzogen und ins weißschäumende Wasser des Tsangpo stießen. Selbst Bailey hielt es für unmöglich, sich flußabwärts dorthin vorzuarbeiten oder den Durchbruch flußaufwärts zu schaffen – und das wollte etwas heißen. Um die Ausläufer zu überqueren und am Fluß entlang ins Innerste der Schlucht vorzudringen, hätte man klettern müssen wie über die Falten einer gigantischen Ziehharmonika: auf der einen Seite hinauf und auf der anderen herunter, immer wieder aufs neue.

Kingdon-Ward, der sich gerade am Zusammenfluß von Mekong und Salween aufhielt, erfuhr durch einen Brief der RGS von Baileys zweifelhafter Entdeckung. Daß Bailey 16 Kilometer der Tsangpo-Schlucht unerforscht gelassen hatte, gab nun dem Pflanzenjäger die Möglichkeit, sich einen Namen als Entdecker der Brahmaputrafälle zu machen. Kingdon-Ward antwortete der RGS und versprach, eines Tages selbst »einen Teil des indo-chinesischen Rätsels zu lösen«, auch wenn ihn der Versuch das Leben kostete. Doch bis er sein Versprechen einlösen und die Suche nach dem mythischen Wasserfall fortsetzen konnte, sollten noch zehn Jahre vergehen – eine Dekade, die mit einem Weltkrieg begann und der Heirat mit einem hübschen, blonden, zwölf Jahre jüngeren Fräulein aus besseren Kreisen endete.

Während des Ersten Weltkrieges und unmittelbar danach war Kingdon-Ward weit herumgekommen. Er war mit der 116. Mahratta-Infanterie in Mesopotamien, dem heutigen Irak, gewesen, ohne an den Kampfhandlungen teilgenommen zu haben, hatte mehrere Jahre als Botaniker in Birma gelebt und kehrte 1920 für seinen Heimaturlaub nach England zurück. Obwohl er erst fünfunddreißig Jahre alt war, wurde er schon langsam grau, teils aus Veranlagung, teils aber auch wegen der langjährigen, anstrengenden Arbeit im Himalaya. Mehrere Male hatte ihn ein furchtbares Fieber wochenlang niedergestreckt, und immer wieder tauchte er bei irgendeinem gottvergessenen Außenposten des Empires wie Fort Hpimaw an der Grenze zwischen Birma und Yunnan auf, mit zerfetzten Schuhen, einem langen, verfilzten Bart und einem wilden Blick in seinen grünen Augen. Das Leben als Pflanzensammler und Soldat hatte ihn gestählt und aus ihm einen flinken, drahtigen 1,77 Meter großen Weltergewichtler gemacht. Sein Gesicht zeigte bereits Spuren des Alters, doch auf seine rauhe Weise sah er gut aus – und die Frauen hatten es ihm angetan.

Zeigte sich Kingdon-Ward als Forscher noch so stoisch, während seines Heimaturlaubs war er ganz der Romantiker. Man kann sogar durchaus sagen, er trug das Herz auf der Zunge. Offenbar verliebte er sich ständig aufs neue und machte Heiratsanträge, nur um immer wieder enttäuscht zu werden. 1920 hatte es ihm auf der Heimreise nach England eine Schönheit namens Alice angetan, und er verfaßte ein seltsames Gedicht über sie:

Alice im Wunderland,
Alice durch den Spiegel,
Alice, kurz für
Alice,
Alice wo bist du, (versteckt?)
Alice blaues Kleid

Bei seiner Ankunft in England hatte er Alice eigentlich heiraten wollen, doch eine aufdringliche Verwandte hatte seine Briefe abgefangen. Schließlich verboten Alices Eltern ihrer Tochter, ein Verhältnis mit einem herumstreunenden Botaniker einzugehen, der sich durchs Leben schlug, indem er in China nach Pflanzen suchte. Kurze Zeit später himmelte der unverbesserliche Kingdon-Ward eine andere Frau an und beschloß, um ihre Hand anzuhalten. Sie wies ihn ab und brannte obendrein mit einem anderen Verehrer durch, was Kingdon-Ward nun schon zum zweiten Mal passierte. Dann verliebte er sich in eine goldblonde Göttin namens Florinda Norman-Thompson. Auch sie gab ihm einen Korb, doch als er sich 1921 wieder Richtung China verabschiedet hatte, ließ sie sich sein Angebot noch einmal durch den Kopf gehen.

Bei ihrer ersten Begegnung mit Kingdon-Ward war Florinda dreiundzwanzig Jahre alt, ein Stück größer als er, feingliedrig, tatkräftig und charmant. Sie hatte ihr Haar meist hochgesteckt und trug lange Röcke und große Hüte – nicht gerade der letzte Schrei in den goldenen Zwanzigerjahren, aber dennoch verführerisch. Sie hatte Kingdon-Wards Heiratsantrag zwar abgelehnt, fand den Pflanzenjäger aber »außergewöhnlich tapfer« und sehnte sich nach seiner Gesellschaft, als er fort war. Daher schrieb sie am ersten Tag des Jahres 1922 nach einem langen Morgenspaziergang einen Brief an Kingdon-Ward, der sich gerade in Asien aufhielt. »Mein Liebster«, fing sie an, »für den Fall, daß du meinen Brief von letzter Woche nicht erhalten hast, möchte ich noch einmal darauf zu sprechen kommen. Ich schrieb dir, mein Geliebter, weil ich fragen wollte, ob du mich heiraten möchtest, wenn du heimkommst.«

Daß Briefe oder Telegramme überhaupt jemanden erreichten, der in der Wildnis am Ende der Welt arbeitete, grenzt an ein Wunder. Für die Briten war die Verläßlichkeit des imperialen Postwesens jedoch eine Frage des Nationalstolzes. Kein Bestimmungsort war zu entlegen, ganz gleich, ob es sich um Buschposten in Rhodesien handelte, wo die Briefe von Läufern in Khaki-Shorts und Fez befördert wurden, um birmesische Urwälder oder Hill Stations hoch oben in den indischen Ausläufern des Himalaya. Der britische Historiker James Morris glaubt, daß der geregelte Postverkehr mit den Kolonien »vor allem dem Sinn der Briten für eine weitreichende Ordnung« entsprach, wenn nicht sogar ihrem Hang zur Romantik. Schon vor der Jahrhundertwende brauchte ein Brief von London nach Kalkutta mit dem Zug und dem Dampfschiff nur siebzehn Tage.

Florinda hatte nicht immer Glück mit der Post. Ihr erster Heiratsantrag scheint sein Ziel verfehlt zu haben, obwohl er mit dem viel gerühmten Reiseunternehmen Thomas Cook & Son verschickt worden war. Das zweite Sendschreiben, in dem Florinda ihren Antrag wiederholte, schickte sie an Kenneth Ward, einen Jugendfreund Kingdon-Wards, der damals Mathematik an Birmas Rangoon University unterrichtete. Der Brief erreichte den Pflanzenjäger, als er gerade die Vorbereitungen für eine Expedition traf, die von der Provinz Yunnan nach Indien führen sollte. Schon 1913 hatte Kingdon-Ward gehofft, diese schwierige Durchquerung zu schaffen, aber die politischen Unruhen in der Region hatten seine Pläne vereitelt. Diesmal streckte ihn kurz nach dem Aufbruch im gebirgigen Urwald Nordbirmas ein Fieber nieder, wahrscheinlich Malaria. Außer ein paar rohen Eiern konnte er keine Nahrung zu sich nehmen und war schließlich so entkräftet, daß ihn die Träger auf einer Bambusbahre zurück nach Fort Hertz befördern mußten. Todkrank wurde er ins dortige Feldlazarett eingeliefert, und noch bei seiner Rückkehr nach England war er entsetzlich schwach.

Florinda pflegte ihn, bis er wieder halbwegs genesen war, und im April 1923 wurde das Paar standesamtlich getraut. Doch während sich die beiden in ihrer häuslichen Idylle allmählich einrichteten, plante Kingdon-Ward schon seine Rückkehr nach Tibet. Und dieses Mal wollte er gleich zwei Fliegen mit einer Klappe schlagen: seine lange Liste botanischer Entdeckungen ergänzen und »geradewegs in die Schlucht marschieren und ihrer Brust dieses letzte Geheimnis entreißen«. Kaum hatte er Florinda den Ring an den Finger gesteckt, vertiefte er sich schon wieder in die logistischen Vorbereitungen für die Expedition. Man darf also bezweifeln, ob er diese Mission oder eine der anderen, die er in den folgenden Jahren planen sollte, jemals aus den Augen verloren hatte. Im Februar 1924 jedenfalls stand die frisch gebackene Mrs. Kingdon-Ward wieder einmal am Hafen und wünschte ihrem Ehemann eine glückliche Reise und eine sichere Rückkehr. Sie waren noch nicht einmal ein Jahr verheiratet.

Die Reise nach Indien dauerte ungefähr einen Monat. Begleitet wurde Kingdon-Ward von Lord Cawdor, einem schneidigen, vierundzwanzigjährigen schottischen Grafen und Cambridge-Absolventen. Cawdor – für seine Freunde John oder Jack – war athletisch gebaut, interessierte sich brennend für Naturkunde und war als Chauvinist überall mit dabei, wo es nach Abenteuer roch. Kingdon-Ward hatte ihn wegen seiner Intelligenz, Begeisterung und finanziellen Mittel ausgesucht: Der junge Adlige hatte sich einverstanden erklärt, einen Teil der Expedition zu finanzieren und die Verantwortung für die widrige Vermessungsarbeit zu tragen. Außerdem übernahm er bereitwillig die Aufgabe, die einheimischen Stämme zu studieren, die sich in der Nähe der Schlucht niedergelassen hatten, während Kingdon-Ward sich intensiv mit dem Sammeln von Pflanzen und Samen beschäftigen würde. Tatsächlich steuerte Cawdor die beiden letzten Kapitel zu Kingdon-Wards *The Riddle of the Tsangpo* bei, in denen er über die verschiedenen Völker berichtet: die Mönpas, Nachkommen von Flüchtlingen aus Bhutan, die im frühen neunzehnten Jahrhundert die Region neu besiedelten, die Lhopas, was in der Sprache der Einheimischen in etwa »Ureinwohner« heißt – Kingdon-Ward beschreibt sie als klein und von »affenartigem« Aussehen – sowie den wilden Urwaldstamm der Abors, die Williamson und seine Männer ermordet hatten.

Als die beiden in Kalkutta ankamen, hatte sich gerade eine drückende Hitzewelle über die Gangesebene gelegt. Angesichts von Tagestemperaturen über dreißig Grad im Schatten und einer nur mäßigen Abkühlung nach Sonnenuntergang versuchten sie, die »Stadt der furchtbaren Nächte« so bald wie möglich wieder zu verlassen. Nach vier unerträglichen Tagen stiegen sie am 9. März in den Nachtzug nach Darjeeling, einer gut 550 Kilometer weiter nördlich und 2000 Meter höher gelegenen Hill Station, die der britischen Regierung als Sommerresidenz diente. Als sie am nächsten Tag um sechs Uhr früh in die winzige Schmalspurbahn umstiegen, die noch heute in sechs Stunden die 130 Kilometer lange, steile Strecke zur Stadt hinaufkeucht, konnten sie im Dunst der Ferne zum ersten Mal den Himalaya erkennen.

Darjeeling war seit jeher ein Ausgangspunkt für Expeditionen nach Tibet. Hier hatte Younghusband 1904 seinen Angriff auf Lhasa gestartet, und auch die vom Unglück überschatteten britischen Tibetexpeditionen von 1922 und 1924 – an denen neben anderen George Leigh-Mallory und Andrew Irvine beteiligt gewesen waren – nutzten die sogenannte Königin der Hill Stations als Basisstation. Darjeeling ist in der Tat ein wunderbarer Ort: angenehm kühl, leicht dunstig und von den unendlichen Weiten der Teeplantagen umgeben – eine Landschaft, die Kingdon-Ward als »pittoresk, aber eintönig« empfand. Zudem lag der Ort strategisch günstig in der Nähe des Hauptpasses nach Tibet, des Jelap La (*la* heißt auf tibetisch Paß), im benachbarten Sikkim.

Die Vorräte der Expedition waren von den Zollbehörden in Kalkutta zurückgehalten worden, so daß Kingdon-Ward und Cawdor sich ein paar Tage lang in Darjeeling umsahen. Vielleicht bummelten sie die Einkaufsstraße auf und ab oder genehmigten sich im Rockville Hotel einen Drink, doch Kingdon-Ward konzentriert sich bei seinen Aufzeichnungen auf die geschäftliche Seite; er schreibt über die Nachforschungen wegen des verzögerten Transports ihrer Ausrüstung, über den Wechsel des Geldes für die Expedition in Silberrupien und das Anwerben von Maultiertreibern, darunter einem besonders eifrigen Burschen mit dem Spitznamen Sunny Jim, den Kingdon-Ward einen »vergnügten Trottel« nennt. General Charles Bruce, der Leiter der Everestexpedition von 1924, traf sich in Darjeeling mit Kingdon-Ward und Cawdor und half ihnen, Lasttiere für die erste Etappe ihrer Reise zu finden und Bedienstete für ihr Lager anzuheuern.

Kingdon-Ward konnte einen boshaften Hohn gegenüber den Einheimischen an den Tag legen. Einmal stellte er überaus großzügig fest, daß zwei der tibetischen Burschen, die er als Sammelhelfer mitgenommen hatte, »Anzeichen von Intelligenz« zeigten. Grund für diese bissigen Bemerkungen war jedoch seine allgemeine Frustration darüber, daß ihm nicht alles gelang, was er sich vorgenommen hatte. Cawdor dagegen entwickelte die gleiche rassistische Überheblichkeit, die in Britisch-Indien verbreitet war. Während er in Kalimpong, einem Dorf in der Nähe Darjeelings am Ende der Bahnstrecke, auf die Expeditionsausrüstung wartete, wurde er von einem ausgelassenen religiösen Fest aus dem Schlaf gerissen. »Die Wilden hier gaben ein bestialisches Geheul von sich und trommelten bis spät in die Nacht...«, beschwert er sich in seinem Tagebuch.

In Kalimpong kauften die beiden in letzter Minute noch Gewürze und andere Lebensmittel, doch Kingdon-Ward hütete sich, Vorräte für das ganze Jahr zu besorgen, das vor ihnen lag. Es war keineswegs sicher, daß man in den entlegeneren Gegenden Tibets auch Maultiere oder Yaks für den Transport fand, und außerdem reiste Kingdon-Ward ohnehin lieber mit kleinem Gepäck. »Um in Asien rasch vorwärts zu kommen, ist es zweifellos von größter Bedeutung, möglichst wenig Gepäck bei sich zu haben«, stellte er 1936 in einem Vortrag vor der Royal Geographical Society fest. »Die meiste Zeit über ernährten meine Diener und ich uns von dem, was die Region zu bieten hatte. Milch und Butter sind fast überall in Tibet zu bekommen, und je älter ich bin, desto einfacher scheint es mir, sich von Milch zu ernähren. So habe ich tatsächlich in meinem fünfzigsten Lebensjahr hauptsächlich von Milch gelebt, ganz wie in meinem ersten Jahr.«

Kingdon-Ward, ein stoisches Arbeitstier, hatte während seiner Reise keinen Orden für besondere Kochkünste ausgesetzt und hielt sich selten länger als nötig mit den Mahlzeiten auf, um schneller zu seinen Pflanzen zurückkehren zu können. Im Vergleich zu seinen üblichen Ansprüchen war diese Expedition jedoch geradezu verschwenderisch ausgestattet. Vor der Abreise aus London hatte er bei Fortnum & Mason vorbeigeschaut und sechs Kisten Proviant bestellt: verschiedene Marmeladen, Dosenbutter, Haferflocken, Hackfleisch, Frühstücksbohnen, Päckchensuppen, Yorkshire-Soße, Gänseleberpastete in Dosen, Räucherschinken, Speck, mexikanische Schokoladenriegel, Kaffee, Tee und Kakao. Nicht einmal Kaugummi fehlte, wie man dem Bestellschein entnehmen kann, der Dank der Effizienz des Händlers noch heute erhalten ist. Jede Lebensmittelkiste wog knapp 30 Kilo – soviel, wie ein Träger gerade noch befördern konnte.

Da die Vorräte und die Ausrüstung aus Kalkutta immer noch nicht angekommen waren, erbot sich ihr Gastgeber, der Vorsteher der Schottischen Mission in Kalimpong, die Sachen zu den Handelsposten Phari oder Gyantse in Tibet nachzuschicken, wo die beiden eine längere Rast einlegen würden. Kingdon-Ward konnte es kaum erwarten, die Grenze nach Sikkim zu überqueren. Der britische Regierungsvertreter war damals glücklicherweise Eric Bailey, der bereits zwei Expeditionen in die Tsangpo-Schlucht unternommen hatte. Er gab ihnen wertvolle Ratschläge und hatte eine Menge über seine eigene Suche nach dem verborgenen Wasserfall im Jahr 1913 zu erzählen. Was jedoch noch wichtiger war: Er besaß die tibetischen Pässe für Kingdon-Ward und Cawdor. Ohne diese Dokumente würden die beiden keinen Schritt weiter kommen.

Die Erlaubnis, nach Tibet einzureisen, war mittlerweile einfacher zu bewirken, als noch zehn Jahre zuvor, aber eine Einreisegarantie gab es keineswegs. Grund dafür war das, was Kingdon-Ward die »Sperenzchen mancher englischer Reisender« nennt. Er hält sich in *The Riddle of the Tsangpo Gorges* zwar eher bedeckt, doch mit den »Reisenden« sind die Mitglieder des zweiten Mount-Everest-Forschungsteams von 1921 gemeint, darunter auch ein Geologe. Kurz nachdem die Gruppe ihre Arbeit beendet hatte und im September 1921 aus Tibet abgereist war, hatte der tibetische Premierminister eine diplomatische Beschwerde eingereicht: Örtliche Beamte hätten ihm berichtet, die heilige Gegend um den Everest sei durch einige Expeditionsmitglieder entweiht worden, die nach Türkisen und Rubinen gegraben und sie mitgenommen hätten. Für die Tibeter symbolisiert der Everest die Göttin Chomolungma, die göttliche Mutter der Erde. Das Bergmassiv werde von bösen Gottheiten beschützt, und nun fürchte man, so die Erklärung des Ministers, sie würden sich rächen und Epidemien unter den dort lebenden Menschen und ihrem Vieh verbreiten. Der Premierminister gab zu verstehen, daß er in Zukunft keine Expeditionen nach Tibet mehr genehmigen wolle.

Ohne das Eingreifen von Bailey und Sir Charles Bell, einem ehemaligen Regierungsbeamten in Sikkim und selbst ein Tibetspezialist, wäre der Everest für die Briten vorerst wohl unzugänglich geblieben. Die sieben Sherpas, die auf der Expedition von 1922 umkamen, wären noch am Leben, ebenso wie Mallory und Irvine, die 1924 starben. So aber wandte sich Bailey direkt an den 13. Dalai Lama und versicherte ihm, daß die Berichte über Grabungen nach Edelsteinen alle falsch seien und die Forschungsgruppen zukünftig Rücksicht auf die tibetischen Bräuche nähmen. Bailey und Bell gehörten zu den wenigen Regierungbeamten in Britisch-Indien, die fließend Tibetisch sprachen, und sie hatten beide ein ausgesprochen gutes Verhältnis zum Dalai Lama. Als 1910 zweitausend chinesische Soldaten in Lhasa einmarschiert waren, um Chinas Herrschaftsanspruch über Tibet aufs neue geltend zu machen, hatten sie ihm bei seiner überstürzten Flucht aus der Stadt geholfen. Daß sich Seine Heiligkeit als Dak Wallah, als Briefkurier, verkleiden sollte, war Baileys Idee gewesen. Und es dürfte wohl das erste Mal in der Geschichte des Postwesens gewesen sein, daß eine inkarnierte Gottheit höchstpersönlich die Briefe des Königs beförderte. Mit einer echten Posttasche, die Bailey für ihn organisiert hatte, entkam der Dalai Lama nach Indien und lebte in den folgenden zwei Jahren als Gast der Briten in Darjeeling, bis sich die Lage in seiner Heimat so weit entspannt hatte, daß er zurückkehren konnte.

Bailey und seine Frau hatten in Gangtok, der Hauptstadt Sikkims, Quartier bezogen. Kingdon-Ward und Cawdor verbrachten zwei »wunderbare« Tage mit ihnen, doch genauer äußert sich Kingdon-Ward nicht über die Begegnung. In *The Riddle of the Tsangpo Gorges* läßt er lediglich ein paar schmeichelhafte Phrasen über Bailey fallen – »ebenfalls ein hervorragender Tibetforscher« –, anstatt über die heldenhafte Expedition in die Schlucht zu berichten, die dieser 1913 mit Morshead unternommen hatte. Bailey schloß sich 1921 übrigens dem Everest-Forschungsteam an, und als er 1922 mit Mallory eine Erstbesteigung der oberen Everestregionen versuchte, verlor er drei Finger durch Erfrierung.

Selbst über Cawdor läßt sich Kingdon-Ward kaum aus. Während ihres kurzen Aufenthalts in Sikkim war der große Pflanzenjäger viel mehr damit beschäftigt, die »Wunderwelt« der heimischen Bergwälder zu erforschen – weiße Orchideen, scharlachrote Rhododendren und malvenfarbige Primeln – als mit seinem jungen Schützling zu plaudern. Cawdor zweifelte allmählich daran, ob es eine gute Idee gewesen war, mit dem so zielstrebigen und nüchternen Kingdon-Ward auf Reisen zu gehen, der sich für nichts anderes interessierte als die Botanik.

Die beiden überquerten den Gebirgspaß auf Ponys und erreichten schon bald Gyantse, das etwa 240 Kilometer westlich von Lhasa liegt. Kingdon-Ward war glücklich, wieder in Tibet zu sein, und freute sich sogar über den altbekannten Geruch der Tibeter, die niemals badeten und nach Lagerfeuer und ranziger Yakbutter rochen. »So rauh und eintönig die Landschaft auch sein mag«, schreibt er, »diese unendlich weiten Ebenen, über die scharf die dünne Luft streicht, und die klaren, satten Farben von Himmel und Erde, locken einen immer weiter, verleiten zum Erforschen, Entdecken und Genießen.«

Während Kingdon-Ward in Gyantse seine eitrige Zunge kurierte und sich in der Umgebung der Stadt dem Botanisieren widmete, mischte sich Cawdor ausgelassen unter eine kleine Gruppe britischer und indischer Soldaten und Verwaltungsbeamter. Unter den sechs Europäern befanden sich ein Handelsagent, ein Sanitätsoffizier, ein Wachkommandeur und der Direktor der tibetischen Schule. Cawdor spielte mit ihnen Fußball – in der tibetischen Mannschaft, gegen die Sikhs – und konnte schließlich sogar Kingdon-Ward zu einigen Tennismatches und vier Gängen Polo überreden. Trotz seiner schmerzenden Zunge und seiner Zielstrebigkeit war Kingdon-Ward kein Spielverderber. Beim Polo amüsierte er sich prächtig, obwohl er das erste Mal spielte. »Ein Riesenspaß«, notierte er. »Das erste Pony wollte nicht galoppieren, und das zweite machte immer einen Bogen um den Ball.«

Nach einer Woche waren auch Ausrüstung und Proviant in Gyantse angekommen. Sie luden alles auf Yaks, Maultiere,

Ochsen und Ponys und traten am 11. April 1924 ihre lange Reise in die Schlucht an. Bailey hatte ihnen erklärt, welche Route sie nehmen sollten, doch Kingdon-Ward kannte den Weg bereits von seinen früheren Expeditionen nach Yunnan und Birma. Und dennoch: Kurz nachdem sie am See Yamdrok Yumtso vorbeigekommen und von der Straße nach Norden, Richtung Lhasa, abgebogen waren, verschwanden sie, wie Kingdon-Ward schreibt, buchstäblich von der Landkarte.

Genaugenommen betraten Kingdon-Ward und Cawdor kein völlig unerforschtes Gebiet, als sie den Yamdrok Yumtso hinter sich ließen und in die Einöde Osttibets zogen. Diese Region war zwar im Jahr 1924 noch weitgehend unbekannt, von den Pandits sowie von Bailey und Morshead aber bereits teilweise kartographisch erfaßt und von einigen Geistlichen, Militärs, einzelnen Forschern und einem anderen Pflanzensammler beschrieben worden. Doch in den sechshundert Jahren bis zur britischen Invasion 1904 hatten es nicht einmal zweihundert Europäer, weder als geladene Gäste noch als Eindringlinge, geschafft, die diplomatische Isolation Tibets zu durchbrechen und nach ihrer Rückkehr über die Reisen zu schreiben.

Ihre Karten und Aufzeichnungen erweckten zunächst eine Vorstellung von den physischen und kulturellen Gegebenheiten des Landes. Daneben gab es aber auch Geschichten, die eine prächtige tibetische Landschaft des Übernatürlichen heraufbeschworen und die Tibeter als ein frommes und gläubiges Volk beschrieben. Zu der Zeit, als Kingdon-Ward und Cawdor unterwegs waren, nahm man Tibet nicht mehr nur als Land hoher Gebirge und unendlicher Weiten wahr, sondern auch als Reich der Magie und des Geheimnisvollen. Hier gab es Lamas, die schweben konnten, fliegende Berge und magische Seen, wiedergeborene Gottheiten, aus deren Exkrementen Pillen für religiöse Rituale hergestellt wurden, Giftkulte, Orakel, die durch Weissagungen die höchsten Führer des Landes bestimmten, und Einsiedler, die in Höhlen lebten und allein durch meditative Energie Minusgrade ertrugen. Tibet schien eine Art buddhistisches Arkadien, eine im Äther schwebende Insel der Erleuchtung, wo Lamas das esoterische Wissen bewahrt hatten, das der modernen Welt abhanden gekommen war. Daß das Land von gewaltigen Gebirgsmassiven eingeschlossen war und von Grenzposten aufmerksam bewacht wurde, regte die Phantasie nur noch weiter an.

Der australische Professor für Kulturgeschichte Peter Bishop bezeichnet Tibet als »vorstellbare Komplexität« und schildert, wie die Erzählungen Reisender über Hunderte von Jahren zu einem Bild verwoben wurden, das Tibet als einen heiligen Ort zeigt. »In der Reiseliteratur geht es nicht nur um die Entdeckung von Orten, sondern immer auch gleichzeitig um ihre Erschaffung«, meint Bishop in *The Myth of Shangri-La*. Nach der Auswertung der Tibetliteratur – seine enorm umfangreiche Bibliographie beinhaltet Querverweise zu den unterschiedlichsten Themen, von der Jung'schen Traumdeutung bis zu abendländischen Fiktionen – kommt er zu dem Schluß, das Land sei »Mitte des achtzehnten Jahrhunderts reine Spekulation« gewesen, »doch schon hundert Jahre später war es zu einem der letzten großen heiligen Orte der viktorianischen Romantik stilisiert worden. Noch heute ist der Nachhall dieser früheren Bedeutsamkeit im europäischen Denken deutlich zu spüren«.

Zu dem Mythos trug auch Alexandra David-Néel bei, die 1923 als erste Europäerin Lhasa erreichte. Sie unternahm ihre beschwerliche, viermonatige Reise, als Kingdon-Ward und Cawdor in England gerade die letzten Vorbereitungen für ihre Tsangpo-Expedition trafen, und ihr Buch *Mein Weg durch Himmel und Höllen* erschien 1927, ein Jahr nach *The Riddle of the Tsangpo Gorges.* David-Néels Reisebericht – damals eine Sensation und heute ein Kultklassiker – gewährt dem Leser einen Einblick in die abendländische Vorstellung von Tibet während der goldenen Zwanzigerjahre, als alles gefiel, was okkult war, ob Alphabettafeln für spiritistische Sitzungen oder Theosophie. In einer der vielen Erzählungen über paranormale Phänomene und esoterische Meditationspraktiken schildert sie *thumo reskiang,* die Kunst, die eigene Körpertemperatur zu erhöhen, die ihr auf einer bitterkalten nächtlichen Reise nach Lhasa das Leben rettete. »Ich sah mich bald von Flammen umgeben, die höher und höher stiegen, bis sie mich ganz einhüllten«, schreibt sie. »Ihre Zungen schlugen über mir zusammen. Ich fühlte ein unsagbares Wohlbehagen.«

David-Néel war eine anerkannte Gelehrte des tibetischen Buddhismus. Sie hatte den Dalai Lama während seines Exils in Darjeeling von 1910 bis 1912 kennengelernt und ihn mit ihren Sanskrit-Kenntnissen so beeindruckt, daß er sie drängte, die Studien fortzusetzen. Während also in der Heimat 1914 der Erste Weltkrieg tobte, überquerte sie klammheimlich die Grenze von Indien nach Tibet und verbrachte ein Jahr in einem wenige Kilometer im Landesinneren gelegenen Kloster. Dann lebte sie mit einem Einsiedler, ihrem Lehrer, in Sikkim in einer Höhle und ging 1916 ein zweites Mal über die Grenze, um Shigatse zu sehen, den Sitz des Panchen Lama, den manche tibetischen Religionsführer in spiritueller Hinsicht über den Dalai Lama stellen. David-Néel hatte sowohl das Verbot der britischen Regierung mißachtet, Tibet zu betreten, als auch gegen das tibetische Reiseverbot verstoßen, so daß Sir Charles Bell höchstpersönlich Anweisung gab, sie aus Sikkim zu schaffen und zu bestrafen. Doch das festigte nur ihren Entschluß, Lhasa zu erreichen und den Dalai Lama zu treffen, was ihr schließlich – als zerlumpte Bettlerin verkleidet und mit einem Revolver unter ihren Gewändern – auch gelang. Die vagabundierende Französin hatte keine Genehmigung der Briten oder Tibeter wie etwa Kingdon-Ward und Cawdor – und das ärgerte sie ungemein.

Einige Jahre nach dem Erscheinen von *Mein Weg durch Himmel und Höllen* veröffentlichte David-Néel *Hexen und Heilige*. Eine Geschichte aus diesem Buch veranschaulicht das unausrottbare Vorurteil, in Tibet sei alles möglich. Sie handelt von David-Néels Begegnung mit einem der legendären tibetischen Windläufer oder *lung-gom-pa*, der eines Tages auftauchte, als sie mit ihren Dienern durch Nordtibet zog: »Es war am späten Nachmittag... Plötzlich sah ich ... noch sehr weit entfernt, ein winziges schwarzes Fleckchen, in dem ich mit Hilfe meines Fernglases einen Menschen erkannte ... Je länger ich ihn durch mein Fernglas beobachtete, desto mehr fiel mir sein sonderbarer Gang auf, und daß er ungewöhnlich rasch vorwärts kam«, beginnt sie. Ein Diener schaut durch ihr Fernglas und erkennt ihn als *lama lung-gom-pa*. Er warnt David-Néel, die Trance des Lamas nicht zu stören, da dieser sterben könne, wenn er plötzlich aufgeweckt werde. Als der Läufer näherkommt, sieht David-Néel »sein unbewegliches Gesicht und seine weit aufgerissenen Augen ... mit denen er fest auf irgendeinen hoch in der leeren Luft befindlichen Punkt zu blicken schien. Der Lama lief nicht. Er hob sich scheinbar bei jedem Schritt von der Erde und flog wie eine elastische Kugel sprungweise in die Höhe ... [I]n der rechten [Hand] hatte er den Purba. Er bewegte beim Gehen leicht den rechten Arm, wobei er seine Schritte den Bewegungen des Purba, dessen Spitze weit vom Boden entfernt blieb, so anpaßte, als ob er sich auf einen Stock stützte, der die Erde berührte.«

Der Lama läuft an ihnen vorbei, und sie folgen ihm etwa drei Kilometer weit, doch dann springt er einen steilen Hang hinauf und verschwindet im Gebirge. »Beritten konnte man ihm dorthin nicht mehr folgen. So war es mit unsern Beobachtungen vorbei, und wir kehrten zurück, um unsere alte Richtung wieder einzuschlagen«, schreibt sie.

Auf Grund solcher und ähnlich faszinierender Geschichten wurde David-Néel, so der Sinologe und Journalist Orville Schell, zum »Lieblings-Guru für diejenigen Europäer, die sich nach dem Glauben an ein idealisiertes Wolkenkuckucksheim im fernen Osten sehnten.«

Kingdon-Ward jedoch interessierte sich nicht besonders für diesen Hokuspokus. Er wollte zunächst einmal Blütenpflanzen finden, und dann vielleicht noch einem Wasserfall. Die Mythologie Tibets und insbesondere der Schlucht als einem heiligen verborgenen Reich oder Bäyül hatte zwar auch für ihn eine gewisse Bedeutung, jedoch keine herausragende. Erst die nachfolgende, eher spirituell interessierte Forschergeneration suchte gezielt nach dem Zugang zu diesem Wolkenkuckucksheim in der Tsangpo-Schlucht, der manchen Berichten zufolge in dem 16 Kilometer langen Abschnitt lag, der Bailey zum Aufgeben gezwungen hatte und dem Kingdon-Ward und Cawdor schon bald gegenüberstehen sollten. Doch ausgerechnet dieser Abschnitt und dieser Wasserfall, der sich bislang jedem Versuch einer Entdeckung entzogen hatte, sollte bei der erneuten Suche nach dem Paradies auf Erden, das die Tibeter Bäyül Pemakö nennen, eine wichtige Rolle spielen.

Kingdon-Ward und Cawdor indes wollten auf ihrer Expedition Fragen nach der physischen Geographie auf den Grund gehen, und nicht der spirituellen Bedeutung der Schlucht. Als die beiden nach Osten auf die Schlucht zuritten, trieb sie die Hoffnung, endlich alle Rätsel über den verborgenen Wasserfall lösen zu können.

»Wir näherten uns mit wachen Sinnen und waren auf fast alles gefaßt«, schreibt Kingdon-Ward, »nur nicht auf die Möglichkeit des Scheiterns.«

Cawdor und Kingdon-Ward paßten nicht gerade optimal zueinander, und schon bald nachdem sie die kleinen Annehmlichkeiten und die Gesellschaft von Gyantse hinter sich gelassen hatten, wurde der junge Lord etwas schwierig. Nach vier Tagen war mitten in einem fürchterlichen Staubsturm das Sattelzeug seines Ponys an einer Stelle gerissen. Kingdon-Ward hatte nicht angehalten, um ihm zu helfen – vielleicht war er etwas phlegmatisch, vielleicht aber auch gerade nur in Gedanken. Jedenfalls fiel Cawdor über ihn her und fluchte »ziemlich unmäßig«, wie Kingdon-Ward am Abend in seinem Tagebuch beklagte.

Auch wenn der Streit noch so unbedeutend gewesen war, offenbarte er doch die Spannung zwischen den beiden Männern. Sie »versöhnten« sich zwar gleich wieder, stellt Cawdor fest, »und merkten, wie sich die Stimmung sofort wieder verbesserte«, aber schon bald sollte sie aufs neue getrübt werden.

»Bei einem Burschen wie ihm braucht man mit Kameradschaft nicht zu rechnen«, hielt Cawdor einige Monate später in seinem Tagebuch fest. »Ich habe in meinem ganzen Leben noch niemanden gesehen, der sich so unglaublich langsam bewegt ... [und] sollte ich jemals wieder mit einem anderen auf Reisen gehen, dann sicher nicht mit einem Botaniker. Sie bleiben immer stehen, um irgendwelches Unkraut anzustarren. Ganz offensichtlich hat Gott ihn überhaupt nicht als Kamerad von irgend jemandem vorgesehen«, folgerte er.

Diesen Eindruck hatten auch andere, beispielsweise Ronald Kaulback, der sich Kingdon-Ward 1933 auf einer Tour durch die Berge von Assam, direkt unterhalb der Schlucht, als Vermesser anschloß. Der damals dreiundzwanzigjährige Kaulback erinnert sich noch heute daran, wie entmutigend er seine erste Begegnung mit Kingdon-Ward in London empfand. Als sie später dann im Zug von Kalkutta Richtung Assam rumpelten, merkte er, daß Kingdon-Ward ihn musterte. Selbst nach ihrer Ankunft im Basislager oder in den grünen

Bergregionen von Assam wich seine Härte nur selten. Kaulback erzählte Charles Lyte, Kingdon-Wards Biographen: »Anfangs war er ein äußerst schwieriger Reisebegleiter, zumindest bis ich ihn besser kennenlernte. Er konnte in ein eisiges Schweigen verfallen, das zwei oder drei Tage anhielt. Nicht ein Wort würde in dieser Zeit fallen. Vielleicht sagte er ›Guten Morgen‹, [aber] davon abgesehen marschierte er nur und setzte sich am Ende des Tages hin, um zu essen. Sonst nichts, kein einziges verdammtes Wort.«

Allmählich machte sich Kaulback keine Gedanken mehr über Kingdon-Wards Schweigsamkeit. Er gelangte zur Überzeugung, daß der Grund dafür die große Belastung war und der Druck, den sich Kingdon-Ward bei seinen Feldstudien selbst auferlegte. »Er glaubte immer, er hätte es noch besser machen können und sollen«, sagt Kaulback. »Er war nie zufrieden.« Die Lageberichte, die Kingdon-Ward regelmäßig an die RGS schickte, lassen ein wenig von dieser Angespanntheit durchscheinen, vielleicht sogar eine Spur Unsicherheit. Seine Briefe dagegen klingen unerschütterlich optimistisch, außer wenn er mit sich selbst ins Gericht geht.

Kaulback hielt Kingdon-Ward für einen klassischen Einzelgänger und zudem für besonders zäh und selbstgenügsam. Außerdem war er nicht immer so streng. Nach ein paar Tagen schlechter Laune »ließ er es wieder gut sein und war sehr vergnügt«, meint Kaulback. Als sie an Ostern zu einem feuchtfröhlichen Abendessen bei einem Provinzbeamten eingeladen waren, zog Kingdon-Ward seine Ukulele hervor und schmetterte ein Balladen-Medley nach dem anderen, während Kaulback dazu Black Bottom und Charleston tanzte. Bei den Dorfbewohnern kamen sie damit ziemlich gut an.

»Das war eines der wenigen Male, wo ich ihn lachen sah«, erinnert sich Kaulback. »Er saß am Tisch, auf dem in rauhen Mengen dieser scheußliche chinesische Schnaps stand, lachte wie verrückt und zupfte schräg auf seiner Ukulele herum.«

Cawdor gegenüber zeigte sich Kingdon-Ward nie von dieser Seite. Der junge Mann bekam Heimweh und wurde krank, und da er kein Hindustani sprach, war er auf Kingdon-Ward angewiesen, wenn er mit den Bediensteten im Lager kommunizieren wollte. Auch das Essen war nicht nach Cawdors Geschmack, obwohl sich Kingdon-Ward bei Fortnum & Mason ja wirklich große Mühe gegeben hatte. In seinem Tagebuch läßt sich Cawdor mürrisch über die Zähigkeit eines Hühnchens aus, das vor Ort besorgt worden war. »Man mußte sich beim Essen so anstrengen, daß man danach hungriger war als davor«, schreibt er. »Mein Gott, ich könnte heute Abend wirklich ein riesiges Stück Figgy Duff [süßes Gebäck] vertragen.«

Hinter dem Yamdrok Yumtso kamen sie durch ein Tal mit glitzernden Bächen und grünen Frühlingswiesen. »In Wäldchen voll knospender Bäume sangen die Vögel, und durch einen rosaroten Schleier aus Mandelblüten schimmerten weiß gekalkte Häuser«, schwärmt Kingdon-Ward. »Wenn dies das wahre Tibet ist, dann hat man dieses Land bis jetzt wirklich verkannt! Gibt es irgendwo auf der Welt etwas Bezauberndere und Friedlicheres, einen Ort mit mehr Frühlingsfrische und Charme?«

Je weiter sie jedoch Richtung Osten vordrangen, um so mehr wichen die Bäume einer kargen, braunen Hügellandschaft. Bei Tsetang, etwa 80 Kilometer südwestlich von Lhasa, kreuzte ihre Route den Tsangpo. Nasser Schnee fiel und hinterließ auf den Straßen knöcheltiefen Matsch und Schlamm. Der Fluß »strömte träge zwischen den kahlen, schroffen Bergen hindurch«, der Wind brauste und die Luft war voller Flugsand, der von den Dünen herüberwehte, die sich am Ufer auftürmten. Obwohl der Tsangpo hier breit und langsam dahinfloß, führte er riesige Wassermassen, die wie eine große Mühle die Granitblöcke im Flußbett gegeneinanderrieben und so einen »ständigen Nachschub an Sand« produzierten.

Mehrere Dörfer von Tsetang aus flußabwärts waren verlassen, weil der Flugsand die Felder unter sich begraben hatte.

Mittlerweile waren Kingdon-Ward und Cawdor eingespielt: Cawdor betätigte sich als Vermesser, aber außerdem war er nun, wie er es formuliert, »Oberster Bediensteter für den Transport, Quartiermeister, barmherziger Samariter und Erster Feldwebel«. Mit anderen Worten: Er machte all die Dreckarbeit, mit der Kingdon-Ward sich nicht abgeben wollte. Der große Pflanzenjäger war schließlich hier, um nach Pflanzen zu suchen. Er mußte seinen Aufträgen nachgehen, darunter auch einem des Dalai Lama, der einen grünen Daumen besaß und Kingdon-Ward gebeten hatte, ihm Samen für die Gärten seines Anwesens in Lhasa mitzubringen. »KW«, wie Cawdor ihn in seinen Tagebucheinträgen nennt, sammelte zudem für das British Natural History Museum und die Royal Botanic Gardens in Kew. Für diese umfangreichen Aufgaben mußte er von fast jeder Pflanzenart, die sie unterwegs fanden, einige Exemplare präparieren, selbst wenn sie für einen englischen Gärtner keinen dekorativen Wert hatte.

Weiter flußabwärts hatten Erdbeben die Wege am rechten, südlichen Ufer des Tsangpo zerstört, so daß Kingdon-Ward und Cawdor mit einer Flottille aus fünf kleinen, runden Booten aus mit Yakhaut bespanntem Weidengeflecht ans Nordufer übersetzten. Von dort aus überquerten sie in einem Schneesturm den atemberaubenden Lung La. Auf der Paßhöhe mußten sie sogar durch knietiefen Schnee stapfen. Die Träger blieben mit dem Gepäck weit hinter ihnen zurück, und als es dunkel wurde, stellten sich die beiden darauf ein, die Nacht im Freien verbringen zu müssen. In diesem Augenblick hörten sie jemanden rufen und sahen durch das Schneegestöber eine Taschenlampe aufblitzen: Mönche aus dem Kloster Chökorgye. Nach einem heißen Buttertee und einer Nacht am Kohlenfeuer waren Cawdor und Kingdon-Ward wiederhergestellt.

Die Karawane kam nur zermürbend langsam voran, nicht schneller als der träge Tsangpo selbst, wie Kingdon-Ward klagt. Wie in dieser Region üblich, mußten sie in jedem Dorf Halt machen und die Lasttiere auswechseln. So stießen schließlich noch etwa zwölf Frauen und Mädchen zu ihrem Gefolge, um all die Bündel zu befördern, die auf den Rücken der »störrischen Ponys und trägen Ochsen« keinen Platz mehr hatten. Die Frauen waren klein und kräftig, und, so meint Kingdon-Ward, »ihre Angewohnheit, sich schwarzen Firnis ins Gesicht zu schmieren, verdeckt weder irgendwelche verborgenen Reize, noch betont sie ihre Häßlichkeit.«

Im Dorf Trungkhang wurden sie der Schwester des Dalai Lama vorgestellt. Sie führte gerade die Ponys zur Tränke. »Ein einfaches Mädchen vom Lande mit einem recht ausgeprägten Kropf, das in dem alten Dorf lebte. Das Wissen, daß ihr Bruder der Herrscher über ganz Tibet war und auch außerhalb des Landes von Millionen Menschen wie ein Gott verehrt wurde, ließ sie vollkommen unbeeindruckt«, schreibt Kingdon-Ward. Staatsorakel hatten den Jungen ausgewählt und ihn zur Reinkarnation des vorigen Dalai Lama ernannt, da er bestimmte heilige Gegenstände wiedererkannt hatte.

Anders als die feindlich gesinnten Einheimischen weiter unten am Tsangpo nahmen die Dorfbewohner dieser Region sie freundlich auf. Sie schenkten ihnen Milch, Butter und Eier und begrüßten sie mit herausgestreckter Zunge, um zu zeigen, daß sie keine Dämonen waren: In der vorbuddhistischen Bön-Tradition hatten Dämonen angeblich schwarze Zungen. Da die Dorfbewohner am Rande Pemakös lebten, kannten sie natürlich die spirituelle Bedeutung von Kingdon-Wards und Cawdors Reiseziel. Sowohl in der Mythologie der Bön-Religion wie auch der des Buddhismus symbolisieren die Schlucht und die Berge, die sie einschließen, das Tor zu einem Land der Verheißung jenseits von Zeit und Raum, wo eine Erlösung aus dem endlosen Kreislauf von Tod und Wiedergeburt möglich ist. Nach den heiligen Schriften gelangen nur die in das verborgene Land, die mit lauteren Absichten kommen und die verdienstvoll gelebt haben. Alle anderen begegnen bloß kahlen Bergen, Stürmen, die den Himmel verdunkeln, Erdrutschen, Überschwemmungen und vielleicht sogar dem Tod.

Der Frühling war ungewöhnlich trübe: Es regnete und stürmte, und viele Pässe Richtung Süden waren noch verschneit. Den ganzen Tag lang heulte der Wind, und die wirren Staubgebilde, die er aufwirbelte, tanzten über die Uferdünen und ballten sich dann zu einem »dichten Nebel« aus Sand zusammen. »Kräftige Böen zogen den Sand in die Lüfte empor und schabten dabei an den Felswänden entlang«, schreibt Kingdon-Ward, »und unter dem bleiernen Himmel sah das stumpf glänzende Wasser, das sich zwischen den nassen Dünen und den schneebedeckten Bergen hindurchtastete, ganz trostlos aus.«

Cawdor bekam Fieber, einer der Bediensteten wurde vom Hund gebissen und mehrmals gingen die Ponys durch und verteilten aufgebrochene Packkisten und zerrissene Reisetaschen auf dem Weg. »Alles in allem waren wir in einer ziemlich üblen Verfassung«, bekennt Kingdon-Ward.

Er beschloß, daß ihnen allen eine Pause guttun würde. Bei Tsela Dzong machten sie Rast, und er ließ sich mit Cawdor in einem gemütlichen Haus nieder, erleichtert darüber, die Ausrüstung in den nächsten zwei Wochen nicht ständig ein- und auspacken zu müssen. Zudem widmete sich Kingdon-Ward voller Spannung den Vorbereitungen für seinen ersten botanischen Erkundungsgang auf dieser Expedition. Die Festung lag oberhalb der Stelle, wo das klare Wasser des Gyamda und das schlammige des Tsangpo zusammenflossen, und die umliegenden Hügel waren von Rhododendronbüschen übersät, die von einem Meer zitronengelber, lachsfarbener, mahagonibrauner und leuchtend purpurner Blüten bedeckt waren. Abends, wenn der Wind abflaute, konnte man vom

Festungswall aus in der Ferne den verschneiten Gipfel des Namche Barwa sehen, der über der tiefsten Stelle der Schlucht aufragte.

Als sie diesen idyllischen Ort schließlich verließen und zu dem wenige Tagesmärsche entfernten Dorf Tumbatse weiterzogen, waren drei Wochen vergangen. Bailey hatte ihnen den Ort als Ausgangspunkt für ihre weiteren Unternehmungen empfohlen, und tatsächlich war er – auf 3658 Meter Höhe inmitten von Kiefernwäldern gelegen – eine gute Wahl: Es war nicht weit zur Schlucht, das Klima war angenehm, die Landschaft reizvoll, und in nächster Umgebung konnte man eine Menge Blumen sammeln. Bei ihrer Ankunft war es Juni, und die Bergwiesen waren über und über mit Blumen bedeckt. Von den Baumkronen hingen wie erstarrte Wasserfälle schneeweiße Clematis, auf den sumpfigen Lichtungen blühte üppig der Rhododendron, und an den Ufern der rauschenden Bäche öffnete gerade eine besonders schöne Mohnart ihre himmelblauen Knospen. Die Blume sollte kurze Zeit später als *Meconopsis baileyi* berühmt werden – benannt nach Eric Bailey.

Bailey hatte ein Exemplar dieses Mohns gesammelt, als er 1913 mit Morshead auf Expedition gewesen war. Von der Festung aus, in der man Kintup als Sklave festgehalten hatte, waren sie aufgebrochen, um nach dem sagenhaften Wasserfall zu suchen, und unterhalb des fast 4600 Meter hohen Nyima La nördlich des Schluchteingangs an einigen Wiesen vorbeigekommen. Es war der 10. Juli, und Bailey notierte in sein Tagebuch: »Unter den Blumen war auch ein blauer Mohn, den ich noch nie zuvor gesehen hatte ...«

Als er sich hinsetzte, um diesen Eintrag zu machen, war er sechzehneinhalb Stunden auf einem harten, unbequemen tibetischen Sattel geritten. Vierundvierzig Jahre später amüsierte er sich über diese flüchtige Bemerkung zu der Pflanze, die ihn berühmt machte: »Wie langweilig, diesen schicksalsträchtigen Augenblick in einem so drögen Ton festzuhalten, wie man ihn sonst nur aus dem Katalog eines Samenhändlers kennt! Wäre ich ein Pflanzenjäger gewesen, dann wäre mir vielleicht die Idee gekommen, diesen blauen Mohn anderswo zu züchten. Aber selbst dann hätte ich nicht die Möglichkeit dazu gehabt, denn als ich die Blume sah, stand sie gerade in voller Blüte, und ich hätte gar keine Samen ernten können.«

Kingdon-Ward hielt Ausschau nach der *M. baileyi.* Als er die ersten Exemplare in der Nähe von Tumbatse unter einigen Büschen entdeckte, hielt er sie zunächst für das Gefieder eines exotischen Vogels. »Diese hübsche Pflanze wächst in Büscheln, und aus jedem der winterharten Wurzelstöcke sprießt ein halbes Dutzend mit Blättern versehener Stengel von bis zu 1,20 Meter Höhe«, schreibt er. »Zwischen den meergrünen Blättern sitzen zarte Blüten wie blau-goldene Schmetterlinge, eine einzige an jedem Blütenstengel, so daß jede Pflanze ein halbes Dutzend dieser nach unten hängenden, unglaublich blauen, vierblättrigen Blüten trägt, in deren Mitte sich die goldenen Staubbeutel bauschen.«

Kingdon-Ward erkannte sofort, daß *M. baileyi* in England ein Riesenerfolg sein würde. »Ich habe noch nie einen blauen Mohn gesehen, der mit einer so hohen Wahrscheinlichkeit robust genug ist, daß er sich auch in Großbritannien leicht züchten läßt«, prophezeite er. Fast alle Samen, die er später erntete und nach England schickte, überstanden die Reise und brachten in England und Schottland in fünfzig verschiedenen Versuchsgärten herrliche Blüten hervor. Die Blume wurde zur Sensation und erhielt Prämierungen von Gartenbaugesellschaften in ganz Europa. 1927 wurden die Samen von Baileys blauem Mohn auf der Chelsea Garden Show zu einem Stückpreis von fünf Dollar verkauft.

Beim Kloster Temo, das einen halben Tagesritt hinter Tumbatse im Stromgebiet des Tsangpo lag und nicht weit vom Nyima La entfernt war, schlugen Kingdon-Ward und Cawdor ein Zwischenlager auf. Von smaragdgrünen Weiden umgeben stand der imposante, kastenförmige Klosterbau auf einer Anhöhe, und sein Gästehaus verfügte über einen gepflegten Garten mit schattenspendenden Weiden. Morgens, »wenn hoch in den Lüften die Lerchen zwitscherten und unten am Boden die Schmetterlinge gaukelten«, brach Kingdon-Ward auf, um den Tag in den Hügeln zu verbringen, »munter und voller Ungeduld«, welche neuen Pflanzen er entdecken würde.

»Nach der langen Reise zu Wasser und zu Lande«, schreibt er, »ist es unglaublich erfrischend, sich einer ernsthaften Arbeit widmen zu können.«

Nachdem Kingdon-Ward einige Tage lang oberhalb des Klosters botanisiert hatte, kehrte er mit Cawdor nach Tumbatse zurück und mietete zwei Kammern im Haus einer Bauernfamilie, einem geschindelten, zweistöckigen Gebäude, in dem die Wohnräume im oberen Geschoß über dem Stall lagen. Die großen Hofhunde knurrten die Männer an, und ununterbrochen krähten die Hähne. Doch das Dach war dicht, und auch wenn die Zimmer dunkel und zugig waren, fand Kingdon-Ward die Verhältnisse »ziemlich komfortabel«. Innerhalb der nächsten fünf Monate verbrachten sie hier jeweils eine Woche pro Monat, um die Pflanzen zu sortieren und zu präparieren und um außerdem selbst wieder trocken zu werden. Die restliche Zeit über stapften sie durch die Schlucht.

Ihre erste wichtige Tour sollte zum Doshong La führen, einem viel bereisten Paß am Eingang der Tsangpo-Schlucht. Bis heute gehört der Doshong La zu der wichtigen Handelsroute zwischen dem tibetischen Hochplateau und dem Gebirge am Ende der Schlucht. Er verbindet das Dorf Pe am Eingang zum Cañon mit den Siedlungen, die am unteren Flußlauf des Tsangpo verstreut sind, wo sich der Strom durch den Urwald in Richtung der Ebenen von Assam wälzt. Britische Landvermesser hatten den Paß 1913 überquert, jedoch ohne Aufzeichnungen über die Pflanzenwelt zu machen. Für Kingdon-Ward stellte er daher ein unberührtes Sammelgebiet dar.

Am 20. Juni verließen er und Cawdor Tumbatse mit einigen Trägern und stießen in das Stromgebiet des Tsangpo vor. Das Wetter war schön, und als sie den Pfad ins Tal hinunterkletterten, wurde auf der anderen Seite, genau über dem Abgrund, in dem der Tsangpo verschwand, der Blick auf die verschneiten Berge am Horizont frei. Cawdor entdeckte eine neue Spezies Zwergmohn mit himmelblauen Blüten und einem berauschenden Duft. Kingdon-Ward nannte sie *M. Cawdoriana* und trug sie als K.W. 5751 in sein Feldnotizbuch ein.

Die Fähre über den Tsangpo nach Pe bestand aus zwei Einbäumen und einer Tragfläche, auf der drei Ponys Platz hatten. Nachdem sie die Nacht in Pe verbracht hatten, stapften Kingdon-Ward, Cawdor und ihre Kulis in einem anhaltenden Nieselregen den schlammigen Pfad zum Doshong La hinauf. Die Paßhöhe liegt auf nur 4115 Meter Höhe und bildet eine Einkerbung zwischen dem Namche Barwa und den weiter südwestlich gelegenen Gipfeln des Himalaya. Unaufhörlich brausen Stürme von Assam herauf und peitschen über den Paß. Kingdon-Ward bezeichnete das Wetter dort oben als »Regenwind«. Von der Höhe sieht man an einem der seltenen wolkenlosen Tage tief unten den Tsangpo von Pe aus Richtung Norden fließen und dann in die Schlucht strömen. Wenn man sich umdreht, kann man erkennen, wie sich der Fluß, keine 50 Kilometer weit entfernt, als Dihang seinen Weg durch den Urwald Richtung Süden bahnt. Nicht sichtbar ist dagegen das steilste und engste Teilstück, wo der Fluß durch den Himalaya schneidet und eine große Schleife bildet, deren Scheitelpunkt Great Bend heißt. Irgendwo in dieser »Kniebeuge« hofften Kingdon-Ward und Cawdor den Wasserfall zu finden, der sich Baileys und Morsheads Suche entzogen hatte.

Der Doshong La war ein Wunderland der Rhododendren und Primeln. Eines Tages entdeckte Kingdon-Ward drei neue

Rhododendronarten, ohne das Lager überhaupt verlassen zu haben. In höheren Regionen wuchs mitten im Schneematsch »ein Wust« von Zwergrhododendren. »Im Grunde gab es nichts als Rhododendron«, schrieb Kingdon-Ward und frohlockte beim Anblick der »schwefelgelben Meere von ›Yellow Peril‹ (K.W. 5853), Seen von rosafarbenem ›Lacteum‹ (K.W. 5863) und einer kunterbunten Mischung von ›Anthopogonum‹ in allen Größen und Farben«. Eine Art bestand aus einem Gewirr winziger, roter Blüten, das sich an den Fels krallte und wie »Feuerzungen« in alle Richtungen wucherte. Kingdon-Ward taufte die Pflanze »Scarlet Runner«. Die Pflanze wuchs nirgends höher als fünf Zentimeter, was darauf hindeutete, wie windig und kalt es hier war.

Gelegentlich gaben die Wolken, die von Assam herwehten, den Blick auf die verschneiten Täler unten in Pemakö frei. Als Kingdon-Ward in den Nebel hinunterspähte, merkte er, daß sie auf »einer riesigen Felsentreppe« standen, »deren vom Eis glattgeschmirgelte Stufen, Schicht für Schicht, mit einer erstaunlichen Vielfalt von Zwergrhododendron übersät waren«. Ein paar Tage später kamen er und Cawdor mit zwei Führern aus der Gegend wieder hierher zurück und kletterten die Treppe hinunter. Als sie vom Lager aufgebrochen und zum Doshong La aufgestiegen waren, hatte die Sonne noch geschienen, aber nur, weil der heulende Wind die Wolken daran gehindert hatte, aus Pemakö aufzusteigen. Jetzt tauchten die vier Männer in ein dichtes, schwarzes Wolkenmeer und kämpften sich bergab, überquerten Gletscher, die plötzlich senkrecht abbrachen, und stapften durch bunt blühendes Rhododendrondickicht. Schmelzwasser stürzte in dünnen Rinnsalen kaskadenartig hinunter und suchte sich einen Weg zwischen den Stämmen in die Tiefe.

Am Fuß des Abhangs hatte sich ein großes Amphitheater aus 15 Meter hohen Schneehaufen gebildet – Lawinen, wie Kingdon-Ward erklärte, die von oben regelrecht »ins Tal gespien« worden waren. Die Männer gingen ungefähr acht Kilometer weiter und kennzeichneten unterdessen die Stellen, wo Pflanzen wuchsen, deren Samen sie bei ihrer Rückkehr Ende Oktober ernten wollten. An der Schneegrenze angelangt, wo der Wald begann, gerieten sie in einen riesigen Sumpf und beschlossen umzukehren. Mittlerweile regnete es ununterbrochen, der Wind hatte aufgefrischt und zwischen ihnen und dem Lager erhob sich eine über 900 Meter hohe, schneebedeckte Felswand. Nicht einmal während des zweieinhalbstündigen Aufstiegs zurück zum Paß wurde ihnen warm. Als sie schließlich durchnäßt und frierend auf der zugigen Paßhöhe standen und Richtung Pe blickten, konnten sie über ihrem Lager immer noch die Sonne scheinen sehen.

In Kingdon-Wards Augen war der Tag sehr erfolgreich verlaufen. Was ihn – abgesehen von dem Dauerregen – an Pemakö am meisten verblüfft hatte, war die üppige botanische Vielfalt. Er und Cawdor hatten allein auf diesem kurzen Erkundungsgang vierzig Rhododendronarten gesammelt und rechneten damit, in der Gegend der Schlucht weitere zwanzig zu finden. Doch bei diesem Ausflug war ihnen auch klar geworden, was sie in den folgenden Monaten erwartete. Kingdon-Ward fand zwar die Prophezeiung, daß Pemakö ein Land der Verheißung sei, eher merkwürdig, aber warum es als verborgenes Land auserwählt worden war, verstand er nun: »Pemakö besteht ausschließlich aus hohen Bergketten, die durch tiefe, enge Schluchten voneinander getrennt sind«, hielt er in einer Passage fest, die wohl zu den besten Beschreibungen dieser Gegend zählt: »Der östliche Himalaya bildet mit seinen gewaltigen Gipfeln Namche Barwa und Sanglung so etwas wie den Solar Plexus; von hier aus erstrecken sich in alle Richtungen strahlenförmig große Bergketten, die sich wiederum in einem Durcheinander von Ausläufern verzweigen; und von der Schneegrenze bis hinunter zum Flußtal des Tsangpo ist alles mit dichtem Wald bewachsen.

Man stelle sich zudem eine spärliche Besiedelung vor, die auf die Haupttäler beschränkt ist; ein Klima, das zwischen subtropisch und arktisch schwankt und bei dem nur der Dauerregen charakteristisch für die gesamte Region ist; Schlangen und wilde Tiere, riesige Brennesseln und Unmengen beißender und blutsaugender Zecken, Hornissen, Fliegen und Blutegel – und schon hat man einen Eindruck davon, womit der Reisende hier zu kämpfen hat.«

Der Juni ist ein anstrengender Monat für den Pflanzensammler. Um mit dem Sprießen der Frühlingsblumen Schritt halten zu können, legte Kingdon-Ward für das Sammeln, Etikettieren und Präparieren der Exemplare Zwölfstundentage ein. Aus Erfahrung wußte er, daß ihm nach ein paar solcher Monate die Kraft ausgehen würde. Der Regen und die Höhenluft würden dann allmählich an seinen Nerven zerren, und er würde immer gereizter werden.

»Man muß sich gut im Griff haben und darf die Dinge nicht aus dem Ruder laufen lassen«, erklärt Kingdon-Ward. »Wenn man den August übersteht, ohne die Kontrolle zu verlieren, hat man es geschafft.« Zum September hin hört der Regen allmählich auf, das Wetter wird besser, die Herbstblumen blühen und die Samen reifen. Bis zum Winter sei alles in Ordnung, schreibt er, doch dann befalle ihn »eine Müdigkeit sondergleichen«, der weder durch eine ruhige Nacht, noch durch eine ganze Woche Erholung beizukommen sei. »Jede Zelle, jede Faser des Körpers scheint völlig ausgelaugt.«

Vor November würden sie also nicht dazu kommen, nach dem Wasserfall zu suchen – und genau dann hätten Kingdon-Ward und Cawdor am wenigsten Kraft übrig. Doch selbst als sie im Juli durch die Schlucht nach Gyala wanderten, war Kingdon-Ward eher damit beschäftigt, neue Pflanzen ausfindig zu machen, als nach dem großen Wasserfall zu forschen, von dem Kintup in seinem Bericht gesprochen hatte. Einmal versuchten sie unterhalb von Gyala einen Abstieg, um sich eine riesige Stromschnelle näher anzusehen, doch der Fluß führte gerade Hochwasser, und die Wege stromabwärts waren hüfthoch überschwemmt. Einige Tage später war das Wasser im Tsangpo zwar um drei Meter zurückgegangen, aber auch ihr zweiter Versuch blieb erfolglos: Der Pfad endete an einer unüberwindbaren Steilwand.

Nach einem anstrengenden Sommer und Herbst war Kingdon-Ward von seiner Sammlung neuer Pflanzenarten mehr als begeistert: Sie enthielt fast fünfzig Rhododendronarten, vierzig verschiedene Primeln und zehn Mohngewächse. Die gelben Blüten eines bestimmten Zwergmohns erinnerten ihn an Florindas blondes Haar, und er nannte die Spezies *Meconopsis florindae*. Die Samen dieser Pflanze konnten im Oktober geerntet werden, wenn sich der »Stachel des Winters« allmählich wieder bemerkbar machte. Ein paar Mal grub Kingdon-Ward am Doshong La im Schnee nach Rhododendren, die er im vergangenen Juni entdeckt hatte, mußte dann aber feststellen, daß sie keine Samen ausgebildet hatten. Seine Erfolgsquote war jedoch wesentlich höher als erwartet, und nachdem er seine reiche Beute an Samen sicher verstaut hatte, konnten er und Cawdor sich endlich der noch unerforschten Klamm zuwenden.

Am 16. November brachen sie in Gyala auf. Zur Karawane gehörten dreiundzwanzig Träger, der Koch und der Aufseher aus Darjeeling (die nun die Spitznamen Dick und Tom trugen), ein tatkräftiger Lama aus Pemaköchung (»das Walroß«), der sie führte, sowie zwei Hunde und ein Schaf. Anstatt zu versuchen, flußabwärts zu wandern, kletterten sie zuerst durch Kiefernwälder steil bergauf bis auf eine Höhe von gut 900 Metern über dem Fluß. Dann gingen sie parallel zum Fluß stromabwärts weiter, wobei sie dem Auf und Ab der

Ausläufer folgten, die tief unter ihnen ins Wasser stießen. Mal bahnten sie sich einen Weg durch Mischwälder aus Ahorn und Birken, mal hangelten sie sich durch einen zwölf Meter hohen Bambushain den Berg hinauf. Die Hänge waren so abschüssig, daß die Träger Plattformen errichten mußten, auf denen sie schlafen konnten.

Als sie einige Kilometer weiter flußabwärts zum Tsangpo hinunterstiegen, sahen sie nur ein einziges »Schäumen und Tosen«. Findlinge, jeder so groß wie ein Haus, säumten die Ufer wie Wellenbrecher, und das Wasser, das an ihnen vorbeidonnerte, führte Unmengen zerborstener Baumstämme mit sich. Selbst an seichteren Stellen war das Rauschen des Flusses ohrenbetäubend. »Der große Strom stürzte unaufhaltsam bergab und schälte sich dabei immer tiefer ins Erdinnere«, schreibt Kingdon-Ward über diesen Anblick. »Die Schneegipfel schlossen uns ein wie ein Ring aus Eis. Ein dichter Urwald wogte über die Steilwände, füllte die Seitentäler und drängte kühn bergauf, um mit dem Schnee zu ringen.«

Vier Tage nach der Abreise aus Gyala erreichten sie das Kloster Pemaköchung. Kingdon-Ward war noch immer mit dem Rhododendron beschäftigt, weshalb er Cawdor nicht auf seiner Wanderung zu Morsheads Rainbow Falls begleitete, wo dieser mit seinem Hypsometer den Siedepunkt messen wollte (die Siedetemperatur des Wassers kann dann in eine relativ genaue Höhenangabe umgerechnet werden). Der Wassersturz der Rainbow Falls – in Cawdors Augen um diese späte Jahreszeit eher einer Stromschnelle glich – liegt etwa 2600 Meter über dem Meeresspiegel. Während der Fluß bergab schießt, verliert er mit jedem Kilometer ungefähr 20 Meter Höhe. (Im Vergleich dazu hat der Colorado im Grand Canyon ein Gefälle von etwa 1,5 Metern pro Kilometer.) Bei Hochwasser war die Stromschnelle vermutlich mit dem neun Meter hohen Wasserfall vergleichbar, den Kintup, Bailey und Morshead gesehen hatten.

In *The Riddle of the Tsangpo Gorges* nennt Kingdon-Ward die Kaskade mit dem Regenbogen bei Pemaköchung »Kintup's Fall«. Es ist derselbe Wasserfall, dem Morshead den Namen Rainbow Falls gab. Ein Stück weiter stromabwärts wurde der Pfad entlang des Flusses unpassierbar, so daß sich die Karawane wieder Richtung Hügel wandte. Die aber waren hier so abschüssig, daß einige der Trägerinnen an einem besonders steilen Hang in Tränen ausbrachen. Nachdem sie acht zermürbende Tage lang auf und ab geklettert waren, gelangten sie schließlich an eine Stelle, die einen Abstieg zum Fluß ermöglichte. Von ihrem Lager zwischen den Felsblöcken aus konnten Kingdon-Ward und Cawdor in einem knappen halben Kilometer Entfernung sehen, wie der Fluß direkt gegen den Fuß einer 300 Meter hohen Felswand donnerte, scharf nach links abbog und dann aus ihrem Blickfeld verschwand. Die Wucht der Wassermassen ließ die Erde erbeben.

Über gigantische Felsblöcke kletterten die beiden weiter flußabwärts. Endlich erreichten sie das untere Ende der Steilwand und bogen um die Ecke. Etwa 800 Meter vor ihnen schwebte über der Abbruchkante eines großen Wassersturzes eine »riesige Gischtwolke«, umgeben von einigen Regenbögen. »Endlich! Der Wasserfall!« dachte Kingdon-Ward. Doch er täuschte sich. Als sie den Hang über dem Fluß weiter hinaufgeklettert waren, sahen sie, daß auch dieser Wassersturz nur etwa zwölf Meter hoch war. Sie nannten ihn ebenfalls »Rainbow Falls«.

Die Fotografien der beiden von der Szenerie muten höchst dramatisch an. Unterhalb des Wasserfalls rauscht der Fluß mit zerstörerischer Wucht einige hundert Meter weiter und rast dann gegen einen weiteren Felsgrat, der von rechts steil in das Wasser hinunterstößt. Dieses Hindernis lenkt den Fluß nach links und aus dem Blickfeld. Wie und wo er wieder in seine ursprüngliche Bahn gelangt, ist nicht erkennbar. Unmittelbar hinter der Felsrippe scheint ein gigantischer Monolith aus schwarz glänzendem Stein jedes weitere Vorwärtskommen auszuschließen. Die Felswand ragt über 800 Meter in die Höhe, und ganz oben zeichnen sich gegen den Himmel ein paar Bäume ab, »die wie Fell an dem ausgehöhlten Felsen kleben«, schreibt Kingdon-Ward. »Es war offensichtlich, daß wir der Schlucht nicht weiter folgen konnten; die Steilwand zu erklimmen, erschien ebenfalls unmöglich.«

Es blieb ihnen nur, wieder zurückzuklettern und die unpassierbare Stelle weiter oben zu umgehen. »Ich habe nur noch eine schwache Erinnerung an diesen Aufstieg, aber es war ein einziger Alptraum«, stöhnt Kingdon-Ward. Der fast senkrecht abfallende Fels über ihnen war von sich nach oben verjüngenden Spalten und horizontalen Furchen zerrissen, aus denen Büsche wuchsen. Oft blieb ihnen nichts anderes übrig, als mit der Hand nach einem davon zu greifen und sich daran hochzuziehen. Zentimeterweise schoben sich die Träger über den nackten Fels, über den das Schmelzwasser strömte und wo ein einziger falscher Tritt den tödlichen Sturz in den Strudel Hunderte von Metern unten ihnen bedeutete. Ein Stück weiter oben gelangte die Gruppe in die Waldregion. Zwischen den Bäumen fühlten sie sich sicherer – auch wenn es nicht viel einfacher war, sich bergauf zu hangeln. Sie merkten, daß die kürzeste Route über Pfade führte, auf denen die extrem kräftigen Takin durch das Unterholz gebrochen waren. Ausgewachsene Tiere dieser ochsenähnlichen Art wiegen etwa zweihundertdreißig Kilo, haben aber nur eine Schulterhöhe von 90 Zentimetern. So ist es für ein Takin kaum anstrengender, sich einen Weg durch ein Rododendron-Dickicht zu bahnen, als für ein Kaninchen, über eine Wiese mit hohem Gras zu hoppeln.

Sie waren nun seit acht Monaten unterwegs und entsprechend erschöpft, und so verwundert es nicht, daß Kingdon-Ward und Cawdor letztlich kaum weiter flußabwärts gekommen waren als Bailey und Morshead. Doch noch waren sie nicht am Ende ihrer Kräfte. Als sie die höchste Stelle des Felsgrates mehr als 1200 Meter über dem Fluß erreicht hatten, konnten sie in der Ferne ein bestelltes Feld sehen – dort lag Bayu. Von diesem Dorf aus nahmen sie die nächste Erkundung der Klamm von Norden her in Angriff. »Wir mußten einfach noch einen letzten Versuch unternehmen«, schreibt Kingdon-Ward.

Sie verließen Bayu in Richtung Great Bend, wo der Po Tsangpo in den Hauptstrom Tsangpo mündet. Ein Trupp von acht barfüßigen Kulis – kleinen, kräftig gebauten Männern, die ihr schwarzes Haar in kurz geschnittenen Büscheln trugen – begleitete sie. Kingdon-Ward erkannte, daß sie zum Stamm der Lhopas gehörten, und notierte: »Sie waren kleinwüchsig und hatten fast affenartige Gesichter; auch ihre Intelligenz war nicht größer, als ihr Aussehen vermuten ließ.«

In einem Dorf nahe der Stelle, wo die beiden gewaltigen Flüsse zusammentreffen, begegneten sie einem Jäger aus dem Stamm der Mönpas. Er erklärte ihnen, noch nie zuvor sei jemand dort gewesen, wohin sie gehen wollten. Zudem gebe es keine Wege, die am Fluß entlang ins Innere der Klamm oder auf die darüber gelegenen Hügel führten und von denen aus man hinunter in die Schlucht schauen könne. Cawdor machte sich trotzdem auf die Suche und entdeckte einen Pfad, der genau in die Richtung führte, die sie einschlagen mußten. Wie sich herausstellte, hatte der Jäger sie belogen, weil die Mönpas sich scheuten, das Jagdgebiet der Pobas zu durchqueren, das in diesem Teil der Schlucht lag.

»Sobald wir den Bluff aufgedeckt hatten, brach ihr Widerstand zusammen«, schreibt Kingdon-Ward. »Die Mönpas kamen auf einmal begeistert mit uns!« Acht Männer wurden ausgesucht. Sie stammten von den ersten bhutanischen Flüchtlingen ab, die nach Pemakö gekommen waren, hatten scharf geschnittene Gesichter, waren groß und ebenso schlank und kräftig wie das Wild, dem sie durch die Berge nachjagten. Sie trugen tibetische Schuhe und Umhänge aus rötlichem Goral-Fell – zum Schutz gegen den Regen mit dem Fell nach außen gewendet – und hatten einfache Luntenmusketen und Pulverflaschen aus Takin-Hörnern dabei.

Als sie am 12. Dezember bei anhaltendem Nieselregen aufbrachen, ging es Cawdor nicht gut. Tagelang war er von schlimmen Zahnschmerzen geplagt worden und hatte kaum geschlafen. Durch den Regenwald, wo an riesigen Bambussen und Feigenbäumen Kletterpflanzen und Orchideen emporrankten, führten die Mönpas sie bergauf bis in eine gemäßigte Waldregion mit Ahorn, Birken, Magnolien und mächtigen alten Eichen. Auf knapp 2500 Meter Höhe gelangten sie in einen immergrünen Wald, in dem Epiphyten wie Orchideen und Rhododendren von gigantischen Tugsa-Zedern herabhingen, die 60 Meter hoch aufragten. Sogar hier, oberhalb der Schneegrenze, schienen die Orchideen gut zu gedeihen.

Die Mönpas waren die perfekten Waldbewohner. Sie konnten innerhalb kürzester Zeit Feuer machen, selbst wenn es regnete und das Holz naß war, und es gelang ihnen immer, ein oder zwei Fasane für das Abendessen zu schießen. Eines Nachts erlegten sie ein Goral, in einer anderen zwei Takin. Sie führten Kingdon-Ward und den geplagten Cawdor bergauf und bergab. Einmal schlugen sie ihr Lager an einem kahlen Hang auf, den ein Erdrutsch hinterlassen hatte und der so steil war, daß sie sich in den Boden eingraben mußten, um nicht hinunter in den Fluß zu rollen, der gut 600 Meter unter ihnen vorbeirauschte.

»Wir boten einen seltsamen Anblick, wie wir so über den Hang verteilt dahockten: Ein Mann kauerte hier unter einem Baumstumpf, zwei dort unter einem Felsen – wie die Hasen«, schreibt Kingdon-Ward.

Am nächsten Morgen gegen zehn Uhr wichen Nebel und Nieselregen einem klaren Himmel. Cawdor war völlig erschöpft. Er blieb im Lager zurück, während Kingdon-Ward mit vier Mönpas zum Fluß aufbrach. Die Jäger »bewegten sich mit der Verstohlenheit eines Polizisten auf Nachtstreife«, meint Kingdon-Ward. Ab und zu hielten sie an, um sich gegenseitig auf ein Tier oder etwas anderes aufmerksam zu machen, das sie in der Ferne entdeckt hatten. Der Berg war so abschüssig, daß sie den Fluß nicht sehen, sondern nur hören konnten.

Nach einem »unschönen« Abstieg erreichte die Gruppe einen flachen, mit Felsblöcken übersäten Uferabschnitt und erlebte die furchterregende Wucht des Tsangpo aus nächster Nähe. Dort, wo das Flußbett abrupt nach unten abbrach, donnerte der Strom direkt gegen einen Felsvorsprung, der vom anderen Ufer weit ins Wasser hineinragte. Der Tsangpo hatte mitten durch den massiven Fels einen viereinhalb Meter breiten Durchbruch gesprengt und ergoß sich durch dieses Loch. Wenn der Wasserstand bei einer Überschwemmung 12 oder 15 Meter höher lag, würde der Fluß über das Hindernis hinwegschießen und einen Wasserfall mit neun bis zwölf Meter Höhe bilden, schätzte Kingdon-Ward.

Was unterhalb dieser Stelle mit dem Tsangpo geschah, konnten sie nur vermuten. Hinter dem Loch, schreibt Kingdon-Ward, »rauschte [er] tosend in eine Schlucht, die so eng war, daß man von unten kaum den Himmel sah; dann verschwand er.«

Um einen Blick flußabwärts werfen zu können, kletterten sie mit einer Behelfsleiter – von den Jägern aus einem Bäumchen hergestellt – das Ufer hinauf. Dann kämpften sie sich noch ungefähr 30 Meter weiter durch das Gebüsch. Von oben sahen sie, wie der grüne Fluß mit großer Geschwindigkeit in die dunkle Tiefe strömte und dabei in glatten Wellen über zwölf Meter hohe Felsbänke sprang, um dann schäumend hinter der nächsten Ecke zu verschwinden.

Zurück am Ufer maßen sie den Siedepunkt, um die Höhe zu bestimmen. Der Fluß lag hier fast 400 Meter tiefer als an den Rainbow Falls, wo sie die letzte Messung vorgenommen hatten, so daß sie noch immer 150 Höhenmeter von dem Zusammenfluß trennten, wenn man ein Gesamtgefälle von 550 Metern annahm. Nach den heiligen Schriften im Kloster Pemaköchung gab es auf diesem gut 20 Kilometer langen Schluchtabschnitt fünfundsiebzig Wasserfälle. Stimmte diese Aussage, und war jeder von ihnen auch nur sechs Meter hoch, dann konnten sie – alle zusammengenommen – das ganze Gefälle erklären.

Bis auf die etwa acht Kilometer lange, »engste und tiefste Stelle« der Schlucht hatten Kingdon-Ward und Cawdor alles von oben überblicken können. Nach ihren Berechnungen erschien es ihnen nun höchst unwahrscheinlich, daß es in diesem Abschnitt einen Wasserfall von 30 Meter Höhe oder mehr gab, doch sie schlossen die Möglichkeit noch nicht völlig aus.

Auf dem Rückweg nach Bayu zerteilten die Jäger einen der Takin, die sie erlegt hatten, und überreichten Cawdor und Kingdon-Ward ein Stück Fleisch sowie einen Fasan als Abschiedsgeschenk. »Eine wirklich bemerkenswerte Truppe. Sie benahmen sich großartig«, schreibt Kingdon-Ward. »Wir verabschiedeten uns von ihnen mit aufrichtigem Bedauern. Sie waren intelligent, zuverlässig und fleißig; hatten sie sich erst einmal entschlossen, uns in das Jagdrevier zu führen, halfen sie uns, wo sie nur konnten.«

So dachte er zumindest. Doch er vergaß zu den guten Eigenschaften der Mönpas hinzuzufügen, daß sie auch sehr klug waren und ihre Geheimnisse streng zu hüten wußten.

Bei der Zusammenkunft der Royal Geographical Society am 25. Mai 1925 wurde Kingdon-Ward begeistert empfangen. Auch Cawdor gratulierte man, wenngleich in Abwesenheit.

Er war erst am Tag zuvor in England angekommen und ließ sein Bedauern ausrichten, aber er müsse an diesem Abend den Royal Caledonian Ball besuchen. Außerdem hatte er natürlich gerade eine einjährige Expedition mit Kingdon-Ward hinter sich und vermutlich keine Lust, die Eindrücke gleich wieder aufzufrischen.

Es war Cawdors Glück, daß er die Veranstaltung schwänzte. Denn während er beim Wohltätigkeitsball mit den Royals plauderte und schottische Reels tanzte, lobte Lord Ronaldshay, der Präsident der RGS, am anderen Ende der Stadt Kingdon-Ward als »den erfahreneren der beiden Reisenden«.

An diesem Abend brachte Kingdon-Wards langer, schleppender Vortrag die romantische Seifenblase der Brahmaputrafälle – oder was von ihr noch übrig geblieben war – endgültig zum Platzen. Noch zwanzig Jahre zuvor, als der Traum von einem tibetischen Niagara höchst lebendig war und die Briten unbedingt neue Routen nach Tibet erschließen wollten, hatte der berühmte Geograph und ehemalige Generalinspektor in Indien, Sir Thomas Holdich, von den Möglichkeiten geschwärmt, die in der unbekannten Schlucht schlummerten. Seine Vision war eine Eisenbahn-Nebenlinie, die von Assam durch die Schlucht auf das tibetische Hochplateau führte – mit Zwischenstop in einem »großzügig angelegten Hotel für Touristen und Sportler«, das genau gegenüber des dort vermuteten Wasserfalls gebaut werden sollte.

Nur widerwillig gab Holdich diese Vision auf. Als dann Bailey und Morshead nach Indien zurückgekehrt waren und die Existenz eines riesigen Wasserfalles am Tsangpo bezweifelten, hatte Holdich gegenüber der Londoner *Morning Post* geäußert: »Solange Captain Bailey und Captain Moorsom [sic] nicht an der Stelle waren, an der man den Wasserfall vermutet ... und mit eigenen Augen gesehen haben, daß es dort keinen Wasserfall gibt ... solange ist der Beweis, daß er nicht existiert, unzureichend.« Holdich erwähnte sogar einen tibetischen Lama, der behauptete, den Wasserfall gesehen und ihn später für einen der vertrauenswürdigsten Grenzbeamten des Raj, nämlich Dr. L. A. Waddell, gezeichnet zu haben. »Diese flüchtige Skizze bestätigt, was mit der Erkundung des Wasserfalls durch den indischen Entdecker Kintup bewiesen wurde«, hatte Holdich verkündet. »Bevor uns also Captain Moorsom ... keinen umfassenden Bericht darüber geben kann, wie weit sein Forschungsteam vorstieß und welcher genauen Route es folgte, muß die Frage des Wasserfalls unbeantwortet bleiben.«

Letztendlich trug jedoch Bailey den Sieg davon. Mit Hilfe seiner weitreichenden Kontakte zur einheimischen indischen Bevölkerung gelang es ihm, Kintup aufzuspüren. Der Pandit war mittlerweile über fünfzig Jahre alt, lebte in Darjeeling und verdiente seinen Lebensunterhalt als Schneider. Bailey wollte unbedingt den Mann treffen, dessen Spur er noch vor kurzem gefolgt war, und organisierte für ihn eine Reise nach Simla, wo eine Besprechung stattfinden sollte. Ein Vermessungsbeamter, der ihn als Assistenten für die kartographische Erfassung des Kangchendzönga angeheuert hatte – des Schneegipfels, den man von Darjeeling aus sieht – beschreibt Kintup als einen »untersetzten, lebhaften Mann mit einem Ausdruck zäher Zielstrebigkeit in seinem zerfurchten, vom Wetter gegerbten Gesicht: Oft habe ich ihn mit seiner tiefen Stimme vom Gipfel irgendeines kilometerweit entfernten Hügels laut und deutlich rufen hören wie den Kapitän eines Schiffes im Sturm. Er besitzt die Wachsamkeit eines Bergbewohners, und bärenstark, wie er ist, ersetzt er eine ganze Schar.«

Selbst nach dreizehn Jahren erinnerte sich Kintup noch genau an Pemakö, und ihm fielen topographische Details der Schlucht ein, die Bailey, der ja eben erst in derselben Region unterwegs gewesen war, bestätigen konnte. Kintup bestritt, jemals behauptet zu haben, daß er am Tsangpo einen Wasserfall von etwa neun Meter Höhe gesehen hatte, wobei er für den Größenvergleich das Haus heranzog, in dem das Treffen stattfand. Er erzählte Bailey, der 45 Meter hohe Wasserfall befinde sich an einem kleinen Nebenfluß in der Nähe von Gyala, und an einem Felsen hinter der Kaskade habe jemand das Abbild der Gottheit Singche Chogye eingemeißelt oder aufgemalt. Einem anderen Bericht zufolge handelt es sich bei dem Heiligtum um eine Statue, die hinter dem Wasserfall an den Fels gekettet ist. Im Winter, wenn nur wenig Wasser vor der Ikone herabstürzt, halten die Pilger hier ihre Andachten ab.

Bei dem »See« am Fuß des Wasserfalls handelte es sich vermutlich um die breite Stelle hinter Gyala, wo der Tsangpo aufgestaut wurde, bevor er durch den innersten Teil der Schlucht rauschte. Irgendwie mußten diese Dinge in der ersten Besprechung durcheinandergebracht worden sein – entweder weil man Kintup bei seiner Befragung mißverstanden hatte, oder weil die englische Version seines Berichtes falsch übersetzt worden war, vermutete Bailey.

Sechs Monate später, im Juni 1914, kehrten Bailey und Morshead nach London zurück und hielten vor der RGS eine Ansprache. Mittlerweile klangen Holdichs Worte schon ganz anders: »... ich fürchte, wir müssen die Hoffnung nun endgültig aufgeben, daß es am Brahmaputra einen großen Wasserfall gibt«, teilte er dem Publikum im Anschluß an Baileys Vortrag mit. »Wir waren davon ausgegangen, daß es dort einen großen Wasserfall gibt, und nun, glaube ich, sind wir gewissermaßen enttäuscht, daß wir ihn nicht haben finden können.«

Bei Kingdon-Wards Vortrag vor der RGS im Jahr 1925 war auch Younghusband anwesend. Er war damals Anfang sechzig, selbst ein äußerst produktiver Autor und freute sich, den innersten Schluchtabschnitt bequem vom Sessel aus auf Fotos sehen zu können. »Jetzt haben wir die ganze morphologische

Geschichte des Tsangpo – von einem Ende bis zum anderen, bis ins kleinste Detail«, sagte er nach dem Vortrag. Den acht Kilometer langen Teil der Schlucht, den noch kein Mensch durchquert hatte, übersah er dabei großzügig. Lord Ronaldshay, der Präsident der Gesellschaft, war ähnlich überschwenglich, als er bemerkte, es sei »[Kingdon-Ward] vom Schicksal vergönnt gewesen, endlich eine der Forschungsaufgaben zu lösen, die das neunzehnte Jahrhundert dem zwanzigsten überlassen hatte.«

Der lange gehegte Traum von einem riesigen Wasserfall am Tsangpo wurde an diesem Abend begraben. In den Augen des erlauchten Forschergremiums war damit eine Epoche zu Ende gegangen.

1930 verlieh man Kingdon-Ward für seine »geographischen Forschungen und die Beschäftigung mit der Verbreitung von Pflanzen in China und Tibet« die Founder's Medal, die Goldmedaille der RGS. Seinem Kollegen E.M.H. Cox erklärte er, daß ihn diese Auszeichnung mit mehr Stolz erfülle als alle anderen, die er im Laufe seiner langen Karriere erhalten habe. »An erster Stelle steht bei ihm zweifellos die reine Forschung«, meint Cox, »aber leider kann man von ihr allein nicht leben.«

Kingdon-Wards leidenschaftliche Schwärmerei für die Wildnis hatte tatsächlich ihren Preis. Seine Gesundheit war stark angeschlagen, und bis an sein Lebensende stand er ständig kurz vor dem finanziellen Ruin. Seine Einkünfte aus der Veröffentlichung von Büchern und Zeitschriftenartikeln waren mager: Für *The Mystery Rivers of Tibet* erhielt er beispielsweise einen Vorschuß von dreißig Pfund, im Jahr 1944 brachte ihm die gesamte Schriftstellerei umgerechnet etwa dreihundert Pfund ein.

Auch Kingdon-Wards Ehe litt. Als die beiden Töchter auf die Welt kamen, war er jedesmal gerade in Birma, und seine Aufenthalte in England dauerten nie besonders lange. Während der ganzen vierzehn Ehejahre war Kingdon-Ward nur etwa vier Jahre zu Hause. Obwohl die beiden dauernd in finanziellen Nöten lebten, gab Florinda das Geld mit einer Geschwindigkeit aus, die Kingdon-Ward irritierte. Nach der Geburt der Mädchen zog sie in ein edwardianisches Herrenhaus mit Blick auf die Themse, fast drei Hektar Grund, einem See und mehreren Hausangestellten; und jedesmal, wenn Kingdon-Ward zu Hause war, gab sie luxuriöse Empfänge. Er zog sich dann meist in sein Arbeitszimmer zurück oder saß schmollend am Frühstückstisch, und die Atmosphäre war entsprechend angespannt. Im Freundeskreis registrierte man die mangelnde Zuneigung zwischen den beiden.

1934 kam es beinahe zu einer Scheidung, doch wegen der Kinder verzichtete man schließlich darauf. Im folgenden Frühjahr zog es Kingdon-Ward erneut zum Tsangpo, wo er botanisierte und nördlich des Flusses die Region Richtung Yigrong-Tal vermaß, die er und Cawdor 1924 wegen der schlechten Witterung nicht hatten erreichen können. Als er eines Tages mit seinen Trägern auf einer Paßhöhe stand, teilten sich die Wolken, und er wurde mit einem kurzen Blick auf die Quelle des Yigrong belohnt. Sie lag in einem Hochtal, das »ein Ring aus Eis umklammerte«, und die überfrorenen Felsspitzen, die das Tal einschlossen, erinnerten ihn an eine gotische Kathedrale. »Und hätte ich zehn Jahre auf diesen Augenblick warten und ihn herbeisehnen müssen – es wäre nicht umsonst gewesen«, schreibt er. »Er war der Inbegriff eines Lebenszieles, einer lohnenden Entdeckung in Asien, die nun einen endgültigen Abschluß gefunden hatte.«

Er und seine Träger marschierten noch weitere 1300 Kilometer durch Südtibet, bevor die Expedition zu Ende war und die Heimreise begann. Als er in England ankam, gab es keinen Zweifel mehr, daß seine Ehe vor dem Aus stand. »Ich halte es ... für sehr unwahrscheinlich, daß sich einer von [uns] jemals wieder in die gefahrvollen, unerforschten Gefilde der Ehe wagt«, schrieb er 1937 kurz nach der Trennung an seine Schwester, während er Richtung Birma und Yunnan segelte. »Ich zumindest bin zu alt, zu sehr mit meiner Forschungsarbeit verheiratet, zu arm und vielleicht auch zu weise.«

Ein paar Jahre später ließ Florinda ihren Gärtner einige von Kingdon-Wards Feldnotizbüchern verbrennen: Sie lagen ihrer Meinung nach unnütz im Dachgeschoß herum, das sie vermieten wollte. Die Tsangpo-Tagebücher befanden sich glücklicherweise nicht darunter.

Kingdon-Ward versuchte alles, um seine Arbeit im Feld fortsetzen zu können – er brachte während des Zweiten Weltkrieges Fliegern bei, wie man im Urwald überlebt, suchte im birmanischen Hochland nach abgestürzten amerikanischen Flugzeugen und verwaltete nach dem Krieg eine Teeplantage in Assam. Wenn er einmal keine Arbeit hatte, ließen seine Briefe in die Heimat Einsamkeit und Depression durchscheinen. Doch 1947 war ihm das Glück endlich wieder gewogen, und diesmal sollte es von Dauer sein: In diesem Jahr heiratete er mit zweiundsechzig Jahren zum zweiten Mal – die sechsundzwanzigjährige Jean Macklin. Die beiden hatten sich 1944 beim Mittagessen in Bombay kennengelernt, wo ihr Vater ein bekannter Richter war. Ihre Eltern lehnten die Heirat strikt ab: Kingdon-Ward war arm, bereits einmal geschieden und sechsunddreißig Jahre älter als ihre Tochter – »ein ziemlich kleines, ausgezehrtes, runzeliges Männchen«, wie ihn ein Zeitgenosse beschrieb. Doch er und Jean erkannten ihre Seelenverwandtschaft und wagten den Schritt.

Anders als Florinda machte es Jean nichts aus, in einem durchweichten Zelt mitten im Urwald zu liegen, wo es vor Blutegeln nur so wimmelte. Einen Monat nach der Trauung brachen sie mit dem Segelschiff zu einer Expedition nach Indien auf, und das verheerende Erdbeben in Assam von 1950 erlebten sie im Vorgebirge ganz im Süden der Tsangpo-Schlucht. Von den zehn heftigsten jemals aufgezeichneten Erdbeben erreichte dieses eine Stärke von 8,6 auf der Richterskala. Ganze Berghänge stürzten in den Tsangpo, blockierten den Flußlauf, verursachten Überschwemmungen und Geröll-lawinen und verliehen der Landschaft ein völlig neues Gesicht. Nach Kingdon-Wards Messungen am darauffolgenden Tag war ihr Lagerplatz um 60 Meter angehoben worden.

Die beiden hatten sich schon aufgegeben, doch sie kamen mit dem Leben davon und kehrten nach England zurück. Auch in den fünfziger Jahren unternahmen sie gemeinsame Reisen – meistens nach Birma –, um Pflanzen für Züchter und Privatmäzene zu sammeln. Seinen sechsundsiebzigsten Geburtstag feierte Kingdon-Ward auf einer Reise mit Jean nach Nordbirma. Möglicherweise plante er, in die Tsangpo-Schlucht zurückzukehren, doch nach der Besetzung Osttibets 1950 durch die Chinesen war das Land für Fremde geschlossen. Mitte der fünfziger Jahre fielen die Chinesen auch in Birma ein, und das Land war in Aufruhr: »Überall Gewalt, der Krieg wird bewußt provoziert«, schreibt er. »Für friedliche Gartenarbeit und das Sammeln von Pflanzen gibt es in einer solchen Welt offensichtlich keinen Platz.«

Ihre letzte Reise führte sie 1957 nach Ceylon, wo sie Orchideen sammelten. Wieder zu Hause in England, wollte sich Kingdon-Ward der Organisation von Expeditionen nach Neuguinea und Vietnam widmen – mit dreiundsiebzig Jahren. Doch als er am Ostersonntag 1958 mit Jean in einem Londoner Pub saß, spürte er in seinem rechten Fuß ein Kribbeln. Er kannte dieses Gefühl und stand auf, um sein Bein auszuschütteln, brach aber nach ein paar wackeligen Schritten zusammen – ein Schlaganfall. Er wurde sofort ins Krankenhaus gebracht und fiel dort in ein Koma, aus dem er nie mehr erwachte.

Der Schlaganfall ereignete sich auf den Tag genau fünfundzwanzig Jahre nachdem er und Ronald Kaulback auf ihrer Expedition in die Gegend östlich der Tsangpo-Schlucht die Show mit der Ukulele und dem Black Bottom zum besten gegeben hatten. »Er war der zäheste Kerl, den ich kannte«, erinnert sich Kaulback. »Er wollte mir immer weismachen, ich sei ein altmodischer Forscher, aber in Wirklichkeit gehörte er selbst zu der Sorte von Forschern, wie es sie Mitte des neunzehnten Jahrhunderts noch gab. Er war wirklich zäh – ein großartiger Mensch.«

Und was geschah mit all den anderen, die die Schlucht erforscht hatten? Kintup kehrte nach seinem Treffen mit Bailey nach Darjeeling zurück und starb wenige Monate später. Bailey hatte sich dafür eingesetzt, daß der berühmte Pandit eine Rente erhielt, doch die Regierung von Indien weigerte sich, denn womöglich würde Kintup neunzig Jahre alt werden. Immerhin konnte Bailey eine Belohnung von tausend Rupien sowie eine vom Vizekönig überreichte Ehrenurkunde aus Pergament durchsetzen, über die sich Kintup außerordentlich freute.

Bailey selbst erreichte ein hohes Alter. In den dreißiger Jahren diente er in Kaschmir und Nepal, wo er unter dem prunkvollen Titel »His Majesty's Envoy Extraordinary and Minister Plenipotentiary« als königlicher Gesandter und Generalbevollmächtigter am nepalesischen Gerichtshof tätig war. Während seines dortigen Aufenthalts war er weiterhin als leidenschaftlicher Sammler in der Tier- und Pflanzenwelt des Landes unterwegs, und als er sich 1938 schließlich zur Ruhe setzte, stiftete er seine Sammlung von über zweitausend nepalesischen Vogelarten dem British Natural History Museum. Zurück in Schottland widmete er sich dem Schreiben, und als er 1967 im Alter von fünfundachtzig Jahren starb, waren drei Werke erschienen. Die Londoner *Times* verglich ihn in ihrem Nachruf mit Sir Richard Burton, meinte aber, man werde ihn wohl am ehesten wegen seiner Zufallsentdeckung, der herrlichen blauen Mohnblume, in Erinnerung behalten (die eigentlich der katholische Missionar und Naturwissenschaftler Père Delavay 1886 in Yunnan schon vor ihm gefunden hatte). Als gewandter Diplomat, verwegener Forscher, Geheimagent, Linguist und Naturwissenschaftler zählte er zweifellos zu den größten Entdeckern seiner Zeit.

Im Alter ähnelte Bailey »immer mehr einem tibetischen Weisen« – so sein Biograph James Morris, der ihn 1958 traf. »Mir schien, als sei sein Aussehen durch seine Erlebnisse ›tibetisiert‹ worden, denn er hatte hohe Wangenknochen und leichte Schlitzaugen, die Haut war braun wie Pergament, und selbst die Art, wie er sich bewegte, so kommt es mir heute vor, hatte etwas Unnahbares, Mönchshaftes.«

Und Baileys großartiger Begleiter, Henry Morshead? »Ich befürchtete immer, daß ihn seine Nachlässigkeit [in Bezug auf Hygiene und Sicherheit] eines Tages das Leben kosten würde«, schreibt Bailey in seinem Bericht über ihre Abenteuer am Tsangpo. »Doch ich irrte mich. Er ritt eines Morgens [im Jahr 1931] ganz friedlich durch Birma, als er plötzlich ermordet wurde.« Die unbekannten Angreifer wurden nie gefaßt.

Zu der Zeit, als Bailey 1913 vor der RGS seinen Vortrag über die Tsangpo-Schlucht hielt, wurde die politische Situation in Tibet zunehmend bedrohlich. Die kalte Hand Pekings streckte sich erneut nach dem Land aus, und der Griff sollte im Lauf der Jahre immer härter werden.

Nach Kingdon-Wards und Cawdors Expedition von 1924

wurden nur noch wenige Expeditionen genehmigt, bei denen die Suche nach dem Wasserfall in der acht Kilometer langen, unerforschten Schlucht jedoch nicht im Vordergrund stand. Kingdon-Ward forschte 1935 am Yigrong, einem Nebenfluß des Tsangpo nördlich der Schlucht, nach Pflanzen. Der berühmte Botaniker Sir George Taylor war 1938 ebenfalls in diesem Gebiet mit einer Expedition unterwegs, die Frank Ludlow und George Sherriff anführten. Die beiden Naturwissenschaftler waren ebenso zäh und abenteuerlustig wie Eric Bailey und Kingdon-Ward und erkundeten einen mindestens so großen Abschnitt der Schlucht wie die Forscher vor ihnen.

Zwischen 1936 und 1947 unternahmen Ludlow und Sherriff mehrere Beutezüge in die Schlucht und die Berge in ihrer Umgebung. Ludlow war ein ausgezeichneter Botaniker, der in Cambridge unter Kingdon-Wards Vater studiert hatte. Er zitierte gerne Shakespeare und komponierte Melodien im Stil von Gilbert und Sullivan. Im Jahr 1922 war er zum ersten Mal nach Tibet gekommen, um eine kleine Schule in Gyantse zu leiten, wo ihm Cawdor und Kingdon-Ward 1924 während eines kurzen Aufenthalts auf dem Weg zur Schlucht begegnet waren. Der schottische Ornithologe Sherriff lernte Ludlow 1930 in Kashgar kennen, während sie bei Generalkonsul Noel Williamson zu Gast waren. Die beiden Wissenschaftler schlossen schnell Freundschaft und erforschten während der folgenden zwanzig Jahre gemeinsam die entlegensten Winkel Zentralasiens.

Sherriff war ein erfahrener und weitgereister Mann. Bei längeren Expeditionen ließ er die Einwohner aus der Umgebung des Basislagers Gemüse anpflanzen und die Ernte in die nächsten Lager bringen. Taylor schreibt über ihre Expedition von 1938: »Wir hatten oft hervorragende Russische Salate mit Tomaten, Salat, Rüben und Rettichen.« Sherriff wußte, wie wichtig das leibliche Wohl für den Erfolg einer Expedition war, weshalb die Mahlzeiten mit Jamaikarum oder »Treasure Whisky« aus der Familienbrennerei in Islay angereichert wurden. Auf der Expedition von 1946 bestand das Weihnachtsdiner aus einer klaren Brühe, Gänsebraten mit Füllung, Plumpudding und einer Flasche französischem Champagner. Zudem hatte Sherriff immer einen riesigen UKW-Empfänger und eine kleine Bibliothek mit Klassikern der Weltliteratur dabei. Wie Bailey war er ein Meisterschütze, was ihm beim Sammeln von Vögeln sehr nützlich war. So hieß es beispielsweise, er könne mit einem Schuß einen Mauersegler im Flug erlegen.

Während ihrer Tsangpo-Expedition im Jahr 1938 stellten Taylor und Ludlow das umfangreichste Herbarium zusammen, das jemals innerhalb einer Saison in Tibet entstanden war – es umfaßte über viertausend Arten. 1946 sollten Ludlow und Sherriff mit dessen Frau Betty und Colonel Henry Elliot, einem Sanitätsoffizier aus Indien, wieder in die Schlucht zurückkehren. Während die Sherriffs sich von den anderen trennten, um den Po Tsangpo und den Yigrong zu erkunden, schlossen sich Elliot und Ludlow einem Pilgerzug der Bewohner Gyalas zum Kloster Pemaköchung an. Während ihres Aufenthalts dort unterbrachen sie ihre Arbeiten für einen Tag, um den Kintup-Wasserfall zu besichtigen. Sie hatten für das Pflanzensammeln in der Umgebung des Klosters nur fünf Tage eingeplant, so daß sie gar nicht versuchten, weiter in die Klamm vorzudringen. Ludlow war jedoch von der üppigen Vielfalt der Pflanzen derart fasziniert, daß er beschloß, 1948 zurückzukehren, in Pemaköchung sein Basislager einzurichten und die ganze Blütezeit in der Schlucht und ihrer Umgebung zu verbringen.

Doch so weit sollte es nicht kommen. Die Behörden in Lhasa waren beunruhigt wegen der bevorstehenden »Befreiung« Tibets durch die Kommunisten und verweigerten Ludlow das Visum. Tatsächlich besetzten die Chinesen 1950 den

Osten Tibets. Das Land verschwand hinter einem Bambusvorhang, oder – wie Mao Zedong es formulierte – wurde mit dem chinesischen Mutterland wiedervereinigt. Damit begann eine Phase »demokratischer Reformen«, die Tibet vom Feudalwesen befreien sollten. Schließlich floh der Dalai Lama 1959 endgültig aus seiner Heimat, und Lhasa fiel in die Hände der Volksbefreiungsarmee. Tibet war wieder zum Verbotenen Reich geworden. Die Isolation des Landes dauerte drei Jahrzehnte an, die der Schlucht sogar noch länger, da sie eine so bedeutende strategische Lage entlang der umstrittenen Grenze zu Indien besaß. Erst 1992 war es einigen Gruppen wieder gestattet, ihr Glück zu versuchen und die acht Kilometer lange Lücke zu schließen, die Kingdon-Ward und Cawdor hinterlassen hatten.

Für die Tibeter in Pemakö gab es vermutlich keine Zweifel, warum es bisher niemandem gelungen war, den innersten Teil der Schlucht zu betreten. Daß die Forscher gescheitert waren, liege nicht etwa an der fehlenden Ausdauer oder am schwierigen Gelände oder Klima, würden sie erklären, sondern habe vielmehr esoterische Gründe. Einer Weissagung zufolge wird die heiligste, innerste Sphäre des Bäyül so lange geschlossen bleiben, bis drei Tertöns – sogenannte »Schatzfinder« – in Gompo Ne am Zusammenfluß von Tsangpo und Po Tsangpo, direkt unterhalb der Klamm, zusammentreffen. Erst wenn sie die Zeit für gekommen halten, wird das Innerste des Bäyül geöffnet werden. Bis dahin, so steht es geschrieben, wird jeder Versuch, in das höchste Heiligtum einzudringen, auf eigene Gefahr unternommen.

Zweiter Teil

AUF DER SUCHE NACH DEM PARADIES

»Eine der vollkommensten und umfassendsten Beschreibungen der abendländischen Vorstellung von Tibet als heiligem Ort war die Utopie von Shangrila, die [James] Hilton 1933 in seinem berühmten Roman Lost Horizon *schilderte.«*

Peter Bishop, *The Myth of Shangri-La*

Die moderne Ära der Erforschung der Schlucht brach an, als China 1982 das Reiseverbot in Südosttibet aufhob. Der jahrelange Konflikt mit Indien über den umstrittenen Grenzverlauf durch das Gebiet östlich der Schlucht wurde beigelegt, und der Tourismus im übrigen Tibet sorgte reichlich für Devisen. Die chinesischen Behörden erkannten, daß ihnen Touristen auch in Pemakö Geld einbringen würden, und nie zuvor war das europäische Interesse an Tibet größer gewesen.

Anfang der neunziger Jahre herrschte eine völlig idealisierte Vorstellung von Tibet als einem unberührten Land des Friedens und des erleuchteten Bewußtseins, für die einerseits eine brillante Image-Kampagne der tibetischen Exilregierung, andererseits die tatsächliche Sorge angesichts der anhaltenden Bedrohung der tibetischen Kultur und Religion durch die Chinesen verantwortlich war. In *Prisoners of Shangri-La*, einer aufschlußreichen Studie über den Einfluß des Westens auf die tibetische Mythologie, schreibt der Tibetologe Donald Lopez, daß man das Land – zusätzlich zum lange gepflegten Image als »Heilmittel für eine sich unaufhaltsam zersetzende abendländische Kultur« – nun auch als »Opfer« sah, dem die »Schrecken einer chinesischen Invasion und Besetzung« drohen.

Diese drastische Ausdrucksweise stammt nicht von Lopez selbst, sondern ist einer Abhandlung der Organisation World Service Network entnommen, die 1992 veröffentlicht wurde. Das Manifest des WSN forderte, daß Tibet zu einem »Missionsfeld des New Age« umgewandelt wird, und pries die erhoffte zukünftige Rolle des Landes als »Zentrale eines globalen Utopia«.

»Es wird Zeit, das Geheimnis um Shangrila zu lüften ... [w]o Brüder-/Schwesterlichkeit, Mitgefühl, die Rücksicht gegenüber allen Formen des Lebens, die Bereitschaft zu teilen und der gegenseitige Zusammenhalt die Basis für eine Große Neue Gesellschaft ... [und eine] globale Transformation zum dauerhaften Weltfrieden bilden«, ist in dem Aufruf der Vereinigung zu lesen.

Derartige Vorstellungen von Tibet als bedrohter Quelle althergebrachten und okkulten Wissens sind nichts Neues. Sie lassen sich über ein Jahrhundert zurückverfolgen, bis zu der Zeit, als die Theosophische Gesellschaft gegründet wurde, die sich auf Helena Petrovna von Hahn, ein auch als Madame Blavatsky bekanntes, selbsternanntes Medium, beruft. Von Hahn wurde 1831 in Rußland geboren und machte schon als Kind Bekanntschaft mit dem tibetischen Buddhismus. Nach einer kurzen Vernunftehe mit einem älteren Herren namens Blavatsky fühlte sie sich zum Orient hingezogen, wo sie sich auf die Suche nach geheimen Weisheiten begab. Helena Petrovna reiste durch Indien und Ceylon, verschlang die Literatur des Okkulten und lernte dabei auch den gelehrten Pandit Sarat Chandra Das kennen, der unter anderem Bücher über tibetische Mystik verfaßt hatte. Irgendwann behauptete sie dann, telepathische und schriftliche Lehren von Mahatmas – sogenannten spirituellen Lehrern – erhalten zu haben, deren Oberherren irgendwo jenseits des Himalaya im unsichtbaren Königreich Shambhala residierten. Die Sage von Shambhala steht in enger Verbindung mit einer hinduistischen Prophezeiung, in der die zehnte und letzte Inkarnation Vishnus, nämlich Kalki, die Barbaren besiegt, die die Welt tyrannisieren. Kalki also leitet das goldene Zeitalter ein. Gelehrte haben den Geburtsort Kalkis ausfindig gemacht – ein indisches Dorf namens Shambhala. In tibetischen Texten bleibt der genaue Ort Shambhalas ungewiß, und Richtungsanweisungen verlieren sich im Unbestimmten. In manchen Schriften liegt Shambhala weit im Norden Tibets – auf einer Insel, die ein Ring vereister Gipfel umschließt. Andere siedeln ihn am Nordpol an, während Blavatsky meinte, er läge irgendwo in der Wüste Gobi.

Nach ihrem Aufenthalt in den mystischen Gefilden des Orients übersiedelte Blavatsky nach New York, wo sie und ihre Schüler 1875 die Theosophische Gesellschaft offiziell ins Leben riefen. Die Bewegung gewann dort wie auch in Europa Anhänger, und schon zehn Jahre nach der Gründung konnte sich Blavatsky damit rühmen, daß die Gesellschaft an über hundert Orten Logen hatte, vor allem in Indien, wo die mystischen Lehren bei den Hindus großen Anklang fanden. In aller Welt hielt sie Vorträge, führte spiritistische Sitzungen durch und kommunizierte mit Verstorbenen. Außerdem schrieb sie eifrig Bücher. Ihr *Isis Entschleiert* von 1877 füllt zwei Bände und wiegt fast zweieinhalb Kilo, und *Die Geheimlehre*, die 1888, also drei Jahre vor ihrem Tod, erschien, ist noch umfangreicher und noch entmutigender. Blavatsky behauptete, das Material stamme nicht von ihr selbst, sie sei nur das Sprachrohr der erleuchteten Mahatmas; diese würden in einer Geheimsprache mit ihr reden, die sie dann ins Englische übersetze. Der Untertitel von *Die Geheimlehre* lautet: Die Vereinigung von Wissenschaft, Religion und Philosophie, doch das Buch ist eher eine Mischung aus Pseudowissenschaft, östlicher Mystik und einer gehörigen Portion paranormalen Gefasels: In aller Ausführlichkeit handelt Blavatsky Themen wie die versunkenen Kontinente Atlantis und Lemurien und ihre Bewohner ab, das geheime Wissen Mesopotamiens und des alten Ägyptens sowie die sogenannte »Wurzelrasse« arischer Asiaten, hoch entwickelte Geister, die sich in Gestalt tibetischer Mystiker offenbaren.

Viele Jahre später griff das Dritte Reich übrigens die Vorstellung von einer reinen, arischen Rasse auf, deren Ursprung angeblich irgendwo in Zentralasien lag. Im Jahr 1935 befahl Gestapo-Chef Heinrich Himmler die Gründung der Forschungsstätte »Ahnenerbe«. Mehrere der dort tätigen Forschungsbeauftragten waren der festen Überzeugung, Tibet sei das Heimatland der Herrenrasse, und die arischen Oberherren, die Mahatmas, regierten ein geheimes Königreich namens Shambhala. Bruno Berger, der Ethnologe des Instituts, hatte sich bei seiner Tibetexpedition 1938/39 auf Knochenfunde einer nordischen Rasse vorbereitet. Doch er konnte weder Knochen noch arisch aussehende Tibeter entdecken, und die tibetischen Bettler, die ihm begegneten, fand er ganz im Gegenteil rassisch »unharmonisch«.

Wie löblich die erklärten Ziele der Theosophen auch gewesen sein mochten – von der Förderung einer weltumspannenden Brüderlichkeit bis zur Unterstützung wissenschaftlicher Forschung –, Blavatsky wurde als Schwindlerin abgestempelt. Aufgrund des damaligen Zeitgeistes war die Vereinigung dennoch erfolgreich; die Öffentlichkeit hatte ein reges Interesse am Spiritualismus sowie an den okkulten Künsten und war von den zahlreichen Geheimnissen Tibets fasziniert. Die Theosophische Gesellschaft erregte beiderseits des Atlantiks die Aufmerksamkeit von Künstlern und Intellektuellen, die sich der Avantgarde zugehörig fühlten. Auch Albert Einstein und Thomas Edison zählten angeblich zu den begeisterten Lesern von *Die Geheimlehre*, und unter den Anhängern in Rußland fanden sich der Schriftsteller Boris Pasternak, der Komponist Alexander Skrjabin und der Maler Wassily Kandinsky. Als 1913 in Europa der Krieg bedrohlich näherrückte, eröffnete man in St. Petersburg einen buddhistisch-theosophischen Tempel.

Kein Theosoph war stärker von der Idee des tibetischen Utopiens Shambhala besessen als der russische Visionär und Mystiker Nicholas Konstantin Roerich. Gemeinsam mit Igor Strawinsky entwarf er Kostüme und Bühnenbilder für dessen Ballett »Le Sacre du Printemps«, die Landschaften mit verwunschenen Hügeln und heiligen Bäumen zeigten. Die Sommer seiner Kindheit hatte er auf dem Landsitz der Familie verbracht, in dessen Wohnzimmer ein leuchtend buntes Wandgemälde vom heiligen Berg Kangchendzönga hing. Als er sich später der Theosophischen Gesellschaft von St. Petersburg anschloß, erhielt er den Auftrag, die Kuppel für den neuen buddhistisch-theosophischen Tempel der Stadt zu gestalten, und ließ dabei die Symbole des achtfachen Pfades der Erleuchtung einfließen.

In St. Petersburg begegnete Roerich auch dem russischen Lama Agvan Dorjieff, der ein Lehrer des 13. Dalai Lama und tibetischer Botschafter am russischen Zarenhof gewesen war. Bei einer seiner zahlreichen geheimen Missionen zwischen Lhasa und St. Petersburg hatte Dorjieff eine Abschrift des alten Buches *The Prayer of Shambhala* mitgebracht sowie einen »Reiseführer« mit der Wegbeschreibung in das heilige Land, die er Roerich zeigte. Bald schon war der Maler von der Idee besessen, eine Pilgerreise zu unternehmen und das geheime heilige Königreich zu finden. 1923 brach er mit seiner Frau Helena nach Indien und Tibet auf.

Mittlerweile bezeichnete er sich als »Professor Roerich«. Mit seinem weißen Vollbart und der Kappe sah er aus wie ein russisch-orthodoxer Prälat und machte eine ganz gute Figur. Die leuchtend bunten impressionistischen Gemälde des »Professors« stellten nach seinen Worten Visionen dar, die ihm die Mahatmas eingaben, und seine eigentliche Aufgabe sei es, eine Weltordnung des Friedens und der brüderlichen Gemeinschaft aufzubauen. In Roerichs New-Age-Vision gab es keinen Platz für die Kolonialpolitik vergangener Zeiten, vor allem nicht für die des imperialistischen Großbritanniens. Verständlicherweise war der britische Geheimdienst in Indien entsprechend mißtrauisch, als die Roerichs – russische Staatsangehörige, Imperialismusgegner und womöglich sogar Spione – in Darjeeling auftauchten und von einer Expedition mit dem Ziel Shambhala sprachen. Das britische Foreign Office in Indien entsandte keinen Geringeren als Bailey, um sie auszuhorchen. Bailey brach also vom benachbarten Sikkim auf, wo er als Regierungsvertreter eingesetzt war, und nachdem Roerich seine großartigen Pläne vor ihm ausgebreitet hatte, reiste er mit einem nicht besonders vorteilhaften Eindruck wieder ab. Einige Jahre später meinte Bailey in einem offiziellen Bericht, Roerich sei »ein Hochstapler und schlechter Maler, der an Größenwahn leidet, aber irgendwie doch recht sympathisch ist.«

Schließlich erteilten die Briten dem »Professor« die Erlaubnis, über Indien nach Tibet einzureisen und seine Suche nach Shambhala fortzusetzen. Gemeinsam mit seiner Frau und dem Sohn George bildeten sie den harten Kern einer ausgedehnten Expedition, die sie von Indien nach Westchina, dann in die Mongolei und schließlich nach Tibet führte. Als die Gruppe jedoch überraschend einen Abstecher nach Moskau machte, kamen den britischen Geheimagenten doch Zweifel, ob Roerich nicht vielleicht ein kommunistischer Spion war, der versuchte, die Tibeter auf die Seite der Russen zu ziehen. Das Foreign Office telegraphierte Bailey nach Sikkim, er solle seinen ganzen Einfluß bei der tibetischen Regierung geltend machen, damit Roerichs »Unternehmen Shambhala« sabotiert werde.

Im Frühjahr 1927 erreichte Bailey die Nachricht, daß Roerich und sein Team Moskau verlassen hätten und wieder unterwegs seien. Bailey telegraphierte eine Warnung nach Lhasa, daß sie bald die Grenze nach Tibet überqueren und versuchen würden, in die Heilige Stadt zu gelangen. Als die Expedition im September desselben Jahres dann den nördlichsten tibetischen Außenposten Nagchu Dzong erreichte, hielt man sie auf und erklärte, sie müsse erst auf die Genehmigung aus Lhasa warten, um die Reise fortsetzen zu können.

»Dieser Ort wird uns für immer im Gedächtnis bleiben«, schreibt Roerich. »Das freudlose Hochland mit seinem fast arktischen Klima war von kleinen Hügeln überzogen und von der düstren Silhouette der Geröllhalden begrenzt.« Auf Vorschlag des Kommandeurs schlug die Karawane ihr Lager mitten in einer morastigen Senke auf, die von dürrem, dornigem Unkraut bewachsen war. Es gab einen See, und in der Ferne sah man die »toten Berge«. Hier oben, auf fast 4600 Meter Höhe, gab es »keinen Vogel, kein Tier«, wie Roerich notiert, nur die trostlose Aussicht und den erbarmungslosen, bitterkalten Wind.

Einen Monat später hatte der Winter begonnen, und die Genehmigung war noch immer nicht angekommen. Es war nun offensichtlich, daß man die Gruppe unter Arrest gestellt hatte. Anfang November schrieb George Roerich einen Brief an Bailey, in dem er ihn beschwor, ihnen zu helfen. Der junge Roerich teilte ihm mit, die Vorräte der Expedition seien fast aufgebraucht, die Pferde und Kamele hätten kaum mehr etwas zu fressen und ihn selbst habe die Höhenkrankheit beinahe das Leben gekostet. Es war so kalt, daß selbst der Cognac gefror.

»Jede Nacht kamen die frierenden, halb verhungerten Tiere an unsere Zelte, so als würden sie vor ihrem Tod ein letztes Mal anklopfen«, erinnert sich Nicholas Roerich in seinen Memoiren. »Und am Morgen fanden wir sie dann tot in der Nähe unserer Zelte. Unsere Mongolen zerrten sie hinter das Lager, wo bereits ein Rudel wilder Hunde sowie Kondore und Geier auf ihre Beute warteten. Von hundertzwei Tieren büßten wir zweiundneunzig ein. Im tibetischen Hochland verloren wir außerdem fünf unserer Reisegefährten ... Nicht einmal die Einheimischen konnten sich der extremen Witterung widersetzen.« George Roerichs inständige Bitte um Hilfe sollte nie bei Bailey ankommen, aber nachdem die Gruppe fünf Monate ausgeharrt hatte, erhielt sie die Erlaubnis, weiterzuziehen – jedoch nicht nach Lhasa, sondern über einen langen Umweg nach Sikkim. Natürlich kam ihnen nie der Verdacht, Eric Bailey könnte für die elende Situation verantwortlich gewesen sein, in der sie sich gerade noch befunden hatten, und vielleicht auch bei ihrer Befreiung seine Hände mit im Spiel gehabt haben.

Nicholas Roerich zeichnete die außergewöhnliche Expedition 1930 in einem Buch mit dem einfachen Titel *Shambhala* auf. Auf der gesamten Route durch Zentralasien hatten sie nach seiner Rechnung drei Dutzend Gebirgspässe von über 4200 Meter Höhe überquert. Und obwohl die Reise so beschwerlich gewesen war, hatte er an die fünfhundert Bilder malen können, die verschiedene Gegenden des Himalaya und Gottheiten darstellten, die mit dem König von Shambhala in Beziehung standen. Es gelang ihm nicht, das verborgene Tal des Friedens und des Überflusses zu entdecken, doch seine Suche war ohnehin eher metaphorisch zu verstehen, als »Suche nach einem neuen Zeitalter«, wie er es im Untertitel zu *Shambhala* formuliert.

Allerdings geschah es bei der Durchquerung der mongolischen Wüste Richtung Tibet, daß der Lama, der die Expedition anführte, sich Mund und Nase mit einem Tuch zuhielt und die Gruppe warnte, daß sie bald das giftige Gas einatmen würden, mit dem man die Grenzen Shambhalas schütze. Kurze Zeit später sah die Gruppe einen »riesigen kugeligen Körper« am Himmel vorbeiziehen, der hinter dem Humboldt-Gebirge verschwand. »Das ganze Lager folgt der ungewöhnlichen Erscheinung«, schreibt Roerich, »und die Lamas flüstern: ›Das Zeichen von Shambhala!‹«

Nach den Strapazen der Expedition ließ sich die Familie 1928 in den indischen Ausläufern des Himalaya nieder und gründete ein Forschungsinstitut, das sich dem Studium Zentralasiens, der tibetischen Medizin und der archäologischen Forschung widmete. Roerich verfaßte hier auch sein Buch über das »Unternehmen Shambhala«. Obgleich das Werk eher unbedeutend blieb, wurden später Mutmaßungen angestellt, daß es zu den Quellen eines Bestsellerromans zählte, der drei Jahre danach erscheinen sollte und in die englische Sprache ein Synonym für das tibetische Utopia einführte, das Roerich nie entdeckt hatte: Shangrila.

Bei dem Roman handelt es sich natürlich um *Der verlorene Horizont* des britischen Autors James Hilton. Dieses Buch aus dem Jahr 1933 – gemeinsam mit Frank Capras Verfilmung von 1937 – trug wesentlich dazu bei, daß die weit verbreitete Vorstellung von Tibet als einem entfernten Utopia weiter gefestigt wurde.

Hiltons Shangrila – das paradiesische Tal des Blauen Mondes – hat verblüffende Ähnlichkeit mit dem geheimen Königreich, das Blavatsky und Roerich heraufbeschworen hatten. Es wird von vier Fremden – drei Briten und einem

Szenenbild der Hilton-Verfilmung: Ein auf mysteriöse Weise entführtes Flugzeug muß im Kunlun-Gebirge notlanden, die Passagiere werden von den Tibetern ins paradiesische Tal des Blauen Mondes geführt.

Amerikaner – entdeckt, die während eines Aufstands aus »Baskul« ausgeflogen werden sollten, einem imaginären Land, für das Afghanistan Pate stand. Ihr auf mysteriöse Weise entführtes Flugzeug erreicht jedoch nie seinen Bestimmungsort, Peshawar in Pakistan, sondern kommt vom Kurs ab und muß inmitten der Schneegipfel des Kunlun-Gebirges am nördlichen Rand der tibetischen Hochebene notlanden. Die Maschine ist am »höchsten, unwirtlichsten Teil der Erdoberfläche« liegengeblieben, und die vier machen sich schon keine Hoffnungen mehr, jemals in die zivilisierte Welt zurückzukehren, als sie plötzlich eine Prozession von Männern mit einer Sänfte durch den Schnee stapfen sehen.

»Ich bin von der Lamaserei Shangrila«, erklärt der ältere Lama in der Sänfte in fast perfektem Englisch und bietet sich an, die verblüffte Gruppe in Sicherheit zu bringen. Über Schneefelder und hohe Pässe gelangen sie schließlich zum Kloster, das sich mit seinen bunten Pavillons und milchblauen Dächern an den unglaublich steilen Hang klammert wie »Blumenblätter, die sich an einem Felszacken verfangen haben«. Über dem Kloster erhebt sich ein 8500 Meter hoher, vereister Felszinken namens Karakal, und tief unter den Nebelschwaden liegt ein geschütztes, berauschend schönes Tal.

Das Kloster ist ein Zentrum der Gelehrsamkeit, der Religion und der östlichen wie westlichen Kultur. Es beherbergt eine Sammlung chinesischer Kunst, eine riesige Bibliothek mit Büchern, Musik und Karten, und – was am besten ist – Zeit scheint im Überfluß vorhanden zu sein, die man für Studien jeglicher Art nutzen kann.

»Sie werden Zeit haben«, erklärt der höchste Lama des Klosters Hugh Conway, dem begabten, aber weltverdrossenen Helden der Geschichte, der sich später als sorgsam erwählter Nachfolger des sterbenden alten Mannes erweist (daher auch die Flugzeugentführung). »Bedenken Sie für einen Augenblick«, meint der Lama, »... nie wieder werden Sie Seiten überfliegen, um Minuten zu ersparen, oder ein Studium vermeiden, weil es Sie allzu sehr beanspruchen könnte.« In Shangrila sind nämlich die Zeit und der Prozeß der Alterung auf magische Weise angehalten worden, erfährt Conway. Räumlich isoliert und unbeeinflußt von der Zeit, stellt die heilige Stätte eine Zeitkapsel für Kultur und Wissen dar, die einen Sturm überdauern wird, »wie die Welt ihn noch nie gesehn hat«, erklärt der Lama. »Es wird keine Sicherheit durch Waffen geben, keine Hilfe von Herrschern, keine Antwort von der Wissenschaft. Er wird toben, bis jede Blume der Kultur zertrampelt und alles Menschliche einem ungeheuren Chaos gleichgemacht ist.« Und Shangrila wird überleben und den Samen der Kultur erneut aussäen.

»Die Utopie (U-topia, der Nicht-Ort) von Shangrila, einer idealisierten Phantasiewelt, entstand zu einer Zeit, als das Geheimnisvolle in der Geographie noch nicht völlig von der Erdoberfläche verschwunden war«, schreibt Peter Bishop. »[S]ie stand genau zwischen der Suche nach der Heiligen Stadt in der viktorianischen Epoche und dem Interesse an metaphysischen und psychologischen Modellen Mitte des zwanzigsten Jahrhunderts.« Die Voraussetzungen für die Vorstellung von einem friedlichen, unangreifbaren Königreich – unberührt von den Zuständen in Europa, die bereits einen Weltkrieg zu verantworten hatten und gerade einen zweiten auslösten – waren damals besonders günstig. Shangrila stellte einen Ort jenseits der politischen und wirtschaftlichen Misere dar, an dem ein gesunder Verstand unter der wohlwollenden Führung Mahatma-ähnlicher Lamas regierte und die Zeit stehengeblieben war.

Im Vorwort zur 18. Auflage von *Der verlorene Horizont* (die 1936, nur drei Jahre nach der Erstveröffentlichung erschienen war), erklärte Hilton, die Geschichte handle in erster Linie von der »Bedrohung all dessen, was wir mit dem Begriff ›Kultur‹ bezeichnen, durch den Krieg«. Angesichts des bevorstehenden neuen Krieges klagte Hilton: »Wie glücklich könnte man sich schätzen, wenn man all das als gänzlich veraltet abtun könnte, anstatt sich eingestehen zu müssen, daß es jetzt, im Jahr 1936, so erschreckend aktuell ist wie nie zuvor!« In Großbritannien gewann *Der verlorene Horizont* 1934 den Hawthornden Prize für das beste Werk phantastischer Literatur eines Nachwuchsautors.

Der Regisseur Frank Capra engagierte Hilton bei der Verfilmung des Romans als Berater und lud ihn nach Hollywood ein. Nach der Fertigstellung des Films reiste Hilton über New York zurück, wo der Klatschkolumnist der *Times* ihn sich schnappte. Er fragte Hilton, ob er jemals selbst in Tibet gewesen sei, und Hilton mußte dies verneinen. Er erklärte aber, daß er ernsthaft mit dem Gedanken gespielt habe, auf Pilgerreise zu gehen, sobald der Film fertig sei, aber irgendwie habe die Sache dann »ihren Reiz verloren«. Er war der Auffassung, daß man nicht an einem Ort gewesen sein mußte, um darüber schreiben zu können. Letztendlich »kommt man mit Phantasie weiter als mit trockenem Wissen oder Erlebnissen aus erster Hand.« Die Inspiration zu seiner eigenen Geschichte hatte ihm jedoch – abgesehen von der allgemeinen Stimmung der Zeit – nicht unbedingt eine Muse eingeflüstert. Die Idee war ihm vielmehr in der Bibliothek der British Library gekommen.

Zu Hiltons höchst wertvollen Quellen gehörte auch, wie er gegenüber der *Times* angab, der Bericht des französischen Missionars Abbé Évariste Régis Huc, *Reise durch die Mongolei nach Tibet und China, 1844–1846*. Die englische Fassung von Hucs Memoiren wurde 1928, fünf Jahre vor *Der verlorene Horizont*, neu aufgelegt. Darin wurde eine Weissagung erwähnt, von der er und sein Begleiter John Gabet bei ihrer Durchquerung Nordtibets gehört hatten und die von einem geheimen heiligen Land namens Shambhala sprach. Dieser Prophezeiung zufolge lag das Paradies angeblich irgendwo nördlich des Kunlun-Gebirges, zwischen den Altai- und den Tian-Shan-Bergen. Es war ein Zufluchtsort der Gemeinschaft der Kelaner, Anhänger des Panchen Lama und Hüter der geheimsten buddhistischen Lehren. Die Legende prophezeite, daß eines Tages Barbaren Tibet überfallen und in ihre Gewalt bringen werden. Eine Zeit der Finsternis werde folgen, in der die Bedeutung des Buddhismus verblasse. Doch dann werde sich auf Geheiß des Panchen Lama aus den Lebenden und den Toten ein Heer von Kelanern erheben, das die Ungläubigen vernichte, dann den Buddhismus in der ganzen Welt verbreite und so ein goldenes Zeitalter einleite. In manchen Versionen der Legende stellen die Chinesen die finstere Macht dar, eine andere spricht von einem Ansturm der Moslems, angeführt von einem König, der »regiert wie ein wild gewordener Elefant«.

Huc und Gabet waren nicht die ersten, die von Shambhala hörten. Auch George Bogle, der erste Engländer in Tibet, erfuhr von dem geheimen Königreich, als er 1774 in Kalkutta zu einer diplomatischen Mission aufbrach, um den 6. Panchen Lama zu treffen. Eine andere wichtige Quelle sind die Schriften des ungarischen Tibetologen Alexander Csoma de Körös, der 1819 auf der Suche nach dem angeblichen Heimatland seiner Vorfahren durch Zentralasien gereist war. In Tibet erwarb Körös Schriften über Shambhala, die den Ort als eine heilige Stätte beschreiben, an dem die größten Geheimnisse des tibetischen Buddhismus – auch Kalacakra oder Rad der Zeit genannt – streng bewacht werden. Seine Aufzeichnungen gehörten zu den Quellen, die Madame Blavatsky und ihre Anhänger inspirierten, und – direkt oder indirekt – auch James Hilton.

Der Mythos von einem König, der die Gläubigen gegen die Mächte des Bösen anführt und somit erlöst, ist vielen östlichen und westlichen Kulturen gemeinsam, doch in Tibet ist er besonders populär. Jahrhundertealte buddhistische Schriften berichten von geheimen Tälern oder Bäyül, die Padmasambhava, der den tantrischen Buddhismus in Tibet verbreitete, dazu ausersehen hatte. Wie man diese Täler erreicht, ist in Termas, den »Schatztexten«, festgehalten, die von Padmasambhava in Höhlen oder Felsnischen versteckt wurden. Jedes Bäyül muß von einem »Schatzfinder«, auch Tertön genannt, gefunden und »erschlossen« werden, der erst dann seiner Aufgabe zugeführt wird, wenn die Zeit dafür gekommen ist. Einige dieser verborgenen Schätze sind bis heute nicht geöffnet worden. Sie werden erst dann entdeckt werden, wenn man sie braucht.

Neben dem Namen »Shambhala« war auch der eines als »Pemakö« bekannten Bäyül aus dem Mund vieler früher Reisender zu hören gewesen, die aus Tibet heimkehrten. Dieses Bäyül lag angeblich im Schatten des Namche Barwa, wo der Tsangpo in eine undurchdringliche Schlucht strömt. Der französische Reisende Jacques Bacot berichtet in seinem 1912 veröffentlichten Buch *Le Tibet Revolte* von einem »Nepemako – la terre promise des Tibetains« – dem tibetischen Land der Verheißung. Die bhutanischen Vorfahren der in Pemakö lebenden Mönpas hatten sich entsprechend dieser Weissagung gegen Ende des achtzehnten Jahrhunderts in der Gegend der Schlucht niedergelassen. Als Bacot 1909 die tibetische Provinz Kham durchquert hatte, war er Hunderten von Familien auf der Flucht vor einem chinesischen Kriegsherren begegnet. Sie sagten ihm, sie seien auf dem Weg nach Pemakö, und gaben ihm eine Abschrift der Wegbeschreibung. Tatsächlich fand Eric Bailey dann 1913 im unteren Teil der Schlucht auf nur 2450 Meter Höhe eine Siedlung tibetischer Flüchtlinge. Der Anführer bestätigte Bacots Aussage, daß sie den Streitkräften eines chinesischen Kriegsherren entkommen seien. Pemakö hätten sie allerdings nicht gefunden.

Bis in die fünfziger Jahre, als die Chinesen ihrer Ansicht nach Tibet vom Joch des lamaistischen Lehenswesen »befreiten«, bot die Schlucht einen Fluchtweg ins tibetische Exil. Doch wie schon ihre Vorgänger konnten auch diese Flüchtlinge das sprichwörtliche Land, wo Milch und Honig fließen, in der unteren Schluchtregion nicht finden und litten statt dessen sehr unter dem tropischen Urwaldklima. Die meisten zogen enttäuscht weiter Richtung Süden, nach Indien, ließen sich dort in Flüchtlingslagern nieder und erzählten einander von ihrer vergeblichen Suche nach dem sagenumwobenen »Lotos-Kristall-Berg«, dem Padma Shelri – der überweltlichen Zitadelle, von der auch Pater Huc und Eric Bailey gehört hatten.

Selbst während der jahrzehntelangen religiösen Unterdrückung durch China pilgerten die Tibeter nach Pemakö und zu anderen heiligen Bergen, wenn auch in sehr viel eingeschränkterem Maße. Seit Tibets Grenzen wieder offen und die Grenzstreitigkeiten mit Indien beigelegt worden sind, werden die staatlichen und militärischen Kontrollen nicht mehr ganz so rigoros durchgeführt, womit verheißungsvolle Gegenden wie beispielsweise Pemakö ihren ursprünglichen Reiz zurückerhielten – nicht nur für die Tibeter, sondern auch, und das ist für unsere Geschichte entscheidend, für eine Handvoll umherziehende Gelehrte, eingefleischte Reisende und spirituelle Abenteurer, die in Tibet eintrudelten, sobald sich der Bambusvorhang teilte.

Zu den Forschern, die seitdem die sakrale Geographie Tibets in nie gekannter Ausführlichkeit erläutert haben, zählen Edwin Bernbaum *(Der Weg nach Shambhala),* Charles Ramble (»The Creation of the Bon Mountain of Kongbo«), Keith Dowman (*The Sacret Life of Tibet*, mit einem Verzeichnis tibetischer Kraftorte) und Victor Chan (*Tibet Handbook*). Als der Tibetologe Toni Huber die Rolle des Bäyül Tsari – das im Westen an Pemakö grenzt – als Pilgerstätte untersuchte, fand er heraus, daß das Yoga der »mystischen Hitze« oder des »inneren Feuers«, das die französische Reisende Alexandra David-Néel angeblich beherrschte, tatsächlich heute noch dort praktiziert wird: Eine Gruppe von Yogis verbringt, nur mit Unterwäsche und Tüchern aus dünner Baumwolle bekleidet, auf über 3000 Meter Höhe eine Winternacht im Freien und erwacht bei Sonnenaufgang wohlbehalten aus einer tiefen Trance. Mit diesem Schauspiel wollen sie ihren Schülern demonstrieren, wie die Innenwelt eines Gläubigen die Widrigkeiten und Qualen der Außenwelt überwinden kann.

Die Geschichten, die Huber und seine Kollegen aus Tibet mitbrachten, fanden ein wißbegieriges Publikum. Während seiner dunklen Vergangenheit unter chinesischer Herrschaft war das Leben außerhalb Tibets, in der »wirklichen« Welt, immer chaotischer und beunruhigender geworden. Das Jahrtausend neigte sich dem Ende zu, und der Westen sah sich mit Kriegen, Umweltkatastrophen, ungezügeltem Materialismus und einem allgemeinen spirituellen Unbehagen konfrontiert. Man ahnte, daß der wissenschaftliche und technologische Fortschritt die Menschen der Natur und der Spiritualität noch weiter entfremdet hatte. Im Grunde unterschied sich die Situation nicht wesentlich von der, die James Hilton dazu bewogen hatte, seine Traumwelt zu schaffen.

In den neunziger Jahren wurde Tibet zum Mekka der New-Age-Anhänger, zum spirituellen Wunderland. Pauschaltouristen residierten in Lhasa im Holiday Inn, und zahlreiche Pilgerstätten standen ihnen für eine Besichtigung zur Auswahl – vom Kailash in Westtibet bis Pemakö am entgegengesetzten Ende des Himalaya. Zwar war Pemakö bei weitem nicht so bekannt und so leicht zugänglich wie der Kailash, doch dieses Bäyül beflügelte die Phantasie von Tibetfans und Abenteurern gleichermaßen – niemand aber war stärker von Pemakö in Bann gezogen als Ian Baker und Hamid Sardar. Die beiden Schüler des tantrischen Buddhismus entflohen dem – wie Baker es nennt – »klimatisierten Alptraum« der westlichen Welt, um sich das esoterische Wissen des Orients zu eigen zu machen. Baker und Sardar waren belesen, gebildet und unglaublich abenteuerlustig, und sie hatten in den letzten Jahren des ausgehenden Jahrtausends die bei weitem umfassendste Erforschung der inneren und äußeren Geographie Pemakös durchgeführt. Ihre Auswertung mündlicher und schriftlicher Quellen verleitete sie zur Annahme, daß die zerklüftete Topographie der Schlucht eine heilige Landschaft verbirgt, die nur für den sichtbar ist, der sich entsprechend spirituell vorbereitet hat. Sie beide führe der Weg, so Baker, in ein heiliges Reich des Friedens und des Überflusses – »jenseits der Geographie«.

»Eine alte tibetische Geschichte berichtet von einem jungen Mann, der sich auf die Suche nach Shambhala begab. Nachdem er bereits mehrere Gebirge überquert hatte, gelangte er zu der Höhle eines Einsiedlers, der ihn fragte: »Was ist das Ziel, das dich dazu anspornt, diese Schneewüste zu durchqueren?«
»Ich will Shambhala finden«, antwortete der junge Mann.
»Nun, dann brauchst du nicht weit zu reisen«, sagte der Einsiedler. »Das Königreich von Shambhala ist in deinem eigenen Herzen.«

Edwin Bernbaum, *Der Weg nach Shambhala*

»›Lama, wie kann es sein, daß noch immer kein Reisender das irdische Shambhala entdeckt hat? Auf den Landkarten sieht man doch die vielen Routen der Expeditionen. Es scheint, als seien alle Gipfel markiert und alle Täler und Flüsse erforscht.‹
›Viele Menschen versuchen, Shambhala zu erreichen, ohne dazu auserwählt worden zu sein. Manche sind für immer verschwunden. Nur wenige erreichen den heiligen Ort, und erst dann, wenn ihr Karma reif dafür ist.‹«

Nicholas Roerich, »Shambhala the Resplendent«

In der tibetischen Kosmologie sind die übernatürlichen Sphären eines Bäyül entsprechend der dreidimensionalen Welt gegliedert. Dem Tibetologen Edwin Bernbaum zufolge hat man sich diese Kosmologie wie »übereinanderhängende [...] Bilder« vorzustellen: »Solange wir nur das erste und oberste Bild betrachten, können wir die Bilder dahinter nicht sehen, ja wir wissen nicht einmal etwas von ihrer Existenz. Es ist durchaus denkbar, daß Shambhala dort verborgen ist, unmittelbar vor unserer Nase, aber in einer anderen Welt, die wir nicht wahrnehmen können, da wir unsere Aufmerksamkeit ganz auf die uns vertraute Welt richten.«

Nicht jeder findet Zugang zu den verborgenen Sphären. Will man von den Dingen jenseits der physischen Wirklichkeit eine Vorstellung erhalten, benötigt man nach Ansicht der Tibeter das richtige Karma – die Summe aller vorangegangenen Gedanken und Taten. Ist das Karma eines Menschen noch nicht reif, kann sein visionäres Vermögen durch sein Ego und die Trugbilder der Wirklichkeit getrübt sein. Die Suche nach übernatürlichen Dimensionen wäre dann, als schaue man durch ein Fenster, das mit einer Schicht karmischer Rückstände beschlagen ist. Solange es nicht durch Meditation gereinigt wird, verhindert es eine klare Sicht auf die mystische Geographie eines Ortes.

Jemand wie Francis Kingdon-Ward oder Frederick Bailey hätte all dies als groben Unfug abgetan. Für sie existierte Pemakö definitiv nur in drei Dimensionen. Ian Baker und Hamid Sardar dagegen haben jahrelang »ihre Fenster geputzt«, haben sich jedes Jahr in Höhlen und Einsiedeleien im nepalesischen Himalaya zurückgezogen, um dort zu meditieren und sich auf die Pilgerreise nach Pemakö vorzubereiten. Obwohl sich ihre Ausbildung ganz traditionell an einem wissenschaftlichen Rationalismus orientierte, bezweifeln sie, daß die Logik für alle Phänomene eine Erklärung bieten kann. Sie sind vielmehr der Überzeugung, daß es die inneren Sphären Pemakös wirklich gibt und der Zugang zu ihnen eine Frage des Glaubens, des richtigen Karma und einer rein visionären Kraft ist und nicht des rationalen Denkens.

Wie vielen anderen sieht man auch Baker und Sardar nicht an, daß sie zum Buddhismus konvertiert sind. Sie haben sich weder den Kopf kahl geschoren, noch tragen sie die kastanienbraunen Gewänder oder eines der anderen Kennzeichen strenggläubiger Buddhisten. Und wenn sie abends in Kathmandu ausgehen, sehen sie wahrscheinlich genauso weltlich aus wie Spaziergänger in der New Yorker Park Avenue. Baker, eins sechsundachtzig groß und kräftig gebaut, mit einer dunklen Lockenmähne und einem jugendlichen Gesicht, trägt vielleicht eine Leinenhose, ein modisches Hemd und die schicken Wanderschuhe, die er sich bei dem exklusiven Londoner Jagdgeschäft Holland & Holland besorgt hat. Sardar besitzt auch ein Paar und gesteht schüchtern, daß er einen Parka von Prada gekauft hat, als er mit seiner Ex-Freundin, einem Mitglied der früheren nepalesischen Herrscherfamilie, in London auf Shopping-Tour war. Er sieht gut aus mit seinem ausgeprägten, kantigen Unterkiefer und dem strahlenden Lächeln und ist, wie Baker, sehr beliebt. Ihr Verhältnis zum Buddhismus ist jedoch weder dilettantisch noch heuchlerisch. Wenn man hört, wie sich Sardar und Baker geistig und spirituell auf ihre »buddhistischen Abenteuer« in Pemakö vorbereiteten, zweifelt man nicht an ihrem Glauben oder Engagement bei der Suche nach inneren Welten.

In der Schlucht tragen die beiden die buddhistischen Namen, die ihnen ihre tibetischen Gurus gegeben haben. Baker nennt sich *Konchok Wangyal*, »der mächtige Eroberer«, und Sardar heißt *Lekdrup Dorje*, »der vollkommene Donnerkeil«. Im Lauf der Jahre haben sie eine Art sokratischen Dialog für ihre Diskussionen über buddhistische Theologie entwickelt, und ihre Notizen und E-Mails schließen oft mit Abschiedswünschen wie »Laß es dir gutgehen und offenbare die Geheimnisse« oder »Möge sich das Mandala entfalten«. Als Praktizierende der Nyingma-Tradition, der »ursprünglichen Schule« des tibetischen Buddhismus, sind sie fähig, Emotionen wie Angst oder Sorge umzuwandeln und für sich zu nutzen, die einen Nicht-Praktizierenden an einem so schwierigen Ort wie Pemakö eher lähmen würden. Statt sich gegen solche Gefühle zu wehren oder sie zu ignorieren, nehmen die Nyingma-Buddhisten sie bereitwillig an und transformieren sie, um innerhalb eines Lebens zur Erleuchtung zu gelangen. Dieser Pfad zu einem höheren Bewußtsein ist zwar kürzer, aber auch riskanter, als wolle man Honig von

Ian Baker

einer Rasierklinge schlecken, sagen die Adepten: Entweder man kommt in den süßen Genuß, oder man zerschneidet sich die Zunge.

Die beiden Männer lernten sich 1987 in Kathmandu kennen. Baker war damals neunundzwanzig Jahre alt und leitete die School for International Training, ein akademisches Austauschprogramm, an dem er selbst acht Jahre zuvor für ein Semester teilgenommen hatte. Sardar, einundzwanzig Jahre alt, studierte im Hauptfach Geschichte und Religion an der Tufts University und hatte sich damals für diesen Austausch angemeldet. Sie waren auf völlig unterschiedlichen Wegen nach Nepal gekommen, aber erkannten sofort, daß sie sowohl das Interesse an der Mystik des Orients als auch den Widerwillen gegen ein konventionelles Leben in Amerika teilten.

Baker wuchs in der Umgebung von New York City auf. Sein Vater, John Milnes Baker, war ein bekannter Architekt, seine Mutter ließ sich scheiden, als Baker elf Jahre alt war. Schon als Kind ließ Baker eine künstlerische Begabung und einen Sinn für das Phantastische erkennen. Er war für sein Alter außergewöhnlich einfallsreich – einmal versuchte er, mehrere Klassenkameraden davon zu überzeugen, daß er vor den Fenstern der elterlichen Wohnung in New York Fische schwimmen sah. Später, im Internat, nahmen seine Kritzeleien den cartoonhaften Stil Maurice Sendaks an und wimmelten von Gnomen und Burgen. Auch Wasserfälle waren ein häufig wiederkehrendes Motiv seiner Bilder: Das Meer stürzte von der Erdscheibe in die Tiefe, oder eine Kaskade ergoß sich aus einem mittelalterlichen Dorf, das sich an einen Berghang duckte und durch eine Zugbrücke mit den umliegenden Ebenen verbunden war. Dieses Bild hängt im Haus seines Vaters und seiner Stiefmutter in einem grünen Vorort nördlich von New York.

Doch erst zwischen den grasbewachsenen Dünen, die den Strand der Great South Bay auf Long Island säumen, wuchsen Bakers Phantasie Flügel. Die Familie besaß ein Haus an der Mündung des Carmans, und ihr Nachbar war Dennis Puleston, ein mittlerweile verstorbener britischer Weltumsegler, gelegentlicher Schatzsucher, leidenschaftlicher Ornithologe, Maler, Schriftsteller, Wissenschaftler und Mitbegründer der amerikanischen Umweltschutzorganisation Environmental Defense Fund. Puleston hatte einen großen Einfluß auf den jungen Baker, meint dessen Vater. Der von Wind und Wetter gezeichnete Abenteurer nahm ihn mit seinen eigenen Kindern auf seiner Jolle mit zum Segeln. Manchmal hißte er dann eine Piratenflagge und legte an einer Insel an, wo sie einen Schatz suchten, den er zuvor vergraben hatte. Pulestons Haus war für Baker ein »Heim voller Schriftsteller, Filmemacher und interessanter Leute«, deren Weltanschauungen weit über die Grenzen Long Islands hinausreichten.

Bakers Horizont erweiterte sich, als er im Alter von dreizehn Jahren mit seiner Mutter und seinem norwegischen Stiefvater – der ihm das Bergsteigen beibrachte – nach Norwegen zog. Später dann studierte er am Middlebury College in Vermont Kunstgeschichte und Englisch. Einem Studienkollegen zufolge stand er dort »im Mittelpunkt eines kleinen Kreises von Bohemiens, in dem sich intellektuelle Neugier und ein kreativer Partygeist vereinigten.« In seinem letzten Studienjahr veranstaltete er angeblich eine heidnische Orgie im Wald, bei der ein lebendes Tier geopfert wurde. Ganz im Zeichen der Zeit, der späten siebziger Jahre, machte sich Baker das Motto »Weiter!« von den Merry Pranksters, der berühmten psychedelischen Künstlertruppe, zu eigen und war wie sie dafür bekannt, die Dinge auszureizen. Ein knappes Jahr nachdem er das College beendet hatte, stürzte er beim Big-Wall-Klettern in Norwegen 20 Meter tief auf einen Felsvorsprung und zertrümmerte sich dabei das Knie. Er hatte Glück, daß er noch am Leben war. Als er sich wieder aufrappelte, befand er sich etwa 7,50 Meter über der letzten Sicherung – und er trug keinen Helm. Nach dem Sturz habe er ausgesehen wie »Jesus, als man ihn vom Kreuz genommen hat«, fand sein Vater. Als man ihn mit dem Hubschrauber in Sicherheit brachte, rann ihm das Blut über das Gesicht und in den Bart. Die Ärzte machten ihm keine großen Hoffnungen, daß er jemals wieder normal würde laufen können.

Während Baker in New York genas, fiel ihm ein Hausmittel ein, von dem er in Vermont gehört hatte. Er humpelte zu Mrs. Sharp's, der nächsten Bienenzucht, und kaufte ein paar Honigbienen, die er in sein verletztes Knie stechen ließ. Nachdem er (wegen oder trotz der Bienengift-Therapie) völlig wiederhergestellt war, brach er nach Sikkim und Nordostindien auf, um dort den Schamanismus und die Heilkunst der Einheimischen zu erlernen. Der Explorers Club of New York finanzierte die Feldstudie mit einem Forschungsstipendium, für das sich der UN-Botschafter Francis Kellogg, ein Freund und entfernter Verwandter der Familie, eingesetzt hatte. Mitte der achtziger Jahre pendelte Baker zwischen Sikkim, Vermont und Oxford und schloß sein Englischstudium mit dem Magister ab, doch der Himalaya und das »schillernde Chaos« Kathmandus interessierten ihn eigentlich viel mehr. Diese Stadt bot ihm lebendiges Anschauungsmaterial, um die Kunst, östliche Mystik und Natur zu studieren, und hier gab es die hübschesten Frauen. Seit dem Tag, als er sie als junger Student zum ersten Mal gesehen hatte, war er von ihr wie verzaubert.

»In den siebziger Jahren war Kathmandu ein verwunschener Ort«, sagt er. »Es gab keinen Straßenverkehr, keine Umweltverschmutzung, und man hatte eine klare Sicht bis ins Gebirge. Man fühlte sich wie in einer mittelalterlichen Stadt, die von einem Ring grüner Berge und hoch aufragender Eiszacken umgeben ist. An meinem allerersten Nachmittag in dieser Stadt lief ich zwischen Ziegenherden und Holzfällern durch die Straßen und sagte mir: ›Hier werde ich leben.‹ Es gab keinen Zweifel. Ich fühlte mich, als sei ich heimgekommen.«

Als Hauptstadt des »Rock'n'Roll Raj« der sechziger Jahre war Kathmandu zu einem Treffpunkt für Aussteiger, Glückssüchtige, Drogenfreaks und Dharma-Jünger geworden, zu denen Baker jedoch nicht gehörte. Er war hierher gekommen, um die sakrale Kunst zu studieren. Doch schon bald ließ er sich von dem lockeren Lebensstil der Auswanderer und den bewußtseinserweiternden Ritualen des tantrischen Yoga und der »erotischen Mystik« verleiten, bei denen der Sex dazu dient, subtile Energiebahnen zu aktivieren und die Wahrnehmungsfähigkeit zu verbessern. Als Baker 1982 nach Kathmandu zurückkehrte, strebte er nach Selbsterleuchtung, indem er sich rigoros in Meditationen und Abenteuer stürzte – im Himalaya genauso wie in der Stadt. Eine befreundete Anthropologin, Carroll Dunham, bezeichnete diese Zeit als Bakers »Gauguin-Phase«.

»Wenn man Ian versteht, dann versteht man, was Glückseligkeit bedeutet. Er ist ein Kind der Glückseligkeit. Andere Leute sind von irgendwelchen Substanzen abhängig, aber er braucht nichts als Glückseligkeit.« Sie beschreibt ihn als »Peter Pan mit einem Hang zum Übermut« und »hoffnungslosen Romantiker«, aber auch als einen Gelehrten, dessen Nachforschungen in Dimensionen vordrangen, in die sich andere nicht wagten.

»Er glaubt wirklich an diese [verborgenen mythischen] Reiche«, erklärt sie. »Er macht sich nicht darüber lustig, sondern will herausfinden, wo der Mythos endet und die Realität beginnt. Und genau an dieser Schnittstelle hat Ian schon immer gelebt.«

Schon bald nachdem sich Baker in Nepal niedergelassen hatte, erkannte er, daß ihm für einen Künstler die nötige Geduld fehlte. Statt dessen wollte er seinen eng miteinander verbundenen Leidenschaften, der Natur und der Kunst, nachgehen, indem er sich in das Studium der phantastischen Kunst und Literatur vertiefte. Dabei konzentrierte er sich vor allem auf die Bedeutung der Landschaft in einem Gemälde. Um die Metaphorik der tibetischen Rollbilder und ihrer Darstellung zornvoller Gottheiten, tanzender Skelette und Buddhas in erotischer Umklammerung mit ihren wollüstigen Gefährtinnen zu erfassen, muß nicht nur die Wirkung der äußerlich existierenden Landschaft auf den Künstler berücksichtigt werden, sondern auch der Einfluß seiner inneren, geistigen Landschaft auf das Werk. Nach einigen gängigen Theorien sind Tibets endlose Weiten, sein widriges Klima und die schroffen Gebirge im Geist des Künstlers als Pantheon furchterregender Gottheiten abgebildet, die besänftigt werden müssen. Erst das Verständnis vom Wechselspiel zwischen der Topographie Tibets und der Psychologie der Tibeter erlaubt einen Zugang zur Symbolik ihrer religiösen Gemälde, Skulpturen und Ritualgegenstände. Um jedoch ein bestimmtes Kunstwerk wirklich begreifen zu können, muß man zudem mit der mystischen Vision vertraut sein, die dazu inspiriert hat.

Schließlich hatte sich Baker genug Fachwissen angeeignet, um selbst im Kunsthandel mitmischen zu können. Sein Kennerblick verschaffte ihm einen Nebenjob als Einkäufer eines reichen japanischen Kunstsammlers, der in den neunziger Jahren nach New York kam, als sich Baker gerade für eine kurze Weile dort aufhielt und an der University of Columbia in Tibetologie promovierte. Er machte damals eine schwere Krise durch: Was hatte es für einen Sinn, in New York Buddhismus zu studieren, wenn er statt dessen in Kathmandu leben und dabei viel mehr Spaß haben konnte? Bei der nächsten Gelegenheit flüchtete er wieder in seine Wahlheimat, wo er mit Carroll Dunham und ihrem Mann, einem Fotografen, ein Buch über die tibetische Kultur schrieb.

Zu lernen, wie man echte Rollbilder von Fälschungen und außergewöhnliche Kunstwerke von lediglich guten unterscheidet, war für den *cum laude* promovierten Tibetologen das kleinere Problem. Um ein Experte in buddhistischer Ikonographie zu werden, brauchte es nur akademische Strenge. Bald kannte er die Namen der unzähligen Gottheiten, konnte ihre mystischen Biographien deuten und verstand die Symbolik ihrer oft grotesken anatomischen Gestalt – daß beispielsweise die sechzehn Beine einer bestimmten Gottheit die »sechzehn Leerheiten« verkörperten und die Vögel, die Yamantaka zertrat, für »die acht magischen Kräfte« standen.

Wesentlich aufwendiger und schwieriger war es dagegen, die erhöhten Bewußtseinszustände zu erreichen, aus denen heraus die Gemälde geschaffen wurden. Die sakrale Kunst Tibets gilt als derart verschlüsselt, daß sie durch bloße Reflexion oft nicht zugänglich scheint. Um also die geheime Bedeutung der Kunstwerke zu erfassen, mußte Baker zum Initiierten des spirituellen Prozesses werden, dem der Künstler gefolgt war und den er in symbolischer Form abgebildet hatte. Auf diesem mühsamen Weg sollte Baker letztendlich ins unergründliche Pemakö gelangen. In Sikkim hatte er zum ersten Mal von dem verborgenen Land gehört, und 1984 nahm er die Fährte zufällig wieder auf: In einer Galerie in Kathmandu hörte er jemanden von einem Lama erzählen, der angeblich kurz zuvor aus einem verborgenen Land nahe der tibetischen Grenze zurückgekehrt war.

Baker machte den Lama, einen geachteten Meditationslehrer namens Chatral Sangye Rinpoche, ausfindig und erklärte ihm sein Interesse an den geheimnisvollen verborgenen Reichen. Der Rinpoche sagte ihm, wenn er wirklich verstehen wolle, was ein verborgenes Reich ist, dann solle er eines aufsuchen. »Es gibt Orte, an denen man meditieren kann«, meinte der Lama. »Manche Erfahrungen sind nur dort und nirgendwo anders möglich. Wenn du wirklich daran interessiert bist, dann ist es sinnlos, bloß dorthin zu gehen und Fotos zu machen.«

Chatral Rinpoche war viele Jahre seines Lebens durch Tibet gewandert und hatte in verlassenen Einsiedeleien gelebt. Schließlich hatte er sich der tibetischen Diaspora angeschlossen und war nach Nepal gekommen. Noch heute, im Alter von neunzig Jahren, gibt er Meditationsunterricht, und sein Ruf reicht von Kathmandu bis Hollywood. Möchtegernbuddhisten wie der Actionstar Steven Seagal – der glaubt, die Reinkarnation eines Lamas zu sein – suchen ihn auf, auch wenn sich der unberechenbare Rinpoche nicht immer mit einem Publikum einverstanden erklärt. Angeblich trug er Seagal auf, im Ganges Fische auszusetzen, und bewarf andere Schüler mit Tomaten, um ihre Selbstbewußtheit zu erwecken.

Einige Jahre nachdem sich Chatral Rinpoche in Nepal niedergelassen hatte, erschienen ihm in mehreren Träumen Visionen von einer Höhle im verborgenen Land Yolmo, das nördlich von Kathmandu liegt. In einem »Schatztext«, der von Padmasambhava verfaßt und im vierzehnten Jahrhundert entdeckt wurde, erklärt Guru Rinpoche, daß er einst in dieser Höhle zur Erleuchtung gelangte. Am Eingang der Höhle würde eine ganz besondere Art von Wildrose wachsen. Später zog Chatral Rinpoche nach Yolmo und begegnete dort einem alten Yakhirten, der die Höhle kannte: Als kleiner Junge war er einmal auf der Suche nach einem verirrten Yak auf die Höhle gestoßen, wo das Tier in der Nähe eines Busches mit wunderschönen Blüten gegrast hatte.

Chatral Rinpoche stellte sofort einen Trupp zusammen. Man erzählt sich, daß er selbst auf einen Schimmel gestiegen sei und die Gruppe hinauf zum Gebirgspaß geführt habe, wo sie auf einmal in dichten Nebel gerieten. Der alte Mönch führte ein Ritual zur Besänftigung der lokalen Gottheiten durch, und plötzlich erschien am Horizont ein Regenbogen. Er wies seine Schüler an, dem Regenbogen zu folgen, der sie durch den Urwald zu einem geheimen Tal führte. Dort entdeckten sie die Höhle. Sie brachen eine Blüte vom Rosenbusch, die sie dem Rinpoche als Geschenk überreichten, und führten ihn zur Höhle, damit er sie weihte.

Dies ist im wesentlichen die Geschichte, die Baker zufällig in Kathmandu zu Ohren gekommen war. Bei seiner Begegnung mit dem Rinpoche fragte er diesen nach dem Bäyül. Der Lama meinte, er solle im folgenden Sommer zurückkehren, bereit, einen Monat lang in Pemthang, einem Nebental von Yolmo, zu meditieren. Dieser Ort ist derart mit Energie aufgeladen, daß bereits die bloße Anwesenheit dort das Bewußtsein eines meditierenden Schülers erweitern kann. Als Baker wiederkam, gab ihm der Lama seinen Segen und ein Säckchen Tsampa mit auf den Weg und schickte ihn mit einigen Yakhirten los, die sein Gepäck tragen sollten.

Pemthang hat eine gewisse Ähnlichkeit mit Pemakö, ist aber kleiner: ein saftig grünes, niederschlagreiches, subtropisches Tal, das von steilen Felswänden und verschneiten Gipfeln eingeschlossen ist. Um dorthin zu gelangen, mußte Baker mehrere hohe Gebirgspässe überqueren und dann durch eine Felsschlucht in das Tal absteigen. Die verschiedenen Höhlen für die unterschiedlichen Meditationspraktiken lagen rings um eine grasbewachsene Senke. Es war gerade die Zeit der Monsunregen und sehr feucht. Dennoch war die Gegend außergewöhnlich schön: Mit den Nebelschwaden, die zwischen den mächtigen, flechtenbehangenen Rhododendren hin und her waberten, und Bächen, die über bemooste Findlinge plätscherten, erinnerte sie an die Landschaften in Tolkiens Büchern.

Baker meditierte zwölf Stunden täglich in seiner Höhle. Er hatte einen festen Tagesablauf: nach dem Aufstehen neunzig Minuten Pflichtmeditation, zum Frühstück das Tsampa des Rinpoche, Fortsetzung der Meditation bis zu einem einfachen Mittagessen – mit Kräutern und wilden Pilzen gewürzter Reis und Mungbohnen –, das er auf einem Feuer im hinteren Teil der Höhle zubereitete, danach Wasserholen am Fluß und zwei weitere Meditationssitzungen vor und nach dem Abendessen, bei dem er aß, was mittags übriggeblieben war.

Baker läßt sich nicht gerne über die intimen Visionen aus, die ihm während der meditativen Abgeschiedenheit erschienen waren, sagt aber, er sei »völlig high« gewesen, als er wieder zu klarem Bewußtsein gelangt war. »Man merkt, wie sich die Gedanken allmählich auflösen«, erklärt er, »wie man in ganz tiefe Bewußtseinsebenen vordringt. Bislang unbekannte Gefühle und Energien werden frei und kommen hoch. Man erkennt, wie eng der Geist mit dem verwoben ist, was einem sonst wie eine äußere Landschaft vorkommt. Der nicht eingeweihte Reisende wird völlig unberührt von den sich wandelnden Energien durch solch ein Tal gehen. Es geht nicht nur um den Ort an sich, sondern um die Wahrnehmung des Ortes. Vom buddhistischem Gesichtspunkt aus betrachtet ist Realität hauptsächlich eine Frage der Wahrnehmung. Die Landschaft bewegt sich durch einen hindurch, genauso wie man sich selbst durch die Landschaft bewegt. Es kommt zu einer seltsamen, beinahe göttlich zu nennenden Begegnung, und ab diesem Moment wird die Reise zur Pilgerreise, dann erhält sie ein spirituelles oder nach innen gerichtetes Ziel. Dieses Ziel ist kein Ort, sondern vielmehr ein Geisteszustand.«

Bevor sich Baker dem tantrischen Buddhismus widmete, hatte er ähnliche Zustände als Kletterer erlebt. Es war im Grunde auch das Extremklettern, das ihn zum Meditieren geführt hatte und wo er lernte, sich zu konzentrieren und seine Angst zu überwinden. Als er einmal in Boulder, in Colorado, allein und ohne Seil eine steile Felswand hinaufkletterte, merkte er plötzlich, in was für einer »absurd gefährlichen Situation« er sich befand, die alles übertraf, was er je zuvor erlebt hatte. Er spürte, wie sich seine Gedanken zu höchster Konzentration bündelten: »Es war, als würde ich in einen anderen Bewußtseinszustand klettern. Die Welt verdichtete sich zu einer Energiesphäre, durch die ich mich hindurchbewegte. Was mir eben noch unmöglich und lebensbedrohend erschienen war, wurde jetzt zu einem seligen Gleiten durch eine Welt aus Fels und Raum und Energie.« Er war in »ein yogisches Stadium des Kletterns« geschlittert, das schon viele andere berühmte Bergsteiger geschildert haben.

Baker näherte sich somit dem Buddhismus durch die Hintertüre, nämlich über das Bergsteigen und die damit verbundenen Risiken und Ängste. Ihn faszinierten die erhöhten Bewußtseinszustände, die nicht durch Drogen hervorgerufen wurden, sondern allein dadurch, daß er sich extremen Gefahren aussetzte und seine Angst nicht zu unterdrücken oder zu leugnen versuchte, sondern sie nutzte, um eine andere Bewußtseinsebene zu erreichen.

»Klettern ist ein Tanz und kein Kampf mit der Angst«, sagt er. »Wenn du oben in der Wand hängst, und die Griffe immer rarer werden, und die letzten Züge so extrem waren, daß du weißt, es gibt kein Zurück, dann kommt dieser Moment der intensiven Klarheit. Diese Bewußtseinsformen lernt man erst dann kennen, wenn man sich absichtlich in solche Situationen begibt. Gibt man der Angst nach, wird man nicht erfahren, was sich dahinter verbirgt – und genauso wenig, wenn man sie unterdrückt. Erst wenn man sich der Angst hingibt, löst sie sich auf, und es kommt dahinter allmählich etwas anderes zum Vorschein: ein schärferes Bewußtsein, das völlig offen und ganz klar ist.«

Nach seiner einmonatigen Meditation in Pemthang suchte Baker ein weiteres Mal Chatral Rinpoche auf, um ihm von seinen Erfahrungen zu berichten und mehr über andere Bäyül zu erfahren. Der Rinpoche listete ihm in wunderschöner Handschrift sieben Ortsnamen auf. »Einige davon kannst du erreichen, denn sie liegen in Nepal«, erklärt ihm der Lehrer. »Doch das größte Heiligtum wirst du wahrscheinlich nie erreichen: Pemakö.«

Baker nahm dies als eine Herausforderung und begann seine Erkundungen. Er fand damals nichts auf Englisch über Pemakö (die tibetische Schrift konnte er nicht lesen), und die Wegbeschreibungen für Pilger waren absichtlich in einer obskuren, unverständlichen »Dämmersprache« verfaßt, wie Baker sie nennt, um die Allgemeinheit in Unwissenheit zu halten.

Zudem sah sich Baker mit weltlicheren, nämlich politischen Problemen konfrontiert: Die Beziehungen zwischen Indien und China waren damals, 1985, wegen des umstrittenen

Grenzverlaufs angespannt – Pemakö schien unerreichbar. Baker zog sich also ein zweites Mal in die Abgeschiedenheit Pemthangs zurück und reiste dann nach Kyimolung, einem anderen verborgenen Land im Norden Nepals. Wie alle Bäyül kann man sich auch Kyimolung als Mandala vorstellen, einen magischen Kreis, der alles innerhalb seiner Umgrenzungslinie verändert. Den spirituellen Mittelpunkt des Tals bildet eine Pagode, und in den Bergen ringsum leben Schutzgottheiten. Um sicherzustellen, daß die genaue Lage des Bäyül geheim bleibt, verabreichen die Götter verdienten Pilgern, die jederzeit Zugang zum Bäyül haben, ein »Elixier des Vergessens«.

Manche besonders geheimen tantrischen Praktiken müssen an solchen Orten durchgeführt werden, wo man völlig unbeobachtet ist. Bei Ru Shen gehört es beispielsweise dazu, sich in seinen Urzustand zu versetzen, indem man sich wie ein wilder Hund gebärdet und wie verrückt bellt. Über solche Rituale gibt es keine schriftlichen Zeugnisse – außer in verschlüsselter Form. Wenn der Lehrer die Zeit für gekommen hält, unterweist er seine Schüler flüsternd, wie sie zur nächsten Ebene des Verstehens gelangen können. In fortgeschrittenem Stadium können die Praktizierenden in die Geheimnisse der erotischen Mystik eingeführt werden, ein wirkungsvolles, oft mißverstandenes Instrument zur Erlangung eines höheren Bewußtseins.

»In der westlichen Welt ist dieser Aspekt des Tantrismus herabgesetzt und fälschlicherweise als eine Art sexuelle und spirituelle Zügellosigkeit ausgelegt worden«, sagt Baker. Dabei kann beim Tantra jede Handlung – ob man schläft, sich liebt oder auf einen Berg klettert – dazu dienen, das höchste Ziel des Buddhismus zu erreichen: einen Zustand des unendlichen Mitgefühls und der Achtsamkeit.

»Bei der tantrischen Meditation geht es generell um den Austausch und die Transformation von Energie sowie die Verschmelzung von Gegenpolen, von Yin und Yang – oder, wie sie im Tantrismus heißen, Yab und Yum«, erklärt Baker. »Das weibliche Energiefeld ist eine wichtige Unterstützung des männlichen Energiefeldes und umgekehrt.« Die typische tantrische Gottheit wird daher nicht als einzelne Figur in meditativer Versenkung dargestellt, sondern als Buddha oder erwecktes Wesen im mystischen Liebesakt mit seiner weiblichen Konsortin, die oft ihm zugewandt auf seinem Schoß sitzt. Ihre Vereinigung (Yabyum) symbolisiert die »intime, fruchtbare, endgültige und vollkommene Vereinigung zweier Vorstellungen, zweier psychischer Wirklichkeiten, zweier Elemente«, so der italienische Anthropologe Fosco Mariani. Für Baker ist die Verbindung zwischen den leidenschaftlich Liebenden eine bildhafte Metapher für einen Zustand transzendenter Glückseligkeit. »Beim Tantra geht es darum, das dualistische Denken zu überwinden, für das die Dinge entweder sakral oder profan sind«, erklärt Baker. »Die Kunst des Tantra zeigt, daß sich alle Aspekte des Daseins für die spirituelle Entwicklung nutzen lassen.«

Chatral Rinpoche empfahl Baker, sich Pemakö nicht als ein Paradies nach westlichem Verständnis, sondern eher im tantrischen Sinne vorzustellen, als einen gefährlichen Ort inmitten einer unbarmherzigen Wildnis. Diese Aussicht reizte sowohl den wagemutigen Abenteurer als auch den Initianden in Baker. »Nur wenn du deine Unsicherheiten akzeptierst, wenn du dem Tod ins Auge siehst, erkennst du das wahre Wesen des Lebens, des eigenen Selbst und der Wirklichkeit«, sagt er. »In dieser Hinsicht ist Pemakö sehr wohl ein Paradies. Das Mißverständnis, dieser Ort sei der Himmel auf Erden, war sogar unter den Tibetern aufgekommen. Mehrere Male in der Geschichte haben sie sich auf die Suche nach Pemakö gemacht und statt eines irdischen Garten Edens einen schrecklichen Ort voller Tiger und gefährlicher Wilder gefunden – und das entsprach ganz und gar nicht ihren Vorstellungen von einem Paradies.«

Gemäß der Schriften, die Baker zu sammeln begann, ist die Energie Pemakös im wesentlichen weiblich, was ihn zusätzlich reizte. Die Schlucht und die Berge ringsum sind die physische Manifestation der Göttin Dorje Phagmo, die ausgestreckt in der Landschaft ruht. Die einzelnen topographischen Merkmale stehen für einzelne Teile ihres Körpers. So bildet beispielsweise der Gipfel Padma Shelri, der Lotos-Kristall-Berg, den Pilger und Flüchtlinge schon lange vergeblich suchen, ihr Herz, und der Berg Gyala Pelri am Nordufer des Tsangpo ihren Kopf. Der Namche Barwa, südlich des Flusses, ist ihre rechte Brust, der Berg Zumchen Phagmo Dong – der »Berg des strahlend lächelnden Sau-Gesichtes« – ihre linke. Ihre Vagina oder Yoni liegt jenseits der tibetisch-indischen Grenze bei einem Steilabfall namens Choying Gyaltsen, der »Siegesfahne des unendlichen Raumes«, wo ein Strom aus der Sexualflüssigkeit der Dakini entspringt. Der Tsangpo selbst ist der mittlere Kanal der Dorje Phagmo, ihr wichtigstes Energiezentrum. Die Göttin wird tanzend dargestellt, ihr rechtes Bein ist angewinkelt, in der Luft schwenkt sie einen Dolch und an ihr Herz hält sie eine Knochenschale aus einem Menschenschädel. Der kleine Schweinekopf, der ihr über dem rechten Ohr wächst, versinnbildlicht die Unwissenheit, der Tanz bedeutet, daß sie diese besiegt hat. Die Pilger meditieren sowohl über ihren Körper als auch über die Landschaft Pemakös und versuchen so, den gleichen intensiven Bewußtseinszustand zu erlangen wie sie.

»Sie liefert den Schlüssel zum tiefen Verständnis dieses Ortes«, sagt Baker. »Sie ist die Landschaft und bildet zugleich den Geist des Pilgers ab, der durch die Landschaft reist.« Kurzum: Sie war die ideale Gefährtin für jemanden, der so fasziniert war von der weiblichen Göttlichkeit wie Baker.

Nach den Schriften tibetischer Lehrmeister des siebzehnten Jahrhunderts liegt Pemakö im Zentrum acht verborgener Reiche, die sich wie die Blütenblätter eines Lotos quer über Tibet legen. Die geographische Beschaffenheit des Bäyül ist durch zwölf Außenbereiche, vierzig Schluchten im Inneren und sechzehn geheime Bereiche gekennzeichnet. Obwohl Pemakö bereits im achten Jahrhundert von Padmasambhava zum verborgenen Land bestimmt und dann versiegelt worden war, wurde es erst im siebzehnten Jahrhundert erschlossen. Die drei Hauptpilgerwege verweisen auf Taten, die Guru Rinpoche vollbrachte. Der Pilger wandert im Uhrzeigersinn, wobei er an verschiedenen Grotten, Quellen und Heiligtümern Halt macht, um zu beten und sich niederzuwerfen. Die Umschreitung der hohen Gipfel bringt einen dreizehnmal höheren Verdienst ein als die Umwandlung auf dem mittleren Weg des Padma Shelri, dem Herzen der Göttin. Eine Umschreitung auf dem langen, gefährlichen Pfad entlang des Flusses entspricht dreizehn Umrundungen auf dem Gipfelweg.

Manche mündlichen Überlieferungen erwähnen auch, daß die innerste Sphäre des Bäyül durch ein Tor in einer Felswand erreicht werden könne, an das sich ein langer Tunnel anschließe. Der Durchgang führe schließlich in ein geheimes Tal – das sprichwörtliche Land, wo Milch und Honig fließen. Baker faszinierte die Vorstellung von dieser anderen Welt zutiefst. »Dieser Ort ist nicht vom Geist getrennt«, sagt er. »Da noch niemand dort gewesen ist, erwähnt man ihn lediglich als ein göttliches Zentrum ohne eigentliche Bestimmung. Es gibt keine Wegbeschreibungen zu dem Ort. Er liegt jenseits der üblichen Längen- und Breitenkoordinaten, jenseits der Geographie.«

Obwohl Baker derart von Pemakö besessen war, mußte er sich damit zufriedengeben, es von der Ferne aus zu studieren. 1987 war er zwar vorbereitet, aber die Chinesen stellten immer noch keine Reisegenehmigungen für den Südosten Tibets aus, der – aus gutem Grund – als Sperrgebiet galt: Nur ein Jahr zuvor war es dort an der Grenze zu einem Schußwechsel mit indischen Truppen gekommen. Erst 1993 sollte für Baker der Augenblick kommen, auf den er gewartet hatte. In der Zwischenzeit hatte er eine weitere schicksalhafte Begegnung: Der junge iranisch-amerikanische Hamid Sardar kam nach Kathmandu, um an der School for International Training zu studieren, die Baker leitete.

Abdol-Hamid Sardar-Afkhami war im Iran und in Frankreich aufgewachsen, unter weit privilegierteren Umständen als Baker auf Long Island. Als Nachkomme der Qajar-Dynastie gehörte er dem persischen Adel an: *Afkhami* bedeutet »der Große«, und *Sar Dar* ist ein militärischer Titel, der als »Oberster Anführer« übersetzt werden kann. In der Familie erzählt man sich, sein Urgroßvater sei bei einem Überfall der Russen getötet worden, an dem auch der junge Josef Stalin beteiligt war, und ein anderer, entfernter Verwandter, Fath' Ali Shah, habe einen Harem von über hundert Frauen gehabt und ebenso viele Kinder gezeugt. Sardars Eltern waren beide Architekten und standen im Dienst des iranischen Schahs. Sie waren wohlhabend und verbrachten idyllische Sommermonate am Kaspischen Meer, wo Sardar mit seinem Vater, einem begeisterten Jäger, lange Wanderungen im üppig grünen Kaspischen Gebirge unternahm. Ende der siebziger Jahre floh die Familie vor dem Aufstand im Iran und ließ sich schließlich im Loire-Tal in Frankreich nieder. Heute besitzt sie dort ein Arabergestüt auf einem bewaldeten Anwesen, das als ideales Revier für die Keilerjagd berühmt ist.

Sardar und Baker schlossen schnell Freundschaft. Auch Sardar – charmant und gutaussehend – hatte einen »Hang zum Übermut« und zudem einen Stammbaum, der ihm Zutritt zu den Gesellschaftskreisen im Umfeld der nepalesischen Königsfamilie, des Jet-sets und der Club-Hopper verschaffte.

Hamid Sardar.

Die beiden hatten außerdem ein Auge auf nepalesische Mädchen geworfen, und bald eilte ihnen ihr Ruf voraus. Gleichzeitig setzten sie sich aber auch ernsthaft mit dem Studium der tibetischen Kunst, Kultur und Religion auseinander und schlossen einen Pakt, daß sie zusammen eine Pilgerreise nach Pemakö unternehmen würden – gleichgültig, ob auf legalem oder illegalem Weg.

Bevor Sardar nach Nepal kam, hatte er in seiner Zeit an der Tufts University eines Nachts von einer urwüchsigen Landschaft geträumt, über der ein Berg in Form einer völlig ebenmäßigen Pyramide aufragte. Ein Tibeter galoppierte auf einem Schimmel auf ihn zu, deutete auf den Berg, sagte aber nichts. Der Traum ging ihm tagelang nicht aus dem Kopf. Nachdem sich Sardar an der Schule in Kathmandu eingewöhnt hatte, machte ihm Baker den Vorschlag, Chatral Rinpoche aufzusuchen und zu sehen, ob er bereit wäre, den Traum zu deuten.

»Ich roch ihn, bevor ich ihn sah«, erinnert sich Sardar. »Er verströmte einen unglaublichen Moschusgeruch, und ich konnte ihn beim Meditieren wie einen Löwen brüllen hören. Als ich seinen Meditationsraum betrat, erkannten wir uns sofort. Er war der Mann aus meinem Traum. Er brach in schallendes Gelächter aus und bat mich, zu seinen Füßen Platz zu nehmen.«

Chatral Rinpoche willigte ein, Sardar zu unterrichten, und schlug ihm vor, ebenfalls zum Meditieren ins Pemthang-Tal zu gehen. Baker war zur gleichen Zeit in dem Tal, aber die beiden hielten sich in verschiedenen Höhlen auf.

Während seines Retreats machte Sardar eine extreme emotionale Krise durch. Zuerst schnatterten seine Gedanken auf ihn ein wie aufgeregte Affen, dann verfiel er in eine tiefe Depression. »In meinem eigenen Leid sah ich das Leid aller anderen«, sagt er. »Aber dann, ganz plötzlich, wich die Verzweiflung völliger Glückseligkeit. Ob ich Holz hackte oder Wasser trug – es war eine einzige Glückseligkeit.«

Nach einem Monat versiegelte Sardar mit einer Zeremonie seine Höhle und trat den Rückweg aus dem Tal an. Er verlief sich und hatte nichts mehr zu Essen. Endlich stieß er auf die Fußspuren eines Kindes und folgte ihnen zu einem Nomadenzelt. Die Bewohner hatten furchtbare Angst vor ihm, denn nach einem Monat in der Wildnis war er natürlich zerzaust und unrasiert. Als er der Familie jedoch erklärte, er sei ein Schüler Chatral Rinpoches, wurde er freundlich ins Zelt gebeten und am folgenden Tag zu einem Pfad gebracht, der in die nächste Stadt führte.

Zurück im Kloster des Rinpoche berichtete Sardar dem Lehrer von seinen Erlebnissen. »Du hast Glück«, meinte der Rinpoche. »Dies ist der Tag, an dem Buddha zu lehren begann. Du brauchst dir deinen Kopf nicht zu scheren oder die Gewänder eines Mönchs zu tragen. Du kannst ein heimlicher Buddhist sein.«

Drei Monate lang stellte sich Sardar freiwillig in den Dienst des Gurus. »Ich kam mir wie ein Ritter vor, der seinen König gefunden hat«, sagt er. »Ich hatte sofort das Gefühl, daß ich ihm dienen wollte.« Nach einer Weile gab der Rinpoche Sardar seinen buddhistischen Namen sowie ein Mantra, das er rezitieren konnte, und ordnete ihm eine Schutzgottheit zu, über die er meditieren sollte. Der Schutzgeist war die Gottheit, von der Chatral Rinpoche eine Erscheinungsform war: Dorje Drolo, die zornvolle Emanation Padmasambhavas. Wie sein Guru sollte auch Sardar dem tantrischen Pfad Dzokchen folgen, einer weiteren Abkürzung zur Erleuchtung, die von denselben Existenzkrisen begleitet sein kann wie eine Pilgerreise nach Pemakö. Die Praktizierenden dieser Tradition streben nach einem Zustand vollkommener Bewußtheit und Glückseligkeit ohne jede gedankliche oder emotionale Bindung. Ist ein Dzokchen-Adept mühelos in diesen Bewußtseinszustand der Leere geglitten, dann ist er angeblich in der Lage, den Raum zwischen den Gedanken zu erkennen.

Nach seinen Retreats in Yolmo und der Lehrzeit zu Füßen seines Gurus überlegte Sardar, ob er der abendländischen Zivilisation nicht endgültig entsagen und das Leben eines Mönchs führen sollte. Doch das brachte er nicht fertig. Statt dessen entschied er sich für die Rückkehr in die wetteifernde akademische Welt und erwarb kurze Zeit später an der Harvard University einen Doktortitel in Tibetologie. Im Lauf des langen Aufstiegs im Elfenbeinturm der Wissenschaft lernte er die tibetische Sprache und Schrift und übersetzte jahrhundertealte Schriften über verborgene Reiche. Dennoch fehlten ihm die Glückseligkeit und transzendente Klarheit, die er in Yolmo erfahren hatte, und er fragte sich, ob er ein derartiges Gefühl der Ekstase jemals in Pemakö erleben würde.

Baker blieb – abgesehen von seinem Abstecher an die Columbia University – in Kathmandu und verfolgte weiterhin seinen Traum, in das heilige Land zu gelangen. Als Leiter von Reisegruppen, freischaffender Journalist und Lehrbeauftragter hatte er ein notdürftiges Auskommen und führte das »offenkundig bescheidene« Leben eines angehenden Akademikers. Für seine Recherche zu *Tibet: Reflections from the Wheel of Life* – das Buch, das er mit Carroll Dunham schrieb – besuchte er tibetische Flüchtlingslager in Indien und hörte dort Geschichten über Pemakö, die direkt aus *Der Herr der Ringe* zu stammen schienen: Einige Flüchtlinge berichteten ihm von Ameisen, so groß wie Hunde, von Vögeln, die Mantras sangen und den Pilgern den Weg zeigten, und von befreundeten Pilgern, die in Pemakö starben und deren Körper sich sofort in die Strahlen eines Regenbogens verwandelt hatten. Der Sohn eines charismatischen Lamas, der in den fünfziger Jahren eine Gruppe von Flüchtlingen nach Indien geführt hatte, erzählte Baker, daß sein Vater das Tor zur innersten Sphäre Pemakös gefunden habe. Es sei hinter einem Wasserfall verborgen und führe durch einen Tunnel in ein Tal, das von Regenbogen und dem Gesang himmlischer Nymphen erfüllt sei. Der Lama sei dorthin zurückgekehrt, um sein Gefolge in das heilige Tal zu führen, doch das Tor habe sich hinter ihm geschlossen und sei nicht mehr zu öffnen gewesen.

In Dharamsala, dem Sitz der tibetischen Exilregierung, hatte Baker eine Audienz beim Dalai Lama. Dieser konnte ihm zwar nicht viel über Pemakö sagen, schickte ihn aber zu seinem eigenen Lehrer, einem Mönch, der 1959 durch das geheime Land aus Tibet geflohen war. Ein wenig widerwillig zeigte er Baker einen Folianten mit handbedruckten, in Seide eingeschlagenen Papierbögen. Es war einer der Führer für die Pilgerreise nach Pemakö, verfaßt in der »geheimen Dämmersprache«. Baker beschrieb das Buch als »Fodors Führer durch die vierte Dimension«. Er fertigte eine Abschrift an, und sobald er wieder in Nepal war, bat er einen engen Freund von Chatral Rinpoche, sie zu übersetzen, was der Lama auch tat.

Während Baker in Indien Nachforschungen über Pemakö anstellte, verliebte er sich bis über beide Ohren in eine wundervolle junge Lehrerin aus Tibet, deren Großvater früher einer der höhergestellten Lamas in Pemakö gewesen war. Als Kind hatte sie sich mit ihren Eltern im Dialekt Pemakös unterhalten und beherrschte ihn noch immer. Obwohl es offiziell nach wie vor nicht gestattet war, die Schlucht zu betreten, erklärte sich die Frau bereit, gemeinsam mit Baker und Sardar die Reise nach Pemakö zu versuchen. Doch als die beiden Chatral Rinpoche um eine Weissagung zu der Pilgerreise baten, erklärte ihnen der Lama, der richtige Zeitpunkt sei noch nicht gekommen und Baker und Sardar sollten statt dessen das nepalesische Bäyül Kyimolung aufsuchen. Es sollte sich herausstellen, daß der Rinpoche Recht gehabt hatte: Kurz nach der Weissagung kam es im Jahre 1989 zu den Ausschreitungen auf dem Platz des Himmlischen Friedens in Peking, und die Einreise nach Tibet wurde vorläufig verboten.

Während sich andere wagemutige Gelehrte und Reisende heimlich in die Region schlichen, versuchte Baker weiterhin herauszufinden, wie er auf legale Weise nach Pemakö gelangen konnte. Allmählich fand er sich jedoch damit ab, das Bäyül vielleicht nie anders als auf akademische Weise erfassen und den Ort wohl niemals wirklich erleben zu können. Doch 1993 erhielt er ein Telegramm von dem amerikanischen Expeditionsleiter Rick Fisher, der ihn einlud, sich einer Rafting-Tour in die Schlucht anzuschließen. Fishers Kontaktleute in China hatten die Polizei- und Militärbehörden dazu bewegen können, ihm und einigen seiner Kunden die Erlaubnis für eine Kanutour auszustellen. Über ein Reisebüro in Chengdu, über das sie beide buchten, hatte Fisher von Baker erfahren. Nun fragte er an, ob Baker daran interessiert sei, die Expedition als Kulturexperte und Übersetzer zu begleiten.

Es schien, als seien Baker die Götter endlich gewogen. Er unterdrückte die ernsthaften Zweifel, die ihm beim Gedanken an eine Rafting-Tour auf dem Tsangpo kamen, und nahm die Einladung an, auch wenn er nichts über Rick Fisher wußte.

Fisher rühmte sich, »der wohl beste Cañon-Führer Nordamerikas« zu sein. Er stammte aus Arizona, war einundvierzig Jahre alt, hatte eine gedrungene Gestalt, einen langen Schnurrbart und sonnengebleichtes Haar. Früher hatte er als Wildnisführer gearbeitet, doch dann hatte er eine Nische im Abenteuergeschäft gefunden und organisierte nun weltweit Cañon-Touren. Das Cañoneering – eine Mischung aus Wandern, Klettern und Wildwasserfahren – hatte ihn vom Grand Canyon bis zu den Barrancas der Sierra Madre und weiter bis nach Bolivien, Griechenland, Peru und Argentinien geführt. 1986 wandte er sich den großen Flußtälern Chinas zu, die er für tiefer und weitläufiger hielt als jede andere Cañon-Formation des europäischen oder amerikanischen Kontinents. 1989 beantragte er eine Reisegenehmigung zur Tsangpo-Schlucht, von der er beweisen wollte, daß sie der größte aller Cañons war.

Fisher war es offensichtlich entgangen, daß die Tiefe der Schlucht schon viele Jahre zuvor von Bailey und Morshead wie auch von Kingdon-Ward und Cawdor ermittelt worden war. 1913 hatte Bailey ein spektakuläres Foto gemacht, auf dem im Hintergrund der eisige Gyala Pelri aufragt, während der Tsangpo durch die dumpfe, steilwandige Kluft am Fuß des Berges verschwindet. Die Aufnahme entstand in der Nähe der Siedlung Gyala, wo der Fluß zu seinem wilden Sturz durch das Himalaya ansetzt.

Mit dem Siedethermometer hatte Morshead errechnet, daß

der Fluß beim Kloster Pemaköchung 5073 Meter – also gut fünf Kilometer – unterhalb des Namche-Barwa-Gipfels lag. Die Karte, die er von der Gegend anfertigte, ist relativ genau und zeigt den Verlauf des Flusses, soweit er und Bailey ihm hatten folgen können, also bis etwa 16 Kilometer unterhalb des Klosters.

Auch Kingdon-Ward und Cawdor hatten die außergewöhnliche Tiefe der Schlucht erkannt, ebenso wie nach ihnen die Biologen Frank Ludlow und George Sherriff im Jahr 1947. Wie Kingdon-Ward 1925 in seinem Vortrag vor der Royal Geographical Society bemerkt hatte, toste der Fluß »... durch einen mehr als 3000 Meter tiefen, am unteren Ende nur etwa 15 Meter breiten Felsspalt«. Anstatt so vage zu bleiben, hätte er die Tiefe des Cañons auf den Meter genau festlegen können, wenn er gewollt hätte, denn er und Cawdor hatten noch viele weitere Höhenmessungen auf Flußniveau durchgeführt und waren bei der Kartierung des Flußlaufs weiter in den innersten Teil der Schlucht vorgedrungen als ihre Vorgänger.

Keiner dieser Pioniere wollte jedoch beweisen, daß diese Schlucht die tiefste der Welt war, und dies gar als bedeutende Entdeckung für sich in Anspruch nehmen, auch wenn ihnen dazu möglicherweise nur die Vergleichszahlen über die Tiefe anderer Cañons fehlten, von denen ein Fachmann wie Fisher Unmengen hatte. Die Schlucht als tiefste der Welt ausmachen zu können, würde einem professionellen Cañon-Führer auch Berühmtheit als Forscher einbringen. Zugleich wäre es ein cleverer beruflicher Schachzug, denn mittlerweile gab es im Geschäft mit dem Abenteuer immer mehr Konkurrenz und im Vergleich zu früheren Jahren im Kuchen der Entdeckungen immer weniger Rosinen, die man sich herauspicken konnte. Fisher suchte Bestätigung, und er war überzeugt, sie in der Tsangpo-Schlucht zu finden.

Sein Antrag war nicht der erste gewesen, der bei den chinesischen Behörden eingegangen war. Seit den siebziger Jahren hatten wagemutige Veranstalter von Abenteuerreisen miteinander um die Erlaubnis gewetteifert, Trekking-Touren in die Schlucht zu führen. Und die Kletterer waren sich darüber im klaren, daß der Namche Barwa der höchste noch nicht bezwungene Gipfel der Welt war. Wem die Erstbesteigung des Berges gelang, dem war ein Platz in den Weltrekordbüchern sicher, genauso wie derjenige in die Annalen des Wildwasserfahrens eingehen würde, der es als erster schaffte, dem gesamten Flußlauf des Tsangpo zu folgen – das wußte Fisher nur zu gut.

Die Antwort, die er von den Chinesen erhielt, fiel jedoch eindeutig negativ aus: Die Tsangpo-Region sei aufgrund ihrer militärischen und strategischen Bedeutung gesperrt. Die Regierungen Chinas und Indiens hatten wegen der gemeinsamen Grenze durch den östlichen Teil der Schlucht einen Disput miteinander, seit die Briten die sogenannte McMahon-Linie 1914 festgelegt hatten. 1962 war der schwelende Konflikt in einem offenen Krieg zum Ausbruch gekommen, bei dem Mao Zedongs Volksbefreiungsarmee die indischen Dschungelbrigaden vernichtend geschlagen hatte. In den siebziger und achtziger Jahren war der Zugang zur Schlucht nur chinesischen Wissenschaftlern gestattet, und die Karten, die sie anfertigten, blieben unter Verschluß.

Doch Fisher blieb hartnäckig. Nachdem er drei Jahre auf eine Einreisegenehmigung gedrängt hatte, klingelte im September 1992 eines Nachts um zwei Uhr bei ihm plötzlich das Telefon. Es war sein Reisebüro in China mit einer guten und einer schlechten Nachricht: Fisher könne acht seiner Kunden in die Schlucht führen, aber die Genehmigung sei bereits ausgestellt und laufe schon in zwei Wochen an. Da Fisher so kurzfristig kein Team zusammenstellen konnte, fragte er, ob er die Schlucht auch allein erkunden dürfe, um eine Expedition für das darauffolgende Jahr vorbereiten zu können. Die Erlaubnis wurde aufrechterhalten, und er durfte einreisen.

Auf dieser ersten Tour wurde Fisher die Größe der Schlucht bewußt und wie schwierig es sein würde, sie auf ganzer Länge zu durchqueren. Um die gesamte Strecke zu erkunden, wären mindestens drei Expeditionen nötig. Zurück in Tuscon kündigte er die ersten beiden Touren an – eine für das Frühjahr und eine für den Herbst 1993 – und schickte Ian Baker das Telegramm mit seiner Einladung.

Was Baker in der Schlucht wollte, hatte mit Fishers Plänen kaum etwas zu tun. Es war ihm völlig gleichgültig, ob sie die Erstbefahrung des Tsangpo schafften oder mit dem Cañon einen Tiefenrekord aufstellten. Seine ganze Hoffnung war, einem der Pilgerwege folgen zu können. Als er nach Tibet kam, war er gut vorbereitet: Er hatte die Aufzeichnungen von seinen Gesprächen mit den Flüchtlingen dabei, die durch Pemakö gezogen waren, sowie Abschriften der Pilgerbücher mit der Wegbeschreibung. Doch eigentlich hatte er sich zu einer Wildwassertour verpflichtet, und die würde er auch machen.

Das erste Treffen mit Fisher und seiner Mannschaft in Lhasa verstärkte Bakers Zweifel. Fisher kam ihm steif und gestreßt vor, und einige seiner Kunden schienen nicht gerade für die bevorstehenden Strapazen geschaffen zu sein: ein zwölfjähriger Junge und seine Mutter aus Minneapolis, ein übergewichtiger Hausverwalter mit einem künstlichen Kniegelenk, ein Grundstücksmakler, der noch nie gezeltet hatte, und ein siebenundsechzigjähriger Naturfilmer aus Alaska, der sich seine Lebensversicherung hatte auszahlen lassen, um einen Film über die Schlucht drehen zu können. Andere Teammitglieder hatten mehr vorzuweisen. Ken Storm, ein einundvierzigjähriger, belesener Abenteurer, der mit Büchern und Freizeitartikeln handelte, war nach seiner Collegezeit ein Jahr lang durch die mexikanische Sierra Madre gewandert, hatte

Wildwasserfahrten auf dem Green River und dem Colorado unternommen und war Koautor eines Reiseführers über Ladakh. Fishers Name war ihm nicht unbekannt, als dieser ihn fragte, ob er sich der Tsangpo-Expedition anschließen wolle. Storm hatte einen von seinen Reiseführern über die Cañons der Sierra Madre gelesen und ihn angerufen, um sich mit ihm auszutauschen. Ein Jahr später rief Fisher ihn wegen der Raftingtour auf dem Tsangpo an – aufgrund des einen Telefonats, das sie geführt hatten. Storm hatte dann im Schnelldurchgang alles aufgestöbert und gelesen, was er über die Schlucht finden konnte, einschließlich der Berichte von Bailey und Kingdon-Ward. Während Baker diese Bücher für »phantasielos« hielt, fand Storm sie richtiggehend fesselnd. Ihn reizte die Vorstellung, Baileys und Kingdon-Wards Routen zum Teil folgen zu können und vor allem die acht Kilometer lange Klamm zu erkunden, die die beiden nicht erforscht hatten.

Auch zwei der Hauptstützen von Fishers Expedition, seine Ex-Freundin Jill Bielawski und Eric Manthey, waren fähige Leute. Fisher hielt Bielawski für eine der besten Cañon-Führerinnen Amerikas, und Manthey, einen kräftig gebauten Installateur, den er mit dem furchtlosen Trapper Daniel Boone verglich, für einen exzellenten Outdoor-Sportler. Bei Rafting-Touren auf dem Colorado hatten die beiden ihre wahre Freude daran, durch die schäumenden, schokoladenbraunen Stromschnellen der Lava Falls zu krachen – einmal mit Bielawski am Steuer und Manthey am Bug, wo er dem tosenden Wasser sein bärtiges Kinn entgegenstreckte wie eine Galionsfigur.

Als das Team an der Schlucht angekommen war und nach Gyala abstieg, wurde Fisher klar, daß eine Wildwasserfahrt selbst für einen erfahrenen Paddler lebensgefährlich sein würde. Tagelang waren – noch vor den Monsunregen – heftige Schauer über dem Cañon niedergegangen. Der Tsangpo war angeschwollen und schlingerte nun wie ein führerloser Zug

Pemakö ist unter den tiefhängenden Wolken verborgen, oberhalb zeigt sich Su La, der 4300 Meter hohe Paß, über den von Nordosten her der Abstieg aus verschneiter Höhe in die regnerischen und schwül-windigen tieferen Regionen der Schlucht führt.

Die Mündung des Po Tsangpo in den Tsangpo in der Nähe des Scheitelpunkts der Great Bend. Von Datschu aus gesehen.

Unterhalb der sagenumwobenen Brahmaputrafälle. An dieser Stelle entkommt der Tsangpo den Felswänden und durchfließt fortan dichtbewaldete Abhänge. Im Hintergrund erhebt sich der Gyala Pelri.

In den Schluchten des Tsangpo. Das Wasser schäumt und ist eiskalt, stehende Wellen pulsieren tückisch auf und ab wie Geysire.

Rainbow Falls. Der Wasserfall, den Kingdon-Ward nur von oberhalb vermutet und auf zwölf Meter geschätzt hatte, ist tatsächlich zweiundzwanzig Meter hoch.

Ein reißender Strom aus schlammigem Wasser rauschte in einem braunen Bogen in die Tiefe, prallte auf halber Strecke auf einen Felssims und zerstob zu blendend weißer Gischt. Der Augenblick der Wahrheit war gekommen. Um genaue Messungen durchführen zu können, kletterte Storm zu dem Felssims hinunter. Die »Hidden Falls of Dorje Phagmo«, wie sie den Wasserfall tauften, waren ein wenig mehr als 30 Meter hoch und 15 Meter breit. Damit zählten sie zu den höchsten Wasserfällen im Himalaya und – was viel wichtiger war: »Unsere Messungen bewiesen eindeutig, daß die großen Brahmaputrafälle nach einer über hundert Jahre langen Suche kein Mythos, sondern Wirklichkeit waren«, schrieb Baker in sein Tagebuch.

Auf einem Felsvorsprung oberhalb der Brahmaputrafälle
besänftigt ein Lama mit seinem Spiel die Gottheiten der Schlucht.

durch die Schlucht – ein einziges »Schäumen und Tosen«, so wie Kingdon-Ward es siebzig Jahre zuvor beschrieben hatte. Der Regen hatte auch die instabilen Hänge oberhalb des Flusses durchtränkt und damit die Gefahr eines Erdrutsches erhöht. Da die Schlucht am Kollisionspunkt der eurasischen und der indischen Kontinentalplatte liegt, besteht zudem das Risiko heftiger Erdbeben wie dem von 1950 mit einer Stärke von 8,6 auf der Richterskala, das Kingdon-Ward und seine Frau Jean überlebt hatten.

Fisher war gezwungen, schnell einen neuen Plan vorzulegen. Er trommelte seine Leute zusammen. In diesem Moment kamen tibetische Träger aus dem inneren Teil der Schlucht, beladen mit amerikanischen Rucksäcken. Ihnen folgten kurze Zeit später die Besitzer: David Breashears, ein bekannter Everest-Bergsteiger und Kameramann, und der Fotojournalist Gordon Wiltsie.

Breashears, ein drahtiger und extrem durchtrainierter, ehrgeiziger Mann, interessierte sich schon lange für die Schlucht. Er kannte die Entdeckungsgeschichte des Tsangpo gut und hielt Kintup für einen Helden. Zudem war die Schlucht der einzige Teil der Tsangpo-Brahmaputra-Wasserscheide, den er noch nicht erforscht hatte, auch wenn er seit Jahren im Himalaya kletterte. Anfang der achtziger Jahre hatte er mit einigen Freunden die Erstbesteigung des Namche Barwa durchführen wollen, aber die Chinesen hatten damals eine Million Dollar für die Erlaubnis verlangt. Breashears ließ seine Pläne also zunächst fallen und bestieg statt dessen ein paar Mal mehr den Mount Everest, um 1983 von dort aus die erste Fernseh-Liveübertragung vom Dach der Welt zu machen. Auch Wiltsie war beim Klettern und Wandern schon im ganzen Himalaya herumgekommen und hatte über Jahre in den unwirtlichsten Gebirgsgegenden der Welt – von Zentralasien bis zu den patagonischen Anden – Erfahrungen als Fotograf gesammelt.

Fisher wußte nicht, daß *National Geographic* die beiden beauftragt hatte, einen Bericht über die Schlucht zu schreiben und die Fotos dazu zu liefern. Er hatte dem Magazin einen ähnlichen Beitrag angeboten, den die Herausgeber jedoch dankend abgelehnt hatten. Breashears war ihm mit der Idee, Kingdon-Wards Reiseroute zu rekonstruieren, zuvorgekommen und hatte dafür ein Touristenvisum erhalten. Er und Wiltsie hatten den Cañon bereits mehrere Wochen vor Fishers Team erreicht.

Die beiden Bergsteiger hatten hinter Gyala eine elende Tortur durchgemacht. Acht Tage lang war ununterbrochen ein kalter Regen auf sie niedergegangen. Nachdem sie sich eine Bresche durch den regennassen Wald geschlagen hatten, gelangten sie zu dem hüfthohen Dickicht und den steilen Felswänden, die schon Baileys und Kingdon-Wards Pläne vereitelt hatten. Mit jedem Atemzug sogen sie ganze Wolken von Mücken ein, und als sie einmal Pause machten, zählte Wiltsie sechzig Blutegel an seinen Stiefeln. Sechs von ihren neun Trägern hatten sie im Stich gelassen, und die drei übrigen standen kurz vor einer Meuterei. Die einzigen Vorräte in ihrer gemeinsamen Proviantkiste waren ein paar Stücke französischer Brie, doch dann fanden die Träger einen toten Affen, noch warm, aber mit abgenagtem Fell. Die Leopardenspuren ringsum deuteten darauf hin, daß das Tier erst vor kurzem getötet worden war. Mit Vergnügen brieten die Träger den Kadaver noch an Ort und Stelle. Das übrige Fleisch reichte für alle, bis sie zwei Tage später wieder kurz vor Gyala waren.

Die beiden Männer standen gehörig unter Druck: Sie mußten einen Artikel mit atemberaubenden Fotos von der Schlucht zusammenkriegen, während gleichzeitig die Aufenthaltsgenehmigung ablief und ihnen das Geld ausging. Sie hatten es deshalb ziemlich eilig, hielten aber trotzdem kurz an, um Fisher und sein Team zu grüßen. Als sie seinen Kunden eben vor Augen führten, was ihnen noch alles blühte, kam Fisher dazu und meinte: »Hi, ich bin Rick Fisher. Ich würde mich gerne mit Ihnen unterhalten, aber wir sind gerade mitten in einer wichtigen Besprechung. Wir können uns gerne später in unserem Lager treffen. Bitte gehen Sie jetzt weiter.«

Fisher wußte, wen er vor sich hatte, aber nicht, daß Breashears für *National Geographic* unterwegs war. Als er von dem Auftrag erfuhr, entfaltete sich vor seinem inneren Auge ein ganzes Netz der Verschwörung. Er erinnerte sich an überraschende Begegnungen mit anderen Autoren und Fotografen von *National Geographic* – beispielsweise bei einer Cañon-Tour in Mexiko – und wie er danach in dem Magazin plötzlich »seinen« Beitrag wiederfand. Er hatte den Verdacht, daß Breashears von *National Geographic* nach Tibet geschickt worden war, um ihn fertig zu machen und ihm die Story abzuluchsen, die er, Fisher, dem Magazin angeboten hatte.

Breashears setzte sich mitten zwischen den anderen auf die Erde und verschränkte die Arme, so als wollte er sagen: »Wir sind aber jetzt hier. Was dagegen?« Jill Bielawski fand den Bergsteiger selbstgefällig und hatte den Eindruck, daß er Fisher provozieren wollte. Als Breashears sich vorbeugte und ihr mit weit aufgerissenen Augen von den Steilwänden und den Blutegeln und dem toten Affen auf dem Weg erzählte, dachte sie sich nur: »Was für ein Arschloch.«

Fisher versuchte es noch einmal. »Ich habe Sie gebeten weiterzugehen«, sagte er mit fester Stimme, »also gehen Sie bitte auch, und zwar sofort!«

Wiltsie und Breashears waren über diesen Empfang empört und verließen die Gruppe. Eine Stunde später – sie saßen gerade mit ihren Trägern in Gyala und tranken Gerstenbier – holten Fisher und sein Team sie ein. Fisher saß auf einem Pferd, weil er sich bei einer Trainingsfahrt für die Expedition das Knie verletzt hatte, die anderen gingen zu Fuß – ein aussagekräftiges Bild von der ersten Trekking-Gruppe in der Schlucht. Wiltsie schnappte sich eine Kamera, aber als er sie ans Auge hob, sprang Fisher vom Pferd und tippte Wiltsie gegen die Brust: »Wie können Sie es wagen, mich zu fotografieren? Wer hat Ihnen erlaubt, ein Foto von mir zu machen?« Wiltsie richtete sich auf und antwortete gelassen: »Ich brauche keine Erlaubnis, wenn ich Sie fotografieren will. Warum sind Sie denn so aggressiv? Ich kenne Sie ja noch nicht mal.«

Der Streit verlief im Sand. Es wurde dunkel. Breashears und Wiltsie hatten noch einen langen Weg vor sich. Sie wollten dorthin zurückgehen, wo die Verbindungsstraße zwischen Lhasa und Sichuan in der Nähe des Schluchteingangs verläuft, dann nach Osten fahren und durch die Po-Tsangpo-Schlucht zum Zusammenfluß mit dem Tsangpo wandern. Von dort aus, am Scheitelpunkt der großen Flußschleife, würden sie wie Kingdon-Ward versuchen, flußaufwärts in den innersten Teil des Cañons vorzudringen.

Was sie nicht wußten, war, daß Fisher den gleichen Plan hatte.

Baker und Storm hatten beschlossen, sich von Fisher zu trennen, als dieser sich gegen eine Flußbefahrung entschieden hatte. Nun hielten sie ihre Chance für gekommen. An diesem Abend versuchten sie, die anderen dafür zu gewinnen, die Durchquerung der Schlucht auf Kingdon-Wards Spuren fortzusetzen, auch wenn Breashears und Wiltsie hatten umkehren müssen. Eric Manthey und Jill Bielawski könnten sie ja begleiten, während Fisher die anderen Expeditionsteilnehmer über den Po Tsangpo zur Flußschleife brachte. Der Plan gefiel Fisher, und er willigte ein: Sie würden sich aufteilen und bei der Great Bend wieder zusammentreffen.

Wenn sich Baker von der Reise eine tantrische Herausforderung erhofft hatte, dann begegnete sie ihm hier, hinter Gyala. Er und seine drei Begleiter aus dem Team brachen in einem strömenden Regen auf, der dreizehn Tage lang nicht nachließ. Nachts verkrochen sich die zwölf Träger und der chinesische Verbindungsoffizier zwischen den dicken Ästen moosüberwucherter Bäume, um so trocken wie möglich zu bleiben, während sich alle vier Amerikaner in ein Zelt zwängten. Es regnete so stark, daß die Träger es in manchen Nächten nicht schafften, ein Feuer anzuzünden. Nach fünf Tagen kamen sie vom Weg ab. Sie streiften hoffnungslos durch die Gegend – auf und ab, immer wieder auf und ab – und versuchten einen Weg durch den Cañon zu finden. Die Wolken waren zu dicht und hingen zu tief, als daß eine Orientierung möglich gewesen wäre, und wenn sie sich doch einmal für einen kurzen Augenblick hoben und den Blick auf ein weit entferntes Dorf freigaben, konnte keiner von ihnen sagen, wie sie dorthin kommen sollten.

Mühsam kletterten sie bis auf 3300 Meter Höhe, wo sie unterhalb eines Gletscherpasses eine ungemütliche Nacht in ihren Biwaksäcken verbrachten. Sie hatten nicht mehr viel Proviant, und obwohl Baker die Träger gebeten hatte, nicht zu jagen, bestanden die Männer darauf, da sie das Fleisch zum Überleben brauchten. Beim Abstieg zum Tsangpo war es ihnen gelungen, mit einem Lasso drei junge Takin zu erlegen. Das Fleisch reichte zwar sieben Tage, doch dann wurden die täglichen Rationen knapp. Baker begann ein seltsames Kribbeln in seinen Armen zu spüren, für das er die Unterernährung verantwortlich machte. Sie alle litten unter einem enormen Energiemangel.

Als sie nach zwei Wochen noch immer orientierungslos umherirrten, packte die Träger allmählich die Verzweiflung. Sie besaßen eine Karte, auf der eine über achtzig Jahre alte Frau aus der Gegend alle Einzelheiten für sie eingezeichnet hatte, die ihr von der Durchquerung der Schlucht als Kind noch in Erinnerung geblieben waren. Obwohl genau markiert war, wo sich solche Attraktionen wie »der Ort, an dem

Feuerzungen von einem See aufsteigen« befanden, stellte das Dokument keine wirkliche Hilfe bei der Suche nach dem richtigen Weg dar – ebensowenig wie Bakers vage formulierte Führer oder die Fotokopie einer geheimen Karte der Schlucht, die der Verbindungsoffizier mitgebracht hatte. Die Gegend, die sie gerade durchquerten, war auf der Kopie nur als weißer Fleck zu sehen.

Für sie alle wurde die Reise immer mehr zu einer einsamen, introspektiven Meditation, auch wenn keiner von ihnen daran zweifelte, daß sie das Ganze irgendwie überstehen würden. Besonders Manthey war hart im Nehmen. Wie Henry Morshead, Baileys Landvermesser, schienen auch ihm Schmerz, Insekten, Angst und persönliches Unbehagen nichts anhaben zu können. Während der ganzen Schluchtdurchquerung trug er nur Trekking-Sandalen.

Baker merkte, wie sein Geist in einen anderen Zustand hinüberglitt, als hätte man ihn in einem dunklen Paradies ausgesetzt. Er gelangte an eine Grenze – »eine Schwelle zwischen der Welt, die wir kennen und mit konventionellen geographischen Begriffen beschreiben können, und einer möglichen Welt jenseits davon« –, verspürte aber weder Furcht noch Reue, daß er hierher gekommen war. Ganz im Gegenteil, er fand ihre Zwangslage in perverser Weise erhebend, nannte sie sogar ein »visionäres Erlebnis«.

»Ich wechselte von einem Traumzustand in den anderen«, sagt er. »Alles war plötzlich sehr brüchig und magisch und durchdrungen von einer unglaublichen Akzeptanz, egal was geschah.« Er dachte an die Worte, die ihm Chatral Rinpoche mit auf den Weg gegeben hatte: »Vielleicht ist es kein Paradies, doch du darfst nie den Glauben daran verlieren, daß es ein heiliges Land ist. Flüchte dich nicht in deine Ängste und Zweifel. Nimm sie einfach hin. Füge dich in alles, was geschieht.« Selbst wenn der Tod damit gemeint war, sollte es Baker recht sein.

Um seine zwei letzten gefriergetrockneten Menüs etwas zu strecken, halbierte Storm die Packungen eines Abends und teilte das zubereitete Essen dann in vier winzige Portionen. Die Tütchen mit der Soße gab es ein anderes Mal. Irgendwann waren schließlich nur noch ein paar Eßlöffel Erdnußbutter und einige Cracker übrig – zu wenig für siebzehn Personen. Hungrig äugten die Träger zu den Amerikanern hinüber, die schlechten Gewissens mit den Fingern die letzten Reste Erdnußbutter aus dem Glas kratzten. Danach streute Storm feierlich einige Kekskrumen in den Wind. Jetzt hatten sie gar nichts mehr.

Falls ihnen jemals Zweifel kamen, dann jetzt: Die Träger entdeckten so etwas wie einen Pfad – jenseits eines Gletscherbaches, der etwa drei Kilometer oberhalb des Tsangpo durch den Urwald brach. Der Anführer der Träger zog seine Gebetskette hervor und begann einen Singsang, der ihn die beste Stelle für eine Überquerung erahnen ließ. Stundenlang fällten er und die anderen Bäume, zurrten die Stämme zu wackeligen Stegen zusammen und warfen sie über den Strom, nur um zusehen zu müssen, wie sie einer nach dem anderen weggeschwemmt wurden. Erst schien es, als kämen sie nicht weiter, doch gegen Mittag hatten sie schließlich eine Brücke errichtet.

Auch auf der anderen Seite gab es kaum ein Durchkommen. An Kletterpflanzen hangelten sie sich die Steilhänge hinunter, bis sie schließlich zum Tsangpo gelangten. Am Ufer wateten sie flußabwärts weiter, als sie plötzlich ganz in der Nähe Hunde bellen hörten. Kurz darauf standen zwei Jäger vor ihnen, die völlig perplex waren, jemanden in dieser Gegend herumlaufen zu sehen. »Seid ihr über diesen Paß gekommen?« fragten sie ungläubig und deuteten den Fluß hinauf. »Es ist noch nie jemand über diesen Paß gekommen.«

Baker hatte sich völlig auf die Grenzerfahrung eingestellt und war daher seltsam enttäuscht, als er sich gerettet sah. Auf dem langen Weg zum Dorf der Jäger wünschten er und Storm sich laut, die Tortur hätte noch einen Tag länger gedauert, nur um zu erfahren, was passiert wäre. »Es war ein absolut faszinierender geistiger Zustand, in dem wir uns befanden«, sagt Baker. »Unsere Ausweglosigkeit, unser Scheitern hatten etwas wunderbar Wohliges. Keiner von uns dachte: ›Wie kommen wir hier bloß wieder raus? Es ist furchtbar.‹ Wir glitten in diese Traumwelt ab.« In den letzten Tagen der Reise entwickelte Baker – erschöpft und wegen der mangelhaften Ernährung wahrscheinlich unterzuckert – eine starke Vertrautheit mit der Landschaft und letztendlich allem, was er berührte. Einen Baum zu umarmen, verschaffte ihm eine sonderbare Tastempfindung, als habe er Meskalin im Blut, meint er.

Die Jäger nahmen sie zur Siedlung Lugu unterhalb der Flußschleife mit. Fisher war ohne seine Gruppe wie vereinbart zum Dorf weitergewandert, wo er mit dem längst überfälligen Quartett zusammentreffen wollte – Baker, Storm, Manthey und Bielawski waren schon achtzehn Tage in der Wildnis unterwegs. Schließlich hinterließ er die Nachricht, daß er sich wieder auf den Weg gemacht habe, um sie anderswo zu suchen.

Einige der Träger, welche die vier Amerikaner begleiteten, trafen in Lugu Verwandte, die Mitte der fünfziger Jahre vor den chinesischen Truppen durch den Cañon geflohen waren. Das ganze Dorf feierte das Wiedersehen mit einem riesigen Fest. Es gab Freudentränen und Gerstenbier und Essen von zwölf Uhr Mittag bis drei Uhr Nacht. Die vier fühlten sich, als seien sie in einer Art Paradies gelandet: überall um sie herum erhabene Berge, Unmengen von Essen und das Gefühl, eine wahre Pilgerreise erlebt zu haben, bei der sie ihre inneren Werte kennengelernt hatten.

Anders Breashears und Wiltsie. Sie verwünschten ihr Schicksal, das sie über Rick Fisher hatte stolpern lassen.

Breashears und Wiltsie mußten erst jemanden finden, der sie zum Po Tsangpo mitnahm. Als sie das Dorf am Ende des Fußwegs erreichten, waren Fisher und seine Kunden schon dagewesen, hatten die meisten verfügbaren Träger angeheuert und sich auf einer grasbewachsenen Senke niedergelassen, dem einzigen ebenen Lagerplatz in der Umgebung. Die Bergsteiger konnten ein paar Männer auftreiben, die sich dazu bereit erklärten, die doppelte Ladung gegen doppelte Bezahlung zu transportieren. Als es Abend wurde, erreichten auch sie die Niederung. Fisher hockte auf einem Felsen und weigerte sich, mit ihnen zu sprechen.

Am Abend betrank sich der Verbindungsoffizier von Breashears und Wiltsie in Fishers Lager, das keine 20 Meter weit weg lag. Er erzählte, die Träger des *Geographic*-Teams seien drauf und dran, ihre Arbeit niederzulegen, weil Breashears ihnen gesagt habe, sie sollten sich für einen langen Nachtmarsch bereithalten. Seine Geschichte schien wahr zu sein: Im Lager der Kletterer machte sich eine ungewöhnliche Betriebsamkeit bemerkbar. Nach Fishers Ansicht befanden sie sich damit ab sofort in einem Wettrennen mit dem Ziel, als erste westliche Reisende seit Kingdon-Ward und Cawdor den Zusammenfluß von Tsangpo und Po Tsangpo zu erreichen. (Wobei ja in der Zwischenzeit schon Ludlow und Sherriff in den vierziger Jahren und seit 1986 auch mehrere einzelne Reisende und Gelehrte dort gewesen waren.)

Breashears' und Wiltsies Träger aber probten keinesfalls den Aufstand. Sie eilten geschäftig hin und her, um alles für die Abreise vor Tagesanbruch vorzubereiten. Um fünf Uhr morgens brachen sie das Lager ab und machten sich auf den Weg. In Fishers Lager schien alles ruhig zu sein, doch als es heller wurde, entdeckte Breashears im matschigen Pfad vor sich Fußspuren: amerikanische Wanderstiefel mit Profilsohlen. »Fisher!« schoß es Breashears durch den Kopf. Er stürmte los und rannte den Weg entlang.

Besessenheit ist ein erbarmungsloser Zuchtmeister. Breashears legte ein so irrsinniges Tempo vor, daß Wiltsie und die beiden Träger weit hinter ihm zurückblieben. Sein Puls stieg auf hundertachtzig und blieb für die nächsten zwei Stunden so hoch. Nach vier Stunden stieß Wiltsie auf das Gepäck von Breashears und dem Verbindungsoffizier, das die beiden am Wegrand versteckt hatten. Auf einem Zettel stand: »Konnten nicht länger auf euch warten. Die Träger sollen unsere Sachen mitbringen.«

Diese waren jedoch schon mit der doppelten Menge Gewicht beladen und konnten kein Gramm mehr tragen. Wiltsie hievte sich die Bündel auf die Schultern – zusätzlich zu seinem eigenen Gepäck und der Kameraausrüstung – und ging weiter. Dampfend und schweißgebadet stapfte er durch die drückende morgendliche Schwüle und fing innerlich an zu kochen. Nach einem Aufstieg von knapp 1000 Höhenmetern auf einen Bergrücken warf er die beiden Bündel ab und vergrub sie im Wald.

Breashears war der Überzeugung, er jage Fisher hinterher. In Wirklichkeit aber war er dem zwölfjährigen Ry Larrandson und Sharon Ludwig, einer Freundin von dessen Mutter, auf den Fersen. Als schnellste Wanderer in Fishers Team waren sie früh morgens losgeschickt worden, um den Zusammenfluß vor Breashears zu erreichen. Im Schutz der Dunkelheit und mit Taschenlampen ausgerüstet, waren sie mit Fishers Verbindungsoffizier durch das gegnerische Lager geschlichen und längst auf und davon, als Wiltsie und Breashears sich auf den Weg machten. Die drei bewältigten 27 Kilometer in acht Stunden und erreichten gegen Mittag den Zusammenfluß. Erschöpft und mit Blasen an den Füßen, dafür aber siegesgewiß, posierten sie für ein Selbstporträt. Larrandson hielt ein Schild mit den Worten:

WIR HABEN ES GESCHAFFT!
12:00 MITTAG
23/4/93

So sehr Fisher sich über den »Sieg« freute, so sehr ärgerte sich Breashears darüber – nicht weil der Junge ihn übertrumpft hatte, sondern weil der ganze Wettlauf nichts als Schwachsinn, ein Auswuchs von Fishers Phantasie war. »Was für ein verrückter Tag«, schrieb der verzweifelte Breashears am Abend in sein Tagebuch. »Ich habe mich zu dem Wettrennen hinreißen und mich zum Narren halten lassen.« Dennoch hatte es ihm gutgetan, sich so richtig austoben und seiner Wut darüber freien Lauf lassen zu können, daß die ganze Aktion mißglückt schien – auch wenn er sich fragte, ob das Ganze nicht etwas zuviel für sein Herz gewesen war.

Abends fanden sich nur wenige Stellen, wo sie ihre Zelte aufstellen konnten, so daß sich die beiden Gruppen zwangsläufig in Hörweite voneinander befanden. An diesem Abend ging Wiltsie auf Breashears los, was Fishers Team teils amüsierte, teils bekümmerte. Fisher selbst triumphierte. Über den Wettlauf schrieb er später: »Zum ersten Mal in der Geschichte haben sich ein Bergsteiger und ein Cañon-Führer ein Kopf-an-Kopf-Rennen in einer Schlucht geliefert. Das Ergebnis zeigt eindeutig, daß das Canyoning eine Sportart ist, die eine einzigartige Mischung aus Fähigkeiten, Wissen und Einstellungen erfordert.«

Früh am Morgen brachen die Kletterer auf, um nach Bayu – einem Dorf kurz hinter dem Zusammenfluß – zu wandern, wo sich ihre Wege trennten. Breashears hatte vor, einen hohen Bergkamm zu besteigen, um einen Blick in die Klamm werfen zu können. Wiltsie dagegen wollte das gute Wetter nutzen und im Dorf fotografieren, das 300 Meter über dem Tsangpo spektakulär am Hang lag.

Breashears heuerte einige Mönpa-Jäger als Führer an. Wie Bergziegen kletterten die Männer auf einem steilen Weg die gut 1200 Höhenmeter zum Grat hinauf, und Breashears hielt zu seinem ganzen Stolz – und als eine Art Buße – mit ihnen Schritt.

Sie befanden sich jetzt etwa eineinhalb Kilometer über dem Fluß, der selbst hier noch zu hören war. Breashears zeichnete den Jägern einen Wasserfall auf und gab ihnen zu verstehen, daß er alle größeren Wasserfälle sehen wolle. Am nächsten Tag zogen sie hoch über dem inneren Cañon am Bergkamm entlang weiter, und wo sich die Möglichkeit bot, stiegen sie ein Stück weit ab, um den Fluß besser sehen zu können. Die Jäger führten Breashears an eine Stelle in der Nähe der Rainbow Falls, von wo aus er sehen konnte, wie weit Kingdon-Ward vorgedrungen war. Durch sein Fernglas glaubte Breashears etwa einen halben Kilometer weiter stromabwärts einen noch größeren Wasserfall zu erkennen. Er konnte jedoch nicht sagen, wie hoch er war, weil das untere Ende nicht zu sehen war. Den Bäumen an der Absturzkante nach zu urteilen, betrug die Höhe des Wasserfalls ungefähr 25 Meter. Der Fluß stürzte über den Abgrund, prallte auf halber Höhe mit der pulsierenden Wucht eines riesigen Hydranten auf einen Felsvorsprung und spritzte in alle Richtungen. Von dort aus schien er direkt auf das untere Ende einer Steilwand zu donnern, um neunzig Grad nach rechts abzuknicken und durch eine dunkle, enge Rinne zu strudeln, bevor er aus dem Blickfeld verschwand.

Breashears hielt den Wassersturz für »nichts Besonderes« und fragte sich, wie viele Menschen schon an dieser Stelle gestanden und den Anblick bewundert haben mochten. Auch wenn das hier nicht mit den Niagarafällen zu vergleichen war, fand er es interessant genug für ein Foto. Als er wieder mit Wiltsie zusammentraf, um den Rückweg aus der Schlucht anzutreten, sprach er immer noch ganz begeistert von dem »hydraulischen Spektakel«, über dem sich die Gischtwolken aufgetürmt hatten.

Zurück in Boston legte Breashears seine Reisenotizen und die Fotos von dem faszinierenden Wasserfall bitter enttäuscht zu den Akten. *National Geographic* hatte die Story abgeblasen, weil er und Wiltsie den versprochenen Beitrag und die Fotos nicht hatten liefern können. Die Tour war ein Reinfall gewesen.

Die Erforschung der Tsangpo-Schlucht in jüngerer Zeit hatte also gemischte Resultate hervorgebracht: so war es zur wenig erfreulichen Konfrontation zweier rivalisierender Gruppen gekommen, dem peinlichen Wettlauf zwischen einem Everest-Bezwinger und einem Schuljungen, der erfolgreichen Querung auf Kingdon-Wards Spuren und schließlich zum Streit zwischen Fisher und zwei mutigen Wanderern seines Teams – Baker und Storm – über die Rechte an den Fotos und dem Video, die während der Querung aufgenommen worden waren.

Trotz allem hatte jeder von ihnen außer Breashears und Wiltsie in Pemakö gefunden, wonach er gesucht hatte. Fisher kehrte noch zweimal zurück und behauptete, die tiefste Schlucht der Welt entdeckt zu haben. Seine Kunden hatten ein großartiges Abenteuer erlebt. Und Baker und Storm waren dem Zauber Pemakös so heillos verfallen, daß sie schon kurze Zeit später gemeinsam mit Hamid Sardar eine beispiellose Erforschung der physischen und mystischen Landschaft der Schlucht durchführten. Auch wenn keinem von ihnen besonders viel daran lag, in die acht Kilometer lange Klamm vorzustoßen, kam Baker letztendlich zu dem Schluß, daß das Tor zur anderen Welt und der geheimnisvolle verborgene Wasserfall unlösbar miteinander verbunden waren.

Dritter Teil

JENSEITS DER GEOGRAPHIE

»Verborgene Reiche wie Padma bkod [Pemakö] wirken oft wie Landschaften des Paradoxen – kriegerische Kannibalen, wilde Tiere und tosende Stürme inmitten schimmernder Gletscher, exotischer Blumen und herrlichem Vogelgezwitscher – Landschaften der Reinheit und zugleich der Gefahr, wo der Abglanz des Himmels und der Hölle miteinander verschmolzen scheinen. Man spürt, wie einen diese wilde, fast zornvolle Bergwelt innerlich auf gewisse Art und Weise ausfüllt, einen aufgeladenen Raum schafft, in dem verschiedenartige Visionen heranreifen können. Der Lyriker William Blake schrieb einst, daß die Schönheit des Paradieses ohne den Kontrast zur Hölle bald banal wirke. Anders als in den verschiedenen Entwürfen eines spirituellen Arkadiens, die uns aus der westlichen Vorstellungswelt vertraut sind und aus denen jeder Hauch einer diabolischen Verseuchung gereinigt und jede Schlange verbannt wurde, spielen in einem verborgenen Land die feindseligen Elemente eine aktive Rolle im Prozeß der geistigen Erweckung.«

Hamid Sardar, *The Buddha's Secret Gardens: End Times and Hidden Land in Tibetan Imagination*

»[D]as Tal war nichts Geringeres als ein eingeschlossenes Paradies von erstaunlicher Fruchtbarkeit, dessen Höhenunterschied von mehreren hundert Metern den ganzen Abstand von der gemäßigten zur tropischen Zone umspannte. Ernten von ungewöhnlicher Mannigfaltigkeit wuchsen hier in üppiger Fülle und unmittelbarer Nachbarschaft heran, und dazwischen war kaum ein Zoll ungenutzten Bodens.«

James Hilton, *Der verlorene Horizont*

Die Kluft der Gegensätze zwischen James Hiltons Vision in seinem Roman *Der verlorene Horizont* und den tatsächlichen Gegebenheiten in Pemakö ist so tief wie die Tsangpo-Schlucht selbst. Die Einwohner von Hiltons Shangrila scheinen »eine sehr glückliche Mischung von Chinesen und Tibetanern zu sein; sie waren reinlicher und hübscher als der Durchschnitt jeder dieser beiden Rassen ... gutgelaunte, ein wenig neugierige Menschen, höflich, sorglos und mit unzähligen Arbeiten beschäftigt, ohne sich offenbar allzusehr dabei zu beeilen.« Das Tal von Shangrila beschreibt Hilton als einen Ort der Schönheit, des Friedens und der Sicherheit, abgeschieden von den Kräften, die Kultur und Wissen völlig zerstören werden.

Hamid Sardar, der in fünf Jahren sieben Pilgerreisen in das Bäyül unternommen hat – meist in Begleitung von Baker –, bezeichnet Pemakö dagegen als »Tibets Herz der Finsternis«. In seiner Doktorarbeit versucht er, die Mythologie tibetischer verborgener Reiche bis zu ihren Ursprüngen zurückzuverfolgen. Er erklärt, wie ein irdisches Paradies durch Visualisierung Wirklichkeit werden kann und wie eine Pilgerreise zu einem solchen Ort als geographische Hilfestellung beim geistigen Weg zur Erleuchtung fungieren kann. Zu diesem Zweck verweist er unter anderem auf die Erfahrungen von Tibetern aus verschiedenen Epochen, die in verborgene Länder reisten und dort die selige Zuflucht zu finden hofften, die in den Schriften beschrieben war, statt dessen jedoch eine »grüne Hölle« vorfanden.

Zu diesen enttäuschten Einwanderern zählten auch die Bewohner von Mipi, dem Dorf im südlichen Schluchtgebiet, in dem Bailey und Morshead den verbliebenen tibetischen Flüchtlingen begegneten, die auf ihrer Suche nach Padma Shelri, dem Lotos-Kristall-Berg, hierher gekommen waren. Der Gipfel wird als schneebedeckter Berg beschrieben, der einem Mandala ähnelt, von acht Tälern umgeben ist, und das Volk vor allem Bösen schützt. Doch statt einer paradiesischen Landschaft mit fruchtbaren Feldern hatten die Flüchtlinge einen schwülen, infektverseuchten Urwald vorgefunden, der von den Mishmis beherrscht wurde. Nach einigen Jahren friedlichen Nebeneinanders war es zu Streitigkeiten zwischen den Stammesangehörigen und den Siedlern gekommen, die begonnen hatten, die Getreidespeicher der Mishmis zu plündern. Diese rächten sich, indem sie, sooft sich die Gelegenheit dazu bot, die Tibeter aus dem Hinterhalt überfielen, auf den Wegen Fallen aufstellten, sie mit Giftpfeilen überschütteten und ihre Hütten und kargen Ernten verbrannten. Etliche Tibeter kamen ums Leben, und von denen, die überlebten, litten viele an von Stechfliegen verursachten eitrigen Entzündungen oder Tropenkrankheiten.

1909 gaben die meisten Tibeter auf, in der festen Überzeugung, Pemakö nicht gefunden zu haben – zumindest nicht das Freudental, von dem sie in den Pilgerbüchern gelesen hatten. Bailey und Morshead folgten der Tränenspur der Flüchtlinge vom Tal in Richtung der tibetischen Hochebene und stießen in einem abgeschiedenen Tal auf die Spuren ihres verhängnisvollen Rückzugs: Kochtöpfe, einen schweren Mahlstein und Skelette in modernden Kleidern.

Etwas ganz Ähnliches ereignete sich während der chinesischen Besetzung Tibets in den fünfziger Jahren. Ein Lama namens Khamtrul Rinpoche führte auf seiner Suche nach dem Kristallberg eine Gruppe von Khampas, die vor dem Ansturm der Kommunisten geflohen war, in die Schlucht. Monatelang saß der Lama betend vor den Felswänden und hoffte, sie würden sich teilen und das Paradies offenbaren. Seine Schüler – von den Stämmen der Gegend angegriffen und von Insektenschwärmen geplagt – bekamen in der Zwischenzeit solchen Hunger, daß sie anfingen, ihre Yaklederschuhe auszukochen, damit sie wenigstens eine Brühe zu trinken hatten. Das verborgene Land tauchte nie auf, und die Pilger zogen weiter Richtung Indien.

Die Wegbeschreibungen nach Pemakö kamen ihnen jedoch zu Unrecht wie eine arglistige Täuschung vor, denn physisch real war das Paradies nicht. Es ist lediglich eine Idealvorstellung, ein Symbol für Glück und Erleuchtung, genauso wie der Garten Eden, Arkadien oder andere westliche Utopien. Das Paradies ist in diesem Zusammenhang ein Geisteszustand und kein geographisch faßbarer Ort. »Für viele tibetische Yogis waren solche Grenzgebiete [wie Pemakö oder andere verborgene Länder] nicht nur Orte, die ihnen als Versteck vor Armeen dienten, sondern auch ideale Orte zum Meditieren, und die tatsächliche Reise in diese verborgenen Täler wurde zur Versinnbildlichung des Pfades zur Erleuchtung«, erklärt Sardar.

Ohne den festen Glauben daran, daß das Bäyül wirklich den Schlüssel zu höheren Bewußtseinszuständen darstellt, ist der weltliche Pilger zum Leiden verurteilt. Dem spirituell Eingeweihten dagegen ermöglichen die himmlischen und höllischen Aspekte in der physischen Landschaft Pemakös einen Zugang zu den verborgensten Ebenen meditativer Vision. Für ihn wird Pemakö zu einem reinen Land, in dem Kobras dazu da sind, die Achtsamkeit zu erhöhen, und Blutegel, um einem das schlechte Karma auszusaugen. Bei einer Pilgerreise bringt einen jeder Schritt der Selbsterleuchtung näher.

Auf eine solche Odyssee begaben sich auch Sardar und Baker Ende der achtziger Jahre in Nepal, indem sie sich in die verborgenen Länder zurückzogen, die ihnen Sardars Guru, Chatral Rinpoche, vorgeschlagen hatte. Ihre späteren Reisen durch Pemakö enthüllten viele Geheimnisse über die äußere und die heilige Geographie des Bäyül und fanden 1998 einen Höhepunkt, als Mönpa-Jäger sich bereit erklärten, die beiden in das unbekannte Innerste der Schlucht zu führen: die Klamm, die keinem der vorausgegangenen Forscher zugänglich gewesen war.

Sardars erste Reise nach Pemakö fand im Frühling 1994 statt. Zur gleichen Zeit versuchten Rick Fisher, Eric Manthey (der furchtlose Installateur, der 1993 bei der Kingdon-Ward-Querung mit dabei gewesen war) und zwei wagemutige Grundstücksmakler aus Scottsdale in Arizona, Gil und Troy Gillenwater, eine Wildwasserfahrt auf dem Tsangpo, bei der sie jedoch nicht bis in die Schlucht vordringen wollten. Im Yarlung-Tal, etwa 160 Kilometer oberhalb der Great Bend, setzten sie ein Vierer-Schlauchboot ein. Die Wucht des Flusses war jedoch von Anfang an so überwältigend stark und die Strecke so kurvenreich und voller Stromschnellen, daß sie den Versuch schon nach fünf Kilometern abbrachen, das Boot versteckten und am Fluß entlang weitergingen, um sich den Wanderern aus Fishers Team anzuschließen.

Etwa gleichzeitig betraten Sardar, Baker und Ken Storm – Bakers Teamkollege bei der Querung von 1993 – ein gutes Stück weiter flußabwärts, unterhalb der Great Bend, über eine alte Handelsroute die Schlucht von Nordosten her. Ihre Tour führte sie von der Lhasa-Sichuan-Straße über den verschneiten Gawalung-Paß am Tsangpo entlang Richtung Süden bis nach Metok, einer Garnisonsstadt nahe der indischen

Grenze. Die Stadt, umgeben von einem Naturreservat voller Hängeorchideen und Tiger, wird von einer bunten Mischung aus Einheimischen, Soldaten und Prostituierten bewohnt. Das Denkmal in ihrem Zentrum, das den Sieg des menschlichen Willens über die Natur symbolisieren soll, wirkt unpassend: ein rostender Zweitonner, der bis zu den Kotflügeln eingegraben ist. Der Lastwagen war auf der einzigen, immer wieder von Erdrutschen weggeschwemmten und üblicherweise gesperrten Straße bis zum unteren Ende der Schlucht gelangt und hatte dann mitten zwischen den verkommenen Betonklötzen und Karaoke-Bars von Metok seine letzte Ruhestätte gefunden.

Baker und Sardar wollten die nahe gelegenen Klöster Marpung und Rinchenpung erreichen, um dort Schriften über das geheime Pemakö zu studieren und von den Lamas mündlich überlieferte Geschichten zu erfahren. Aus tibetischen Texten über Rinchenpung – verfaßt von drei Yogis im achtzehnten Jahrhundert – erfuhr Sardar von den »Sieben Großen Lehren des Leuchtenden Netzes zur Öffnung des Tores zum Verborgenen Land«. Einer der drei Visionäre berichtete von einem Traum, in dem ihm eine in Lumpen gehüllte Frau befahl, in einem einsamen Tal der inneren Schlucht einen Tempel in Form eines Reishaufens zu errichten. So wurde das Kloster Rinchenpung gegründet, das auch zweihundert Jahre später noch stand. Der Tempel mit dem goldenen Dach ist nach wie vor ein wichtiges Zentrum des religiösen Lebens in Pemakö. Gemäß dem Pilgerbuch, das sich auf das Leuchtende Netz beruft, liegt dort der Nabel der Göttin Dorje Phagmo. Das Buch erwähnt zudem verschiedene eßbare Pflanzen und Heilkräuter, die im Urwald um das Kloster wachsen, darunter auch eine Spezies, deren Halluzinogene angeblich ekstatische Visionen hervorrufen.

Die Sache hatte jedoch einen Haken: Das Kloster Rinchenpung war auf der Reisegenehmigung des Teams nicht ausdrücklich als Zielort vermerkt, so daß ihr chinesischer Verbindungsoffizier ihnen untersagte, dorthin zu gehen. Es war zugegebenerweise also nur eine Ausrede, als Baker und Sardar behaupteten, die Gruppe brauche einen Tag Pause und sie wollten in der Nähe der Ortschaft einen Wasserfall zum Baden suchen. In Wirklichkeit packten sie ihre Tagesrucksäcke und machten sich davon.

Baker hatte begonnen, Abenteuertouren zu organisieren. Das heimliche Motto seiner Red Panda Expeditions lautete »Verwirren und Entwischen« und beschreibt die häufig notwendige Taktik, wenn man Pilgerstätten besuchen wollte, die laut Public Security Bureau für Ausländer tabu waren.

Die beiden Abtrünnigen hatten nur eine vage Vorstellung von der genauen Lage des Klosters. Sie wagten jedoch nicht, nach dem Weg zu fragen, damit die Gendarmen in Metok nicht von ihren Plänen erfuhren. So marschierten sie einfach drauflos in den Urwald und stiegen, ihrem Instinkt folgend, einen Hang hinauf. Die Mücken und Stechfliegen fraßen sie auf – Bailey und Morshead waren auf ihrem Weg nach Rinchenpung ähnlich geplagt worden –, und während ihres langen Aufstiegs begann das Tageslicht allmählich schwächer zu werden.

»Als wir den Gebirgskamm erreichten, im stockdunklen Urwald, hatten wir keine Ahnung, in welche Richtung wir weitergehen sollten«, sagt Baker. »In diesem Augenblick sah Hamid links vor uns einen riesigen Raubvogel mit einer Schlange in seinen Klauen davonschießen. Das war eine so sonderbare Erscheinung, daß wir uns sagten: ›Gut, dann gehen wir auch in diese Richtung.‹«

Eine halbe Stunde später kamen sie auf eine Lichtung und entdeckten das glänzende Tempeldach – darüber wölbte sich ein doppelter Regenbogen. Das eine Ende des Regenbogens schien direkt über dem Eingang des Tempels aufzusteigen. »Wir sahen, wie ein Mönch mit einer Messingschale in den

Händen über die Felder auf uns zulief«, fährt Baker fort. »Es war Chang, tibetisches Gerstenbier. Wir fragten ihn, woher er von uns wüßte, und er antwortete: ›Nun, der Regenbogen erscheint immer nur dann, wenn jemand kommt.‹«

Sie hatten beide das Gefühl, an keinem gewöhnlichen Ort und durch eine glückliche Fügung hierher gebracht worden zu sein. Es war das perfekte Pemakö, meint Baker. »Das ist nur ein Beispiel für die Zeichen und Wunder, die in Pemakö geschehen, wenn man mit den richtigen Absichten dort ist oder einfach nur Glück hat. Wir erlebten noch einige andere, ebenso dramatische Ereignisse. Wenn man auf die Tiere oder die Rufe der Vögel achtet, erschließt sich einem der Raum. Man muß sein rationales Denken außer Kraft setzen und ganz auf ein eher mythisches Bewußtsein vertrauen, anstatt sich auf Satellitenkarten oder Kompasse zu verlassen. Man muß sich von den mündlichen Überlieferungen über ein mystisches Land führen lassen.«

Die Pilger verbrachten die Nacht als Gäste des obersten Lamas im Kloster. Er trug sein Haar offen, wie Chatral Rinpoche, was darauf hindeutete, daß auch er geheime tantrische Praktiken ausübte. Bei ihrer Audienz saßen der heilige Mann und seine Gefährtin neben einer riesigen Statue von Sardars Schutzgöttin Dorje Drolo, einer furchterregenden, dreiäugigen Figur mit einer Kette aus frisch abgeschlagenen Menschenköpfen, die auf dem Rücken einer Tigerin thronte.

Als sie am Morgen nach Metok zurückkehrten, stießen Baker und Sardar mit dem örtlichen Polizeichef zusammen. Ihr Verbindungsoffizier hatte das Schlimmste befürchtet, als er ihre Abwesenheit bemerkt hatte: Er glaubte, sie seien für Indien als Spione unterwegs und mit Informationen zur Truppenstärke über die Grenze geflohen. Der Polizeichef hatte eine Truppe von einheimischen Spurenlesern zusammengetrommelt und sich auf Verfolgungsjagd gemacht. Als er die beiden den Berg herunterkommen sah, zog er seinen Revolver, entsicherte ihn und befahl ihnen, mit aufs Polizeirevier zu kommen, um ihr Geständnis zu unterschreiben.

»Auf dem Revier schrieben wir immer wieder ›Danke für die Rettungsaktion; wir zahlen Ihnen eintausend Yuan (etwa 120 Dollar) für Ihre Bemühungen‹«, amüsiert sich Sardar. »Der Polizeichef zerriß das Dokument und schrie ›Kein Geständnis!‹ Also schrieben wir so lange ›Rettungsaktion‹, bis er uns irgendwann hinauswarf – nicht ohne uns das Bußgeld abgenommen zu haben. Sie hatten keine Ahnung, wie sie mit uns umgehen sollten, und konnten nicht nachvollziehen, was jemand, der im paradiesischen Wohlstand Amerikas lebte, in ihrem von Blutegeln verseuchten Urwald suchte.«

Von Metok aus wechselte die Gruppe über eine Hängebrücke aus geflochtenen Bambussträngen ans Westufer des Tsangpo und wanderte zum Kloster Marpung, wo über hundert Jahre zuvor der Pandit Kintup seinen Frondienst abgeleistet hatte. Der prächtig gekleidete Klostervorsteher lud sie ein, die Nacht in dem kleinen Kloster zu verbringen. Als sie später in der tiefen Dunkelheit des Tempels noch wach lagen, bemerkten sie seltsame Lichter, die an der Decke tanzten. Das seien nur die Schutzgeister des Klosters gewesen, die nach ihnen gesehen hätten, erklärte der Vorsteher am nächsten Morgen. Er nannte es ein Zeichen der Vorsehung.

Anstatt den Pfaden nördlich von Metok zur Straße nach Lhasa zu folgen, beschloß das Team, die Umschreitung durch die südliche Schlucht fortzusetzen und diese dann über den Doshong La zu verlassen, den Paß im »Rhododendron-Wunderland«, den Kingdon-Ward beschrieben hatte. Er würde sie in das Dorf Pe am nordwestlichen Eingang zur Schlucht führen, wo der Tsangpo zu seinem wilden Sturz in Richtung Gyala Pelri und Namche Barwa ansetzt. Von Pe aus würden sie ohne Schwierigkeiten die Verbindungsstraße nach Lhasa erreichen.

Beim Aufbruch warnten die Lastträger sie, von niemandem, dem sie begegneten, etwas zu essen oder zu trinken anzunehmen. Im südlichen Teil der Schlucht ist ein Giftkult verbreitet, dessen Anhänger, ausschließlich Frauen, dadurch Verdienste zu erlangen glauben, daß sie ihre ahnungslosen Opfer – Pilger, Mönche, ihren Ehemann, die eigenen Kinder – oder sogar sich selbst beseitigen. Um Gift herzustellen, vergräbt die sogenannte Dugma zunächst ein Ei. Sobald an dieser Stelle ein Pilz aus dem Boden wächst, färbt sie sich eine Gesichtshälfte schwarz und flicht auf einer Seite ihr Haar. Einen ganzen Monat lang schwört sie nachts im Mondschein, den Giftpilz zu verwenden. Schöpft das gewählte Opfer Verdacht, dann fordert sie es manchmal auf, die angebotene Speise oder das Getränk zu probieren, und gibt erst danach das unter einem Fingernagel verborgene Gift dazu, oder sie verabreicht es ihm nachts, indem sie ihn mit dem vergifteten Nagel kratzt.

Da die Träger Angst hatten, einer Dugma zum Opfer zu fallen, weigerten sie sich, in den Dörfern, durch die sie kamen, in einem Haus zu übernachten. Jede Nacht stellten sie Wachen auf. Ein Jahr zuvor sei die Frau von Tenzing Norgay, dem Sherpa, der mit Sir Edmund Hillary den Mount Everest bestiegen hatte, auf einer Pilgerreise nach Pemakö vergiftet worden, erzählt Baker. »Auf ihrem Totenbett in einem Krankenhaus im indischen Siliguri diktierte sie einen Abschiedsbrief an ihren Lama«, schreibt er in einem Bericht über die Reise und zitiert sie: »Ich habe Pemakö gesehen. Mein Lebensziel ist erreicht.«

In der Nacht vor ihrem Aufstieg auf den Doshong La – dem Vorabend eines Feiertages zum Gedenken an Buddhas Geburt – schien tatsächlich gerade der Vollmond. Die Träger schnitten Wacholderzweige und häuften sie auf ein schwelendes Feuer, von dem duftende Rauchwolken als Opfergabe in den Himmel stiegen. Als die Sonne aufging, war die Gruppe bereits unterwegs und stapfte durch den Nebel bergauf. Überall um sie herum gingen Lawinen nieder. Auf der Paßhöhe wandten sie sich ein letztes Mal um und blickten auf Pemakö hinunter.

Für Baker war es ein erregender Augenblick. »Wir schauten zurück auf das von gefurchten Schneegipfeln gehütete Land, das für Forscher wie für Pilger einen Ort der unbegrenzten Möglichkeiten darstellt«, schreibt er. »Und schon ist der Grat, den wir eben überquerten – die schneeweiße Hüfte [der Dorje Phagmo] – wieder in undurchdringlichen Nebel gehüllt.«

Die erste gemeinsame Pilgerreise war erfolgreicher gewesen, als Baker und Sardar erwartet hatten. Doch die wichtigste Pilgerstätte hatten sie nicht erreicht: den Kundu Dorsem Potrang, den Berg am nördlichen Zugang zur Yoni, dem geheimen sexuellen Zentrum der Dorje Phagmo. In der Nacht im golden überdachten Kloster Rinchenpung hatte ihnen der Lama erzählt, daß der Paß, der zu der heiligen Stätte führt, immer noch verschneit sei. Selbst im Sommer, sagte er, müsse man sich Trittstufen in den Schnee hacken, und spätestens im Oktober mache der frühe Schnee den Ort erneut unzugänglich.

Als Baker und Sardar Pemakö verließen, schmiedeten sie bereits neue Pläne für eine zweite Pilgerreise. Bei einer Tour zum Dorsem Potrang würde man heimlich und sehr geschickt vorgehen müssen – ganz nach dem Motto »Verwirren und Entwischen« –, da das sexuelle Zentrum der Dorje Phagmo in den dunklen, schmierig feuchten Urwäldern jenseits der gesperrten Grenze lag, im nordindischen Staat Arunachal Pradesh. Wer versuchte, diese Grenze zu überqueren, wurde verhaftet.

Während Baker und Sardar auf ihrer ersten gemeinsamen Pilgerreise die heiligen Aspekte des Bäyül erkundet hatten, war Ken Storm in die Fußstapfen Kingdon-Wards getreten – zumindest war das Sardars Ansicht. Als Storm 1993 zur Kingdon-Ward-Querung aufbrach, glaubte er schon kaum mehr an einen größeren Wasserfall in der Klamm. Doch die folgenden Expeditionen bewirkten eine tiefgreifende spirituelle Veränderung in ihm, so daß er schließlich zu der Überzeugung gelangte, beide, Bailey und Kingdon-Ward hätten ihre Suche aufgeben müssen, da ihnen die Vision abhanden gekommen war.

»Eine Reise nach Pemakö hat viele Aspekte«, sagt Storm. Näher auf seine persönlichen Epiphanien einzugehen, lehnt er jedoch ab. »Erst durch Reflexion kommen die verschiedenen Facetten zum Vorschein – oder wie Wordsworth es formulierte ›Gedanken, die in Ruhe erinnert werden‹. Dieser Prozeß vertieft sich von Mal zu Mal. Es vergeht kaum ein Tag, an dem ich nicht über die Tsangpo-Schlucht nachdenke.«

Nach jeder Reise beschäftigte er sich mit den Schriften von Thoreau, Emerson und anderen transzendentalen Schriftstellern. Sie gaben seinen Vorstellungen von der Wechselbeziehung zwischen Landschaft und Wahrnehmung und vom Wesen der Erforschung immer wieder neue Impulse. Vor seiner ersten Reise hatte Erforschung für ihn bedeutet, »hinauszuziehen und etwas zu erobern – eine eigennützige Geste«. Mit der Zeit entwickelte er eine zurückhaltendere Einstellung. »Man verschmilzt mit seiner Umgebung und wird aufmerksamer gegenüber der Umwelt«, erklärt er. »Ich fühlte mich wie verzaubert und lernte wieder zu staunen so wie früher als Kind, als ich mit meinem Vater durch die Sierra Nevada wanderte.«

Das gleiche erlebten auch Baker und Sardar, die ihre Pilgerreise als »kreative Regression« beschrieben, als Wiederentdeckung eines Gefühls von Abenteuerlust und Verwunderung, das sie als Jugendliche auf ihren ersten Touren durch die Wildnis kennengelernt hatten.

Obwohl keiner der drei glaubte, daß die Brahmaputrafälle mehr waren als ein Hirngespinst des Westens, wußten sie letztlich doch, daß noch keinem Menschen eine Durchquerung der Klamm gelungen war – schon gar nicht Fisher, auch wenn der behauptete, die Schlucht von oben bis unten erforscht und keinen Wassersturz entdeckt zu haben, bei dem es sich um den verborgenen mythischen Wasserfall handeln könnte. Fisher und einige chinesische Geologen vertraten die Theorie, heftige Erdbeben hätten die Landschaft so stark verändert, daß alle größeren Wasserstürze im Inneren der Schlucht – sofern jemals welche existiert hatten – dabei zerstört worden seien. Trotzdem drängte es weder Baker noch Storm oder Sardar, sich mit Gewalt einen Weg durch die Schlucht zu bahnen und Anspruch auf den Erstdurchbruch zu erheben. Für sie war die Schlucht vielmehr ein ganz privater Abenteuerspielplatz. Pemakö war der Ort, an dem es für engstirnigen Ehrgeiz und Wetteifer keinen Platz gab. Das waren nur selbstsüchtige Zwänge, die der fromme Pilger zu überwinden versuchte.

Von den drei Männern interessierte sich Sardar am wenigsten für den geheimnisvollen Wasserfall. »Wen kümmert schon dieser verdammte Wasserfall?« fragte er, wenn das Thema aufkam. Bei der Durchsicht unzähliger Schriften und Pilgerbücher stieß er nirgendwo auf einen riesigen Wasserfall in dem unerforschten Schluchtabschnitt, und auch die Jäger und Lamas, mit denen er sprach, wußten von keinem. Noch nie habe jemand diese Klamm betreten, erzählten sie ihm.

Sardars Hauptinteresse lag vielmehr darin, den klassischen Pilgerrouten nach Pemakö zu folgen und die Schlucht so zu erleben wie die Jäger. Nichts tat er lieber, als mit den Mönpas, deren Ausdauer und Mut Kingdon-Ward so tief beeindruckt hatten, durch die Wildnis zu streifen. Mit nur wenig Gepäck ging Sardar mit ihnen auf Jagd, aß von dem Wild, das sie erlegten, und schlief am Boden unter ihren Plastikplanen. Daß er trotzdem nie krank wurde, führte er auf seine »reine Vision« zurück. Gelegentlich trennte er sich von Storm, Baker und den anderen Expeditionsteilnehmern, um die heilige Geographie der Schlucht allein zu erforschen und Aufnahmen für einen Dokumentarfilm über die Mönpas zu machen, den er für das Film Studies Center der Harvard University drehte.

Während dieser Reisen ließ sich Sardar vollkommen auf Pemakö ein, und dabei entstand ein »tiefes Zusammenwirken« mit dem Bäyül. Trotz des mörderischen Tempos der Mönpas und der Gefahren, in die sie sich begaben, fühlte er sich völlig sicher, wenn er mit ihnen einem Bären oder Takin nachjagte oder Geröllhalden mit fünfundvierzig Grad Neigung querte, wo ein falscher Tritt tödliche Folgen hatte. Die Erlebnisse erinnerten ihn an seine Kindheit, als sein Vater ihn im Kaspischen Gebirge mit auf die Jagd genommen hatte, denn die Wälder dort ähnelten denen Pemakös in gewisser Weise. Von den Luftmassen, die über das Kaspische Meer strömen, werden sie mit Wärme und Feuchtigkeit versorgt, während sie auf der windgeschützten Seite des Gebirges einer Hochwüste weichen. Ähnliche Verhältnisse findet man in der Tsangpo-Schlucht: an der Südseite des Himalaya sind die Tropenwälder, an der Nordseite, zur tibetischen Hochebene hin, Wüsten. Während in den kaspischen Wäldern Bären und die letzten kaspischen Tiger beheimatet sind, streifen durch das untere Schluchtgebiet des Tsangpo die letzten Tiger Tibets.

Sardars Vater jagte immer mit dem Bergführer Nader Gholi Khan, auch »Bärentöter« genannt, der für seinen Mut bekannt war. Eines Tages hatte Nader Khan – der gerade aus dem Wald zurückgekehrt war, wo er Bäume gefällt hatte – einen

Bären dabei überrascht, wie er ein Kind anfallen wollte. Unerschrocken griff er instinktiv nach einem Holzscheit, schlug der Bestie den Schädel ein und köpfte sie mit seiner Axt.

An ein Erlebnis dieser idyllischen Sommer erinnert sich Sardar besonders gut. Er war damals neun Jahre alt. Vor seinem Vater und Nader Khan lief er durch den Wald, als ein Bär zwischen den Bäumen hervorbrach und direkt auf ihn zukam. »Ich hatte keine Angst«, sagt Sardar. »Dafür war gar keine Zeit. Ich sah den Bären nur verschwommen. Plötzlich hörte ich ein Pfeifen über meinem Kopf. Der Bär stürzte zu Boden und blieb vor meinen Füßen liegen. Mein Vater hatte über mich hinweg auf ihn angelegt und ihn mit einem Schuß zur Strecke gebracht.«

Um in einer gefährlichen Situation Angst oder Zweifel zu überwinden, soll man sich einem buddhistischen Rat zufolge einen Ort völliger Sicherheit vorstellen – wie zum Beispiel einen Urwald am Kaspischen Meer, wo man sich sicher fühlt, weil man weiß, daß der Vater und ein großartiger Jäger einen beschützen. Derartig geborgen kann man sich der Wildnis unbesorgt hingeben. Die Gefühle und Bilder aus den kaspischen Sommern, die sich Sardar ins Gedächtnis rief, boten ihm eben diese Zuflucht. Erinnerungen tröstlicher, sinnlicher, fast sexueller Art – die Jagdausflüge, das Nacktbaden mit seiner älteren Cousine – verliehen ihm auch in den undurchdringlichen Wäldern Pemakös ein Gefühl von Sicherheit, wenn er über Dorje Phagmo, die weibliche Göttlichkeit meditierte. Diese Erlebnisse hat Sardar immer – zumindest, wenn er sich in Ruhe daran erinnert – wie eine selige Vereinigung mit einer Partnerin empfunden.

»All die schrecklichen Seiten des Paradieses vergißt man«, sagt er. »Wenn [nach einer Pilgerreise] gerade einmal ein Monat vergangen ist, sehne ich mich schon wieder danach, zurückzukehren. Ich fühle mich dort buchstäblich wie in einer Welt mit völlig anderen Raum- und Zeitvorstellungen.«

Der Dorsem Potrang liegt südöstlich von Metok, dem wichtigsten Ort in der unteren Schluchtregion. Ihren zweiten Versuch einer Besteigung wollten Baker und Sardar im August starten, wenn der Schnee am Paßübergang zu dem heiligen Berg am niedrigsten war. Storm wollte nicht mit ihnen kommen, aber die Brüder Gil und Troy Gillenwater, die Grundstücksmakler aus Arizona, die 1994 mit Rick Fisher die Fahrt auf dem Tsangpo versucht hatten, schlossen sich der Expedition an. Sie waren Baker nach der Tortur am Tsangpo im Foyer ihres Hotels in Lhasa begegnet. Er kam gerade von seiner Pilgerreise zu den Klöstern Rinchenpung und Marpung zurück und hatte bei den Brüdern, besonders bei Gil, einem praktizierenden Buddhisten, einen starken Eindruck hinterlassen. Gil, der ältere der beiden, ist Harley-Davidson-Fan, ein muskelbepackter, gut gebauter Kampfsportler mit schwarzem Gürtel, Leiter einer Betreuungseinrichtung für zwangsumgesiedelte mexikanische Indianer und wie sein ruhigerer, eher introvertierter jüngerer Brüder Troy ein mutiger und ausgezeichneter Outdoor-Sportler. Die beiden waren einmal fast 1300 Kilometer quer durch Arizona gewandert, und unternahmen, wenn möglich, jedes Jahr eine richtig große Abenteuertour zusammen. Sie konnten auch ihren jüngeren Bruder Todd überreden, sie zum Dorsem Potrang zu begleiten, um herauszufinden, was es mit einer buddhistischen Pilgerreise auf sich hat.

Sardar hatte außerdem eine hübsche thailändische Prinzessin, Oy Kanjananavit, eingeladen, die er auf einer Party in Kathmandu kennengelernt hatte. Sie besaß einen Doktortitel in Ökologie, war von Sardar begeistert und von seinen Beschreibungen des subtropischen Urwalds fasziniert. Sie wollte Pflanzen sammeln und hoffte, ein oder zwei neue Arten zu finden.

Und dann war da noch der schnelle Lama Kaba Tulku, der das Team anführte. Er kannte als einziger den Weg, verschwand aber fast jeden Tag im Dickicht, und die Gruppe mußte sich allein durch den – wie Baker sagt – »höllischen Dschungel« kämpfen. Es wimmelte von Blutegeln und Vipern, und der Boden war von einem hüfthohen Farnteppich überzogen, so daß sie den Matsch unter ihren Füßen nicht sehen konnten. Das Terrain war sehr steil, und wie erwartet goß es in Strömen. Am ersten Tag verloren sie ihre Träger aus den Augen, wanderten aber trotzdem weiter. Schließlich holte einer der Kulis sie ein. »Wo gehen Sie denn hin?« fragte er. »Das Lager liegt doch eineinhalb Stunden hinter uns.«

In der Nacht schliefen sie alle dicht zusammengedrängt unter einer tropfnassen Plastikplane, um sich gegenseitig warm zu halten. Sardar wachte davon auf, daß sich ein prall gefüllter Blutegel innen an seiner Lippe festgesaugt hatte. Am nächsten Morgen war der Lama wieder einmal unauffindbar. Ein Tiger pirschte sich an die Gruppe heran und hinterließ im matschigen Boden um ihre Schlafplätze seine gewaltigen Spuren. Für alle außer Sardar war es eine neue Erfahrung, mit den Trägern, die zum Stamm der Lhopas gehörten, gemeinsam zu lagern.

»Sie hatten eine ganz andere Ausstrahlung als die Mönpa-Jäger aus der oberen Schluchtregion«, sagt Sardar, »und die Regenwälder, in denen sonst niemand überleben konnte, waren wie für sie geschaffen. Sie konnten mit der bloßen Hand Fische fangen, indem sie einfach ihre Finger wie Wasserpflanzen in einem Bach treiben ließen.«

Kanjananavit, eine unermüdliche Feldforscherin, staunte dagegen über den Artenreichtum der Pflanzen. Sie konnte zwar nicht viele davon bestimmen, machte aber eine wissenschaftliche Neuentdeckung: die *bat lily* oder »Fledermausblume« mit zarten, weißen Blütenblättern und langen, anmutig herabhängenden purpurfarbenen Staubgefäßen.

Eines Tages, als sie den eingeschneiten Paß zum heiligen Berg hinaufstiegen, fanden die Träger den gefrorenen, halb verwesten Kadaver eines Bären. Sie kochten das Fleisch, und alle aßen davon. Fünf Tage später, mitten im Urwald, begannen sich die drei Gillenwaters scheußlich zu fühlen. Zunächst glaubten sie, dem Dugma-Kult zum Opfer gefallen und vergiftet worden zu sein, doch der Lama und die Träger hatten eine andere Erklärung. Sie hatten zufällig gesehen, wie die Gillenwaters eines Abends in einer Quelle badeten. Der Lama war erschüttert: »Ich kann es einfach nicht glauben, daß sie in diesem Wasser schwimmen«, sagte er zu Baker und Sardar. »Das sind heilige Quellen, sie werden von bösen Geistern beherrscht.« Ganz gleich, was die Ursache war – verdorbenes Bärenfleisch, Gift oder ein spiritueller Fauxpas –, die Brüder erlagen einer tibetischen Art von Montezumas Rache, entleerten sich in beide Richtungen und fühlten sich hundeelend.

Mit zunehmender Höhe verschlechterten sich die Bedingungen. Während die Pilger auf über 3000 Metern in strömendem Regen durch einen knietiefen Morast wateten, verloren sie erneut ihre Träger. Sie hatten sich getrennt, um nach Fußspuren zu suchen, konnten sich dann aber im dichten Wald nicht mehr finden. Schließlich schlossen sich Baker, Kanjananavit und Sardar zusammen und fanden, dem Geruch des Lagerfeuers folgend, das Camp der Träger. Als die Dämmerung einbrach und die Temperaturen fielen, zeigten zwei der drei Gillenwaters erste Anzeichen von Unterkühlung. Todd, der jüngste von ihnen, erklärte sich bereit, allein loszuziehen, um Hilfe zu suchen. Spät am Abend traf er im Lager ein und schickte sogleich Männer mit trockenen Kleidern, einer Thermosflasche Tee und einem Zelt los, um seine maladen älteren Geschwister zu bergen. Eine Stunde später, als es bereits vollkommen dunkel war, stolperten die Brüder ins Lager, »völlig verschreckt und erschöpft«, erzählt Baker.

Die Gillenwaters waren zu krank, um den Dorsem Potrang zu umwandeln. Die anderen schafften es jedoch: Bei Sprühnebel vollendeten sie ihre Pilgerrundreise auf 3660 Meter Höhe – der Lama ließ sich nirgends blicken. Der Weg nach Metok zurück war genauso schrecklich wie der Hinweg. »Shangrila war das jedenfalls nicht«, meint Troy Gillenwater, »es sei denn, man versteht unter einem Paradies, sich die Seele aus dem Leib kotzen zu müssen, Blutegel von Kopf bis Fuß, Einheimische mit Mißbildungen durch Inzucht und einen Jahresniederschlag von zehn Metern.«

In Metok nahmen sich die Gillenwaters in einem schmuddeligen Hotel ein Zimmer und gingen los, um Bier zu kaufen. Gil beging den Fehler, ein paar Fotos zu machen: Noch am selben Abend platzten vier Soldaten in ihr Zimmer und beschuldigten sie, eine militärisch sensible Anlage fotografiert zu haben. »Der Polizeichef und seine vier bettelarmen Lakaien waren alle bewaffnet, und er fuchtelte mit seiner Pistole herum und schrie uns an«, sagt Gil. »Sie stanken nach Alkohol. Es war nicht zu übersehen, daß der Hauptmann eine Show für seine Untergebenen abzog.«

Die Brüder hatten Angst, daß die Situation eskalieren könnte, und riefen ihren Verbindungsoffizier zu sich. Sie ließen ihn erklären, daß sie die Erlaubnis hätten, sich in Metok aufzuhalten, sowie das volle Recht, dort zu fotografieren. Der Hauptmann blieb hart und verlangte alle ihre Filme – sie hatten in ihrem Gepäck etwa sechzig belichtete Rollen. »Nehmen Sie verdammt noch mal die Waffen runter und machen Sie, daß Sie aus unserem Zimmer kommen«, stieß Gil hervor. Da brannte bei dem Hauptmann die Sicherung durch.

»Ich dachte, jetzt erschießt er gleich einen von uns«, sagt Gillenwater. »Troy, Todd und ich warfen uns einen kurzen Blick zu und wußten genau, was zu tun war – es war eine Art Gedankenübertragung. Troy öffnete eine Kamera mit einem frisch eingelegten Film und zog den Filmstreifen aus der Rolle. Dasselbe machte er mit zwei weiteren unbelichteten Filmen, streckte sie dann dem Hauptmann entgegen und entschuldigte unser Verhalten. Dieser hielt seine Pistole immer noch krampfhaft umklammert, den Finger am Abzug, und schwankte vor und zurück. Als der Verbindungsoffizier unsere Entschuldigung übersetzt hatte, blickte der Hauptmann selbstgefällig in die Runde und marschierte hinaus in die Dunkelheit.«

Während die Brüder Gillenwater auf der Dorsem-Potrang-Expedition den Tag meist mit einem Bad beendeten, meditierten Baker und Sardar. Über die Ereignisse des Tages nachzudenken, war für sie ein ebenso wesentlicher Bestandteil der Pilgerreise wie für ihren schnellen Lama das Beten und Singen an den einzelnen Kraftorten. »In Pemakö reicht es nicht, nur als einfühlender westlicher Pilger unterwegs zu sein«, sagt Sardar. »Man muß auch meditieren.«

Letztendlich vermittelte ihnen jedoch der Glaube Zugang zu dem, was sie erlebten. Ohne den Glauben an die verändernde Kraft eines verborgenen Landes ist eine Pilgerreise nach Pemakö einfach nur mühsam. Die Landschaften scheinen zwar paradox – wie Himmel und Hölle zugleich, wunderschön, aber auch bedrohlich –, doch die gleichen Paradoxe und Gegensätze sind auch Teil unseres eigenen Wesens. »Der Sinn einer solchen existentiellen Pilgerreise ist nicht, diese Widersprüche zu überwinden, sondern sie als eine Art kreative Spannung zu nutzen«, erläutert Sardar. »Der Wald wird zum Spiegel der inneren Paradoxe, wenn wir uns ihm mit der richtigen Geisteshaltung nähern. Man muß das Unbekannte und Unerwartete annehmen. Bei einer Pilgerreise geht es vor allem darum, sich dem Land hinzugeben, um zur Selbstfindung zu gelangen.«

Ermüdung, Durst und Unbehagen seien die Verbündeten des Pilgers, fährt er fort, da im Zustand der Erschöpfung

Ängste und Neurosen an die Oberfläche träten. Doch mit Hilfe tantrischer Techniken und Praktiken könne man sich auch über diese Ängste erheben und so auf etwas anderes zu konzentrieren versuchen. Lähmende Gedanken sollten beobachtet und dann wieder losgelassen werden, wie Blätter, die auf einem Bach vorübertreiben.

Auf so mühseligen Touren wie der zum Kloster Rinchenpung oder dem Dorsem Potrang meditierte Sardar über das Wesen seiner Schutzgöttin Dorje Drolo, der zornvollen Erscheinungsform Padmasambhavas. Er sang sein Mantra »Om Ah Hung Vajra Guru Padma Siddhi Hung«. Er konzentrierte sich auf »den Augenblick, im dem es keine Bindung an Vergangenheit, Gegenwart oder Zukunft gab«, um einen Zustand psychischer Leere zu erreichen. Regen, Schlamm und Blutegel wurden zu einem Anreiz, den Geist zu öffnen und ein klares, durchdringendes Bewußtsein von der physischen, der spirituellen und der geistigen Landschaft zu erlangen, die für den eingeweihten Pilger untrennbar miteinander verbunden sind.

Seine erfolgreichsten Pilgerreisen unternahm Sardar, nachdem er den Dorsem Potrang umwandelt hatte. Er war mit den Mönpa-Jägern unterwegs, schlief in Höhlen, kletterte bis zur völligen Erschöpfung kilometerhohe Berge hinauf und seine Zuversicht wurde mehrmals zutiefst erschüttert. Dennoch gewann er in der überwältigenden Wildnis »das Gefühl einer wachsenden Befähigung«.

»Alles, was man in solchen Momenten erhoffen kann, ist ein flüchtiger Eindruck von einem Zustand absoluter innerer Ruhe und Einfachheit. In Pemakö nimmt man unglaubliche Anstrengungen auf sich, um zu grundlegenden Erkenntnissen über das eigene Selbst zu gelangen. Man wirft neurotischen Ballast ab. Mit diesen Wilden friedlich zusammenzuleben und völlig vertraut zu sein, ist ein großartiges Gefühl«, stellt Sardar fest.

Für Baker hatten die Pilgerreisen dagegen etwas von der Begegnung mit einer Femme fatale. Die urwüchsigen Wälder Pemakös strahlten eine weibliche Energie aus, während der Kailash, der heilige Gipfel in den trockenen, kalten, staubigen Regionen Westtibets, »das mystische männliche Prinzip« verkörpert, erklärt er. »Die beiden stehen fast in Gegensatz zueinander und ergänzen sich doch. Den Kailash zu umrunden ist etwas völlig anderes, als sich in den Urwäldern Pemakös zu verirren. Die geistige Ausrichtung ist eine andere. Man bricht nicht auf, um das Land zu bezwingen – etwas, was aus den Aufzeichnungen früherer Erforscher Pemakös herauszuhören ist und was mich störte. Pemakö ist ein Ort, dem man sich hingeben muß. Wenn man versucht, ihn zu bezwingen, wird man ihn nicht erfassen, und die verborgenen Dimensionen verschließen sich einem. Gibt man sich aber dem Ort hin, dann öffnet er sich ganz, das ist wie bei einer Frau: Wenn man sie zu erobern versucht, wird man sie nie verstehen. Pemakö ist kein Land, das man verführen kann – man wird verführt.«

Baker vergleicht die Landschaft mit einer Muse, die das eigene Verhältnis zur Welt neu ausrichtet und »eine mystische, verzückte Wahrnehmung« bewirkt. Regen, Schlamm, Dickichte aus giftigen Dornen und andere Widrigkeiten sieht er weder als Strafe noch als Preis für die göttliche Vision. Für ihn sind es nicht einmal Widrigkeiten.

»Dort kehren wir zu den Urerfahrungen der Menschheit zurück«, sagt Baker. »Durch Sümpfe waten, sich an Bäumen festklammern, das Gefühl fortgeschwemmt zu werden: Das alles ist mit einer unvorstellbar erhebenden Empfindung verbunden, ob man sie nun der weiblichen Gottheit zuschreibt – den Flüssen und Strömen als ihren Körpersäften – oder der Begegnung mit der urwüchsigen Natur. Man hat nicht das Gefühl, daß man in der Natur eine Kraft, eine Macht erobert, von der wir alle ein Teil sind, die aber unendlich viel größer ist als wir, sondern daß man an ihr teilhat. Dieses Teilhaben erweitert unsere Grenzen und das Bewußtsein darüber, wer wir sind. Wir beginnen, mit anderen Augen zu sehen.«

Die Fähigkeit, die der Landschaft innewohnende, unwiderstehliche Macht zu spüren, ist nicht notwendigerweise mit dem Glauben an die esoterische Mythologie Tibets verbunden. Auch Eric Bailey und vor allem Kingdon-Ward empfanden sie, wie ihre Berichte zeigen. Wer jedoch dem tantrischen Pfad folgt, ist im Vorteil, denn die Ideale und Ziele des Tantrismus finden ihre Entsprechung in der Ausformung der physischen Landschaft – beispielsweise der Form und Farbe einer Felswand oder einer Baumgruppe. Assoziiert man sie mit »konkreten Momenten und Orten, dann verwirklichen sich diese Ideale«, so Baker.

Tibeter mögen besonders empfänglich dafür sein, von heiligen Felsblöcken Regenbogen aufsteigen zu sehen, doch Baker ist in Pemakö zu seinem Bedauern noch nie Zeuge eines solchen Anblicks geworden. »Ich würde es mir wünschen.« Immerhin hat er gespürt, welche Energiestrahlung von Felsen und heiligen Quellen ausgeht, denn er kennt ihre mythischen Assoziationen – daß beispielsweise an einem bestimmten Ort diese oder jene Gottheit eine böse Macht besiegte, wie es die Pilgerbücher beschreiben.

»Mein Wissen um die heilige Geographie, so wie die Tibeter sie verstehen, bereichert die Landschaft. Wenn ich in Gotteshäuser gehe, ohne einen Bezug zu dem entsprechenden Glauben zu haben, dann empfinde ich nicht viel. In einer Moschee gefällt mir vielleicht die Kuppel oder die Art, wie die Andachten abgehalten werden, aber ich kann die Energie nicht in derselben Art und Weise empfinden wie die Umstehenden. Ich kann ihre Andacht schätzen, aber ich kann nicht daran teilhaben.«

»Mit Pemakö ist es dasselbe. Manche Leute, die dorthin gehen, können einfach nichts mit dem Ort anfangen.«

Die Pilgerreise zum Dorsem Potrang hatte Gil und Troy Gillenwater regelrecht süchtig nach Pemakö gemacht. Wie nach jedem anstrengenden Erlebnis sortiert das Gedächtnis die unschönen Erinnerungen aus und verstärkt die schönen, genau so, wie es ihnen Sardar auf der Reise eines Abends erklärt hatte: »Das Gedächtnis ist nur der Fundus der Phantasie. Eure Erinnerung an diese Tour wird morgen eine andere sein als in einem Jahr, und sie unterscheidet sich jetzt schon von meiner Erinnerung. Wie alles, was wir wahrnehmen, ist auch die Zeit ständig im Fluß. Vergangenheit, Gegenwart und Zukunft sind dynamisch. Sie sind das, was du daraus machst.«

Als Gil Gillenwater viele Monate später einen Diavortrag zusammenstellte, fiel ihm eine aufschlußreiche Begebenheit ein, die sich ereignete, als er gerade einen seiner Tiefpunkte hatte. An diesem Tag hatte es in Strömen geregnet. Vor ihm und seinem jüngeren Bruder Todd lag quer über dem Weg ein Baumstamm, so daß sie nicht weiterkamen. Er reichte ihnen bis zur Brust, und weil man unmöglich darunter hindurchschlüpfen oder ihn umgehen konnte, warf sich Gil bäuchlings darauf und rutschte über ihn auf die andere Seite. Schlammverschmiert verfluchte er »den Baumstamm und den gottverdammten Regen«.

In diesem Moment tauchte der Lama Kaba Tulku hinter ihnen auf. Um die trübe Stimmung etwas zu heben, schlug Todd vor, sich im Gebüsch zu verstecken und zu beobachten, wie der Lama das Hindernis überwand. Kaba Tulku platschte auf dem Weg daher, nahm Anlauf und setzte zum Sprung an. Mit seinem dicken Bauch klatschte er gegen den umgestürzten Baum und glitt rückwärts in eine Pfütze. »Kopfschüttelnd brach er in einen Lachkrampf aus«, schreibt Gil. »Er versuchte es noch dreimal, und jedesmal lachte er lauter. Beim vierten Versuch schaffte er es, flog aber kopfüber in die Pfütze hinter dem Baum. Kichernd wischte er sich den

Schlamm ab, tätschelte den Stamm liebevoll wie einen alten Bekannten und setzte dann lächelnd seinen Weg fort.«

»In diesem Augenblick wurde mir klar, daß nicht die Welt um mich herum mein Problem war, sondern die Art, wie ich sie wahrnahm ... Ich hatte die Wahl. Ich konnte mein Leben als hilfloses Opfer leben, dessen Glück von veränderlichen äußeren Umständen abhing, oder als selbstbewußter Schöpfer und Lenker meiner eigenen Erfahrungen. Mit diesem Bewußtsein war ein wunderbares Gefühl von Kontrolle und Freiheit verbunden.«

Es dauerte nicht lange, bis sich die Welt Zugang zu Pemakö verschafft hatte. 1995, drei Jahre nachdem die chinesische Regierung die Schlucht für den Tourismus geöffnet hatte, standen die Besucher am Eingang zum Paradies bereits Schlange. Einige der besten amerikanischen Wildwasserfahrer erkundeten den inneren Teil des Tsangpo-Cañon für eine Erstbefahrung, und Trekking-Fans meldeten sich zu den Reisen an, die Baker und Rick Fisher anboten.

Nachdem Fisher die gewaltige Tiefe des Cañons nachgewiesen hatte, veröffentlichte er eine Flut von Pressemeldungen über seine »Entdeckung«. Seine Bekanntgabe stieß auf eine gewisse positive Resonanz, und auch in China nahm man die Meldung über den Rekord offensichtlich wahr: Nur wenige Monate nachdem in der *Asia Week* und verschiedenen Zeitungen vor allem in Arizona Beiträge über Fisher erschienen waren, ließ die Academica Sinica verlautbaren, ihre Teams hätten die Tiefe des Cañon bestimmt, und erhob selbst Anspruch auf den Rekord.

In den Interviews über die Schlucht, die Fisher gab, warf er wie erwartet *National Geographic* vor, den peruanischen Colca-Cañon als den tiefsten Cañon und die Kali-Gandaki-

Schlucht in Nepal als das tiefste Tal der Welt bezeichnet zu haben. Er wies darauf hin, daß seine Angaben immerhin vom *Guinness Buch der Weltrekorde* übernommen worden seien, und forderte das Magazin auf, Reporter und Fachleute in die Schlucht zu schicken. Die Herausgeber ließen ihn jedoch abblitzen. Sie waren äußerst verärgert über seine öffentlichen Anschuldigungen, erklärten sich aber trotzdem bereit, die von ihnen veröffentlichten Tiefenrekorde zu prüfen.

Der Rummel hatte die Schlucht zwar ins Rampenlicht der Medien gerückt, doch das Interesse beschränkte sich auf die geographischen Gegebenheiten. Die Artikel erwähnten Pemakö mit keiner Silbe als Paradies der Buddhisten und berichteten nichts über seine heilige Geographie. Anders dagegen die neuen Reiseführer, allen voran Victor Chans *Tibet Handbook* von 1994, ein hervorragend recherchierter Wälzer, der die Schlucht ein »Paradies für Botaniker« nennt und »eine der heiligsten und bedeutendsten mystischen Regionen Tibets«. Chan, ein autodidaktischer Teilchenphysiker, war 1986 in die Schlucht gereist. Wegen des miserablen Wetters hatte er die Klamm im innersten Teil des Cañons nicht durchqueren können, hatte aber statt dessen ausführliche Gespräche mit den Einheimischen geführt und wußte von den Durchquerungsversuchen Baileys und Kingdon-Wards. Seine detaillierte Karte von der Schlucht und der Abschnitt über ihre Mythologie verdeutlichen, wie »tückisch« die Tour ist.

Solche und ähnlich warnende Formulierungen fanden bei all denen Gefallen, die auf ihren Reisen das Risiko, exotische Kulturen und die esoterische Mythologie des Buddhismus suchten. Mitte der neunziger Jahre konnten Abenteurer, die drei Wochen Zeit und zehntausend Dollar übrig hatten, bei einer »Entdeckungsreise« in Tibet zu sich finden. Sie konnten beispielsweise die Kingdon-Ward-Querung mitmachen oder zum Kloster Rongbuk am Basislager des Mount Everest wandern, genauso wie George Mallory und Andrew Irvine, als sie

1924 ihren verhängnisvollen Aufstieg begannen. Vor allem dank der technologischen Fortschritte bei Bekleidung und Ausrüstung, aber auch aufgrund der großen Beliebtheit von Extremsportarten in der breiten Bevölkerung, wagten sich überall dort, wo besondere Fähigkeiten gefordert waren, hartgesottene »Adrenalin-Junkies« plötzlich an Herausforderungen, die früher wohl nicht einmal Spitzensportler in Erwägung gezogen hätten.

Dazu gehörten beispielsweise Wildwassertouren mit dem Kajak. Als die Chinesen Tibet besetzten, gab es diesen Sport noch nicht. Damals benutzte man auf der ganzen Welt Kajaks zur Jagd oder als Transportmittel, oder sie kamen, wie die europäischen Faltkajaks, bei Touren in Küstengewässern und seichten Flüssen zum Einsatz. Wollte man 1950 eine Wildwasserfahrt machen, verwendete man dazu ein Kanu, ein Dory-Boot oder ein überzähliges Rettungsfloß von der Armee. Nur einundzwanzig Jahre später, 1971, definierte Walt Blackadar, ein draufgängerischer Arzt aus Idaho, die Grenzen des Expeditionspaddelns neu, als er die gefährlichen Stromschnellen des Turnback Canyon am Alsek River in British Columbia meisterte – mit 49 Jahren, allein und in einem Hartschalen-Kajak aus Fiberglas. Anfang der achtziger Jahre unternahmen Wildwasserspezialisten wie die Slalomrennfahrer Wickliffe Walker, Tom McEwan und dessen jüngerer Bruder Jamie die ersten Fahrten auf den Flüssen des bhutanischen Himalaya in Hochleistungskajaks aus Polyethylen, die mit Vorräten und Auftriebsblasen ausgestopft waren. Angeregt von diesem »American Himalayan Kayak Descent«, beantragten Walker und der ältere der McEwan-Brüder 1983 eine Genehmigung für die Befahrung des Tsangpo, und obwohl die chinesische Botschaft in Washington, D.C., sie lediglich mit knappen Worten abfertigte, gaben sie die Idee von einer Paddeltour auf »dem Flußgegenstück zum Mount Everest« – wie Walker den Tsangpo nannte – nie auf.

Auch wenn Walker und seine Paddel-Kollegen zu den ersten gehörten, die den Tsangpo als das non plus ultra der Wildwasserflüsse erkannten, war es ein großzügig gefördertes japanisches Team, das die Genehmigung zur Erstbefahrung erhielt. Im August 1993, nur wenige Monate nach der Erstbesteigung des Namche Barwa durch ein sino-japanisches Team, wurde die China-Japan Yarlung Tsangpo Scientific Expedition gegründet. Der Eindruck, den der ruhmreiche Erfolg der Bergsteiger bei den Kajakfahrern hinterlassen hatte, war noch ganz frisch, als sie nach Tibet aufbrachen.

Die Mannschaft bestand aus einem vom japanischen Sender NHK-TV unterstützten Filmteam, mehreren japanischen und chinesischen Wissenschaftlern und drei Paddlern, unter ihnen der vierundzwanzigjährige Slalomfahrer Yoshitaka Takei. Ende August kam die Expedition in Lhasa an, und schon am 6. September erreichte sie nach einer Wanderung entlang des Po Tsangpo den Zusammenfluß mit dem Tsangpo in der Nähe des Scheitelpunkts der Great Bend. Die beiden Flüsse schäumten und waren eiskalt, und wo sie sich vereinigten, pulste eine stehende Welle von der Größe eines Greyhound-Busses tückisch auf und ab wie ein Geysir. Takei und sein Mannschaftskollege Yasushi Tadano beschlossen, an dem einige hundert Meter langen Abschnitt des Po Tsangpo vor seiner Mündung in den Tsangpo, eine Testfahrt zu machen. Sie schlüpften in ihre Kajaks, während sich das Filmteam bereitmachte, ihre Fahrt zu dokumentieren.

Kaum hatte sich Tadano in die Strömung gleiten lassen, bekam er ernsthafte Schwierigkeiten. Sein Boot wurde in eine unerwartet kraftvolle Stromschnelle gezogen und schlug um. Takei sah, daß sein Freund Hilfe brauchte, und bootete sofort ein. Auch er kippte in den Stromschnellen um, konnte sich aber mit der sogenannten »Eskimorolle« gleich wieder aufrichten. Die Teammitglieder am Ufer standen zu weit weg, um ihnen eine Rettungsleine zuzuwerfen, die ohnehin keiner der Paddler in dieser mißlichen Lage hätte fangen können.

Immer schneller näherten sie sich dem Zusammenfluß, und Tadano stieg aus seinem Boot aus. Wie durch ein Wunder entging er der stehenden Welle zwischen den beiden Flüssen und wurde quer durch den Tsangpo geschwemmt. Im Schutz eines Felsbrockens am Südufer drehte er sich nach seinem Freund um und sah Takeis gekentertes Boot im Auf und Ab der Wellen an sich vorbeischießen. Das Boot hing jedoch tief im Wasser, als ob ein Körper es nach unten zog.

Die Mannschaft suchte beide Flußufer gründlich ab, und im Anschluß organisierten Takeis Eltern eine Bergungsaktion. Doch schließlich mußte sich die Familie mit dem Tod ihres Sohnes abfinden. An einem wunderschönen Frühlingssonntag im Mai 1994, als der Rhododendron in Pemakö in voller Blüte stand, hielten Takeis Freunde und sein Vater, Heihachi, eine schlichte Zeremonie am Ufer des Po Tsangpo ab. Nachdem sie einen Pfirsichsetzling gepflanzt und Cosmea-Samen vom Grundstück der Familie auf Shikoku Island gesät hatten, stieß das Team mit Havana Gold Cuban, Takeis Lieblingsrum, an und befestigte eine Plakette an einem Findling in der Nähe des Zusammenflusses. Der einfache Gedenkstein trägt auf chinesisch und japanisch die Inschrift:

Yoshitaka Takei
10. September 1993
Beim Versuch der Erstbefahrung

Von seinem Vater aus Takamatsu, Japan
20. Mai 1994

Nach dem Glauben der Einheimischen in Pemakö mußte Takei nicht leiden. Es war vielmehr eine Ehre und ein Segen, in einem heiligen Land zu sterben. Gemäß der Legende war er im Augenblick seines Todes nach Bodhgaya befördert worden, der Stätte, wo Buddha Erleuchtung erlangte.

Die Dorfbewohner in der oberen Schluchtregion konnten nicht verstehen, warum jemand den Fluß in einem Kajak bezwingen wollte. In ihren Augen war der einzige Grund, nach Pemakö zu kommen, eine Pilgerreise, auf der man sich entsprechend ehrfurchtsvoll und demütig verhalten sollte. Diese Auffassung vertraten auch Baker und Sardar. Die abschüssige Pilgerroute durch die Schlucht sorgte nach Ansicht der beiden spirituellen Geographen für ausreichend Adrenalinstöße und war Herausforderung genug. Das war auch der Grund, warum sie immer wieder nach Pemakö zurückkehrten: Es wäre unmöglich gewesen, auf nur ein oder zwei Reisen alle heiligen Stätten zu besuchen, die in ihren Pilgerbüchern genannt waren, und zu der Lage mancher Heiligtümer machten die Schriften nur ungenaue Angaben. Oft beruhten die Wegbeschreibungen ausschließlich auf mündlichen Überlieferungen. Die Informationen, die Baker und Sardar während einer Pilgerreise erhielten, boten häufig Anlaß zu einer nächsten. Sie hofften, irgendwann alle Stätten, die es gab, ausfindig machen zu können.

Nach ihrer Umwandlung des Dorsem Potrang richtete Baker 1996 seine Aufmerksamkeit auf die obere Schluchtregion, wo der Tsangpo die Berge innerhalb der Flußschleife Great Bend umfließt. Er wollte zu den Bereichen dieses inneren Cañons vorstoßen, die 1993, bei der Kingdon-Ward-Querung, wegen Erdrutschen unzugänglich gewesen waren, und auf die Abschnitte des Tsangpo hinunterschauen, die er und Storm damals nicht hatten sehen können. Sein Plan war, von der Great Bend aus am Nordufer des Tsangpo, wo sich der Gyala Pelri erhebt, flußaufwärts zu wandern und dabei auf- und abzusteigen, wo es nötig war, um den Fluß nicht aus den Augen zu verlieren. Zu diesem Zweck hatte er Seile, Haken und leichte Aluleitern mitgenommen, wie man sie beim Höhlenklettern verwendet.

Auch Sardar und Storm schlossen sich der Expedition an, ebenso wie Bakers Halbbruder und ein deutsches Ehepaar, das Baker mitnahm, um die Kosten der Expedition etwas zu verteilen. Von der Lhasa-Sichuan-Straße aus wanderte das Team den Po Tsangpo hinunter bis zu der Stelle, wo er in den Tsangpo mündet. Eigentlich war die dreitägige Reise recht einfach, aber schon als die Deutschen beim Zusammenfluß ankamen, hatten die steilen Wege, die Blutegel und das Wetter sie völlig aus der Fassung gebracht – wie Baker erklärt hat, ruft Pemakö in manchen Menschen Verzückung und mystische Visionen hervor, in anderen dagegen krankhafte Angst. Er half den beiden, auf einem Felsvorsprung über der Great Bend, wo es keine Blutegel gab, ihr Zelt aufzubauen, und befahl ihnen, sich nicht vom Fleck zu rühren, bis er mit den anderen in etwa einer Woche wieder zurück sei. Am Ende der Reise zog der Mann seine Rolex vom Arm und schenkte sie Baker: »Danke, daß du mein Leben gerettet hast«, meinte er überglücklich.

Sardar entschloß sich, nicht mit in die Klamm zu gehen. Als Pilgerroute interessierte ihn die Strecke nicht sonderlich. Er wollte vielmehr einen Weg finden, zum innersten Heiligtum Pemakös vorzustoßen, dem Yangsang Ney, der letzten Zuflucht während der Apokalypse, die der Weissagung zufolge bevorstand. Keine der Schriften, die Sardar übersetzt hatte, gab Auskunft darüber, wo genau sich das magische Tal befand, aber er glaubte, daß manche Geistliche in der Schlucht möglicherweise davon erfahren hatten. Er trennte sich von den anderen, um das Heiligtum auf eigene Faust aufzuspüren.

Während der Rest des Teams nach Westen in die Klamm wanderte, wandte sich Sardar nach Süden in Richtung Bayu. Ein Jäger aus dem Dorf lud Sardar ein, die Nacht in seiner einfachen Holzhütte zu verbringen. Im Laufe des Abends erfuhr Sardar, daß der Bruder des Jägers der Dorf-Lama war. Der heilige Mann war vor kurzem in die gleiche tantrische Überlieferungslinie eingeweiht worden wie Sardar von seinem Guru, Chatral Rinpoche. Am nächsten Tag war der Lama überrascht und erfreut, als er den Fremden die Gebete und Mantras seiner Linie rezitieren hörte. Sardar, der seinen buddhistischen Namen Lekdrup Dorje verwendete, hatte das Vertrauen des Lamas gewonnen.

»Er zog seine Pilgerbücher hervor und erlaubte mir, sie zu lesen und abzufotografieren«, sagt Sardar. Früher habe es in der Sammlung des Klosters eine Schrift über das Yangsang Ney gegeben, erklärte der Lama, doch die chinesischen Roten Garden hätten sie während der Kulturrevolution entweder verbrannt oder in den Tsangpo geworfen. Der Lama konnte sich nur noch an die Geschichten der Flüchtlinge erinnern, die in dem geheimen Tal vergeblich eine neue Heimat gesucht hatten. Er glaubte, daß der Eingang dazu nicht in der Nähe des inneren Cañons lag, sondern irgendwo im Urwald südlich des Namche Barwa, wo ihn auch die Flüchtlinge in den fünfziger Jahren gesucht hatten. Als Sardar Bayu verließ, hatte er zwar nur wenig neue Informationen sammeln können, dafür aber Freundschaft mit den beiden Mönpa-Brüdern geschlossen, was sich später als unbezahlbar erweisen sollte.

Auch Baker und Storm hatten nicht nur Glück gehabt, als sie versuchten, den Fluß von den Ausläufern des Gyala Pelri her zu erkunden, die sich in die Klamm hinunterzogen. Oft war der Blick auf den Fluß von diesen steil abfallenden Bergkämmen verdeckt gewesen. Sie hatten trotzdem erkennen können, daß sich der einzig mögliche Zugang zur Klamm am gegenüberliegenden Ufer befand. Bei zukünftigen Erkundungen des inneren Cañons würde man also in Bayu beginnen, flußaufwärts wandern und dann die Ausläufer überqueren müssen, die sich von den eisigen Höhen des Namche Barwa in die Tiefe zogen.

Die Mönpa-Jäger glauben, daß das Wetter in Pemakö anzeigt, ob jemandem auf seiner Reise Erfolg beschert sein wird oder nicht. Schönes Wetter ist ein gutes Zeichen, Wolken dagegen deuten Unheil an. Die Chinesen, behaupten sie, werden ausnahmslos von scheußlichem Wetter empfangen.

So war es auch, als Baker und Sardar 1997 ihre Pilgerreise antraten: Es goß in Strömen, die Schlucht war von tiefhängenden Wolken eingeschlossen und die Pfade von glitschigem Schlamm bedeckt. Storm begleitete sie, ebenso die Brüder Gil und Troy Gillenwater und einige Trekking-Fans. Die Gillenwaters hatten mittlerweile gemerkt, daß Sardar Recht gehabt hatte, als er von der Flüchtigkeit düsterer Erinnerungen und der Veränderlichkeit der Vergangenheit gesprochen hatte. Die Zeit hatte die Erinnerung an die schlimmsten Erlebnisse auf dem Gewaltmarsch zum Dorsem Potrang ausgelöscht, und so erwarteten sie voller Ungeduld die nächste Pilgerreise mit Baker und Sardar als ihren spirituellen Führern.

Was Sardar in den Gesprächen mit dem Lama von Bayu über die genaue Lage des geheimen Zentrums von Pemakö erfahren hatte, veranlaßte sie, wieder Richtung Süden zu wandern. Er und Baker wollten in den Dörfern am unteren Flußlauf des Tsangpo mündliche Überlieferungen sammeln. Sie planten, die Schlucht erneut über den Paß Doshong zu verlassen, der Sardar verhaßt geworden war. Seit Kingdon-Wards Zeit hatte er sich von einem Wunderland der Rhododendren in eine Müllhalde verwandelt: Der Schwerverkehr der Händler, Kulis und Militäreinheiten auf dem Weg zur Garnisonsstadt Metok donnerte nun über den Paß. Trotzdem stellte der Doshong den kürzesten und sinnvollsten Weg aus der unteren Schluchtregion dar.

Die Gruppe wollte die Schlucht von Nordosten her über den Su La betreten, einen von nur zwei Pässen im Südosten Tibets, auf dem die rote Zwerglilie, *Lilium paradoxium*, wächst. Auf seiner Expedition mit George Sherriff im Jahr 1947 war Frank Ludlow von der Vielfalt der Arten am Su La überwältigt gewesen. Er plante, den Großteil einer Saison dort zu verbringen, um Samen und Pflanzen zu sammeln, doch sein Vorhaben scheiterte, als die Chinesen drei Jahre später in Tibet einmarschierten. Während des darauf folgenden Guerillakrieges in der Schlucht metzelten Stammesangehörige der Pobas am Su La in einem Gefecht über hundert chinesische Soldaten nieder und wiederholten damit das Blutbad, das sich im Jahr 1911 während des chinesischen Feldzuges an dieser Stelle ereignet hatte.

Als das Team im Monsunregen durch die heiligen Wälder zum Paß aufstieg, waren die Auswirkungen der chinesischen Politik in der Maoistischen Ära unübersehbar: Die Natur war erobert und jeder Zentimeter brachliegendes Land ausgebeutet worden. Claire Scobie, eine britische Journalistin, die sich dem Team in der Hoffnung angeschlossen hatte, die rote Lilie zu finden, beschrieb die Szenerie als »Schlachtfeld«, auf dem überall riesige Bäume wie gefallene Soldaten herumlagen.

Der Anstieg zum 4300 Meter hohen Paß dauerte den ganzen Tag – zwölf Stunden lang gingen sie im Regen. Der Weg, anfangs ein »Morast«, wurde zu einer »Kletterpartie über Felsblöcke«, doch als sie sich der Paßhöhe näherten, schrie Storm plötzlich: »Ich hab sie!« Er meinte Scobies Lilie, die aber leider keine Samen trug. Die ganze Pflanze mitzunehmen, hätte sich nicht gehört, so daß sich Scobie damit begnügen mußte, sie *in situ* zu bewundern.

Hinter dem Paß lag Pemakö, doch unter den tief hängenden Wolken sah man nicht viel davon. Beim Abstieg aus der verschneiten Höhe in die regnerischen und schwül-windigen tieferen Schluchtregionen verzweifelten die Gillenwaters fast darüber, daß sie trotz der verheerenden Umstände wieder hierher zurückgekehrt waren. Abgesehen vom Wetter, dem Schlamm und den Insekten, machte auch noch eine lüsterne Deutsche im Team Baker unangenehm offenherzige Angebote, was die Gruppendynamik auf eine harte Probe stellte. Baker vermutete, daß das Selbstvertrauen der Brüder erschüttert war.

Damit lag er nicht ganz falsch, denn nachdem sie die Situation einige Tage lang ausgehalten hatten, kündigten sie an, sich von der Gruppe trennen und Richtung Norden, ins kühlere Hochland des zentralen Cañons, weiterziehen zu wollen. Nach dem Reiseplan der Gruppe waren jedoch keine nördlicheren Ziele vorgesehen, und die dortigen Dörfer in der Genehmigung nicht genannt. Würde man die Brüder aufgreifen, drohte ihnen eine Verhaftung. Baker sah jedoch, daß sie unnachgiebig bleiben würden, und gab ihnen zwei zuverlässige Sherpas mit. Ken Storm war hin und her gerissen, als er sah, wie die Gillenwaters ihre Sachen packten und losmarschierten. Er beschloß zunächst, bei der Gruppe zu bleiben, entschied sich aber am nächsten Tag anders, kehrte um und holte die Brüder in einem Dorf in der Nähe des Tsangpo ein. Die drei und ihr Gefolge verbrachten eine »magische« Nacht im Dorf, berichtet Gil Gillenwater. »Glühwürmchen tanzten wie Dakinis in der elektrisierten Luft«, schreibt er in sein Tagebuch, »und ein Gewittersturm erfüllte die Schlucht mit bunt leuchtenden Blitzen.«

Das Wetter schlug um – ein Zeichen, daß ihnen ein günstiges Schicksal bevorstand.

In dem Dorf Gande, hoch über dem Tsangpo, empfingen Storm und die Gillenwaters ein weiteres gutes Omen: Sie liefen einem Jäger über den Weg, den die Brüder 1995 kennengelernt hatten. Am Nachmittag hatte es heftig geregnet, und sie stapften gerade unter dem dämmerigen Blätterdach des Urwalds einen matschigen Pfad entlang. Plötzlich standen Matuk der Jäger und sein kleiner Sohn vor ihnen. Die beiden Gillenwaters boten einen seltsamen Anblick, als sie in Kleidern, wie Matuk sie noch nie zuvor gesehen hatte, aus der Dunkelheit auftauchten wie Wesen aus einer anderen Welt. Als Geste der Freundschaft hatte Gil dem verdutzten Jäger ein laminiertes Foto des Dalai Lama entgegengestreckt, auf dem dieser würdevoll vor einem Kandelaber-Kaktus in der Wüste Arizonas posiert. Der Mönpa hatte sein Glück kaum fassen können: Immer wieder hatte er das Bild an seine Stirn gelegt und Gil überschwenglich gedankt.

Nun wollte sich Matuk erkenntlich zeigen. Er schenkte den Gillenwaters und Storm einen fleischigen, reifen Kürbis und bot sich ihnen als Führer an. Am nächsten Tag verließen sie das Dorf und begannen, einen steilen Pfad zu einer Hängebrücke über den Tsangpo hinabzusteigen. Auf dem Weg bergab blieb der Jäger stehen und zeigte ihnen einige Kilometer weiter westlich, in der Nähe des Tsebum La, einen Felsvorsprung am Horizont. Bis dorthin, meinte er, könne er sie bringen, aber die Gegend dahinter sei ihm unbekannt.

Nach einem dreitägigen Aufstieg durch nasses Rhododendrondickicht auf eine Höhe von 2400 Metern über dem Fluß erreichten sie den Tsebum La. Es war halb vier Uhr nachmittags, und ein Unwetter braute sich zusammen: Schwarze Wolken verdunkelten unheilvoll den Himmel und nahmen ihnen die Aussicht vom Paß.

Grinsend bedeutete Matuk den Gillenwaters und Storm, daß sie ihm folgen sollten, weil er eine Überraschung für sie habe. Obwohl die drei vom langen Aufstieg erschöpft waren, kletterten sie mit dem Jäger eine steile Rinne hinunter, die an einem jäh abfallenden Felsvorsprung endete. Als sie sich auf einem Sims zentimeterweise zum Rand des Abgrundes vorschoben, brach der Sturm los. Der Donner grollte, der Wind heulte, und um sie herum zuckten Blitze am Himmel.

Nach einer anstrengenden, eineinhalbstündigen Wanderung waren sie bei Matuks Überraschung angekommen: dem Felszacken, den er ihnen gezeigt hatte, als sie noch in der Nähe seines Dorfes gewesen waren – eine berühmte und sehr bedeutende Pilgerstätte. Der Tradition gemäß mußten die Pilger die 20 Meter hohe Granitsäule, die schräg in den Cañon hineinragte, dreimal im Uhrzeigersinn umrunden. Der Felssims über dem Abgrund war nicht breiter als die Sohle eines Wanderstiefels. Zentimeterweise schoben sich die vier Männer um den Fuß des Felsbrockens und stießen dabei auf Yakschädel und Gebetsfahnen, die Pilger als Opfergaben zurückgelassen hatten, sowie Münzen, die sie in Felsspalten gedrückt hatten. An einer Stelle deutete Matuk auf einen schwachen Handabdruck im Fels. »Padmasambhava!« schrie er in den Wind und den Regen hinaus: ein Zeichen des Meisters, wie in den massiven Granit eingebrannt.

Bei der dritten Umwandlung führte Matuk Storm und die Gillenwaters durch einen Felsspalt, den sie vorher übersehen hatten. Der Durchgang führte in eine kleine Höhle, eine Art verborgene Kammer, an deren einer Wand einige mit Kerben versehene Stöcke lehnten. Durch Gebärden gab ihnen Matuk zu verstehen, daß jede Kerbe für ein Lebensjahr des Pilgers steht, der sie in das Holz geschnitzt hat. Er verteilte frische Stöcke und bedeutete ihnen, mit dem Schnitzen anzufangen.

Durch das Ritual war Gil gezwungen, jedes einzelne Jahr seines Lebens an seinem geistigen Auge vorüberziehen zu lassen. »Dreiundvierzig!« schreibt er später in einem Bericht über die Expedition. »Lebhafte Erinnerungen – die ersten Schultage, lange vergessene Freunde, die Geburt der Brüder, der erste Job, die erste Freundin und der erste Kuß, der Führerschein, der Auszug von Zuhause, Fußballspiele, Schulabschlüsse, Hoffnungen, Träume, Geschäfte, Geliebte – alles glasklar in meinem Gedächtnis ... Diese einfache Andachtsübung offenbarte deutlich die buddhistischen Grundlehren von Endlichkeit und Vergänglichkeit sowie von der Erkenntnis, daß der gegenwärtige Augenblick die einzig wahre Zeit ist.«

Zu der Umrundung gehörte außerdem, durch einen schlammigen Tunnel zu kriechen, der den Geburtskanal symbolisierte. Die Pilger, die sich durch das Schnitzen der »Jahresstöcke« gerade ihr bisheriges Leben bewußt gemacht hatten, ließen diese Zeit der Unwissenheit nun symbolisch hinter sich und wanden sich durch den Tunnel, um am anderen Ende als erleuchtete Wesen wiedergeboren zu werden. Als sich die vier Pilger aus dem Gang ins Freie zwängten, flutete ihnen das grelle Licht der untergehenden Sonne entgegen. Wie durch ein Wunder hatte sich der Sturm gelegt, und so bot sich ihnen ein Panoramablick auf Pemakö und die umliegenden Schneeberge. Tief unten sah man auf den inneren Cañon, der von den leuchtenden Gipfeln des Namche Barwa und des Gyala Pelri eingerahmt war.

Nun konnten sie sich orientieren. Storm und die Gillenwaters glaubten zu erkennen, wie sie die Ausläufer überqueren könnten, die sich an den Flanken des Namche Barwa und des benachbarten Sanglung »wie dunkle, behaarte Arme« – so Kingdon-Ward – in die Tiefe zogen. Einige dieser Felsrippen stießen senkrecht in den reißenden Tsangpo und zwangen ihn dadurch, seinen Lauf abrupt zu ändern. Von ihrem Standort aus sahen die drei Abenteurer, daß sie die Flußschlaufe würden umgehen können, indem sie an der engsten Stelle der Great Bend die Abkürzung über den Senchen La nach Westen nahmen. Danach würden sie über das gefurchte Gelände hoch über dem Fluß klettern, bis sie womöglich auf die Rainbow Falls und vielleicht sogar in die 16 Kilometer lange Klamm hinunterschauen könnten. Das war im Grunde die Route, der 1924 auch Kingdon-Ward und Cawdor gefolgt waren, nur von der anderen Seite her.

Die Träger wollten davon jedoch nichts wissen. Es gebe überhaupt keinen Pfad zum Senchen La, protestierten sie, und außerdem sei noch nie jemand dorthin gegangen. Erst als Storm und die Gillenwaters ihre Löhne großzügig von sieben auf zwölf Dollar erhöhten, konnten sie sich durchsetzen.

Oberhalb der Baumgrenze gelangte die Gruppe in ein Meer von Rhododendren, die so dicht wuchsen, daß kein Durchkommen möglich war. Statt dessen bahnten sie sich einen Weg entlang des Dickichts und der messerscharfen Grate aus bröckelndem Fels, die mehrere tausend Meter zur Schlucht hin abfielen. Eine Wolkenbank zog heran, und niemand wußte mehr, in welche Richtung sie gehen mußten. Die Träger verloren sich aus den Augen und riefen einander im dichten, gelben Nebel. Plötzlich teilten sich die Schwaden, und einen halben Kilometer vor ihnen waren die Umrisse einer Gestalt zu erkennen, die sie aufmerksam beobachtete. Gil rief zu dem Mann hinüber, der daraufhin den Berg hinuntersprang, »so mühelos wie eine Kreuzung aus einer Bergziege und einer Gazelle«.

Er war ein Mönpa – ein großgewachsener, drahtiger Mann mit ausgeprägten Wangenknochen und einem scharf geschnittenen Gesicht – und gerade auf Takin-Jagd. Er erklärte den Trägern, daß er sie auf einer alten, selten benutzten Pilgerroute weiterführen könne, die sie ohne ihn nie finden würden. Die Träger waren mißtrauisch. Vor ihnen lag der heilige Berg, der Dorje Bragsen verkörperte, eine zornvolle Schutzgottheit der inneren Schlucht. Erneut weigerten sie sich weiterzugehen, weil sie fürchteten, den Geist zu erzürnen.

In der Nacht hatte der Jäger einen Traum, in dem Storm und die Gillenwaters vorkamen. Sie saßen in einem makellos sauberen Zimmer am Eßtisch, als die Göttin Dorje Phagmo eintrat, um Tee zu servieren. Hinter ihr kam ein Gott, der auf einer heiligen Schneckentrompete spielte. Am Morgen deutete der Jäger die Vision als klares Zeichen dafür, daß die drei über den heiligen Gipfel und ins verborgenen Innere der Schlucht geführt werden müßten. Die Träger stimmten zu, und sie zogen weiter.

Wolken zogen auf und nahmen ihnen die Sicht. Plötzlich verschwand der erste Jäger im Nebel, aber an derselben Stelle tauchte ein zweiter auf. Groß, drahtig und mit schärfer geschnittenen Gesichtszügen als der andere Jäger gab er mit seinen Hunden ein prächtiges Bild ab. Er erklärte, daß er einen geheimen Pfad in die Klamm kannte, der zu einem »großen Wasserfall« führte. Storm und die Gillenwaters blickten sich ungläubig an. Handelte es sich etwa um den verborgenen Wasserfall?

Die Sicht betrug nur noch einen knappen Meter, als die Kolonne den Abstieg ins Innere der Schlucht begann. Doch dann löste sich der Nebel plötzlich wie auf ein göttliches Zeichen hin auf. Gleißendes Sonnenlicht flutete durch die Wolken und erleuchtete »die Fänge der tiefsten Schlucht der Welt«, wie Gil schreibt. Direkt unter ihnen lagen die Rainbow Falls, aber wegen der Krümmung des Bergrückens waren sie noch nicht zu sehen.

Der neue Begleiter der Gruppe führte sie durch so dichtes Gebüsch, daß ihnen nichts anderes übrigblieb, als sich darauf zu werfen und auf der Oberfläche bergab zu »schwimmen«. Sobald Storm die Rainbow Falls sah, erkannte er sie als die Wasserfälle von Jack Cawdors Foto, das dieser 1924 für *The Riddle of the Tsangpo Gorges* aufgenommen hatte. Doch das war es nicht, was die drei Wanderer erstarren ließ. Etwa einen halben Kilometer weiter flußabwärts sah man etwas wie das obere Ende eines noch viel größeren Wassersturzes.

»Wir haben sie gefunden!« schrie Storm. »Wir haben die Brahmaputrafälle gefunden!«

»Ich zitterte«, erzählt Storm. »Etwas, was einen so entscheidenden Einfluß auf die westliche Vorstellungswelt gehabt hatte, war verloren gegangen, weil die Forscher den Glauben an die Wasserfälle verloren hatten, ihre Vision.« Zu Storms spiritueller Wandlung in Pemakö gehörte auch, daß er sich diesen Glauben zurückeroberte, nachdem er sich zunächst mit der Versicherung der abendländischen Forschung abgefunden hatte, der große Wasserfall sei nichts als ein Hirngespinst. Als er auf die Kaskade hinunterblickte, begriff er, wie wertvoll dieser Glaube war.

Er konnte sich kaum beherrschen, wußte aber, daß er Geduld haben mußte. Von ihrem Standort am Hang aus – schräg oberhalb der Kaskade, ein Stück weiter flußaufwärts – konnten sie das untere Ende des Wasserfalls nicht sehen. Storm erklärte den Gillenwaters, daß der »Erkundungsgang« unvollkommen sei, solange sie nicht dort hinunterkletterten und seine gesamte Höhe maßen. Nur wenn er Kingdon-Wards Angabe entsprach und etwa 30 Meter hoch war, handelte es sich um den Brahmaputrafall. Wenn nicht, dann war er nur einer von vielen Wasserfällen in der Schlucht – zwar eindrucksvoll, aber eben nicht der sagenumwobene Wasserfall.

Da sie keine Seile oder Meßinstrumente dabeihatten, schlug Storm vor, im nächsten Jahr mit der erforderlichen Ausrüstung wiederzukommen. Jetzt gehe es erst einmal darum, den Wasserfall fotografisch festzuhalten. Bei Tagesanbruch kletterten sie langsam hinter den Trägern, die mit ihren Macheten einen Pfad durch das Unterholz schlugen, zum Fluß hinunter. Je weiter bergab sie kamen, um so weniger konnten sie von der Kaskade sehen. Das war wohl der Grund, warum Kingdon-Ward und Cawdor sie auch nicht entdeckt hatten: Der Botaniker und sein Vermesser hatten 1924 ein Stück oberhalb der Rainbow Falls auf Flußniveau gestanden. Aus einem so flachen Winkel hatten ihnen vermutlich die Hangausläufer, die zu beiden Seiten ins Wasser ragten, die Sicht flußabwärts genommen. Durch die Felsrippen zu einer starken S-Kurve gezwungen, wälzte sich der Fluß erst nach links, dann nach rechts, und stürzte dann als verborgener Wasserfall über die Abbruchkante in die Tiefe.

Storm und die Gillenwaters waren so weit wie möglich abgestiegen, und der Wasserfall war nun etwa 400 Meter entfernt. Gil Gillenwater schätzte seine Höhe auf etwa 30 Meter. »Wir haben die Rainbow Falls und die Hidden Rainbow Falls gefunden«, schreibt er in sein Tagebuch. »UNGLAUBLICH! DAS LETZTE PUZZLESTÜCK.« Er sprach von einer »Entdeckung historischen Ausmaßes«.

In *The Myth of Shangri-La* bezeichnet der Autor Peter Bishop Tibet als einen Ort, der »zwischen der Welt der Phantasie und Romantik und der Welt der Wissenschaft und sogenannten Wirklichkeit« gefangen ist. Denn letztendlich ist die Wirklichkeit nur eine Frage der Wahrnehmung und eine Landschaft nicht mehr als das, was wir in ihr sehen. Wo ein Mensch nichts als Fels und Eis wahrnimmt, erkennt ein anderer einen kristallenen Palast. Ebenso kann es sein, daß die Brahmaputrafälle des einen Forschers für den anderen bloß ein ganz normaler Wasserfall sind.

»Nichts Besonderes« waren die Worte gewesen, mit denen David Breashears den Wasserfall beschrieb, den er 1993 gesehen hatte, obwohl er wie Ken Storm mit Kingdon-Wards Geschichte vertraut war. Doch als er später in New York Baker begegnete, prahlte er mit seinem Foto von dem Wassersturz und wollte wissen, was er davon hielt. Baker fand die Sache interessant, aber nicht interessant genug, um ihr nachzugehen und dafür seine Suche nach dem heiligen Aspekt Pemakös zu vernachlässigen.

Als Kingdon-Ward und Jack Cawdor 1924 das Kloster Pemaköchung erreichten, befanden sie sich kurz vor dem steilsten Abschnitt des Tsangpo: 50 Kilometer mit einem Durchschnittsgefälle, das acht Mal größer war als das des Colorado im Grand Canyon und streckenweise bis zu dreißig Mal steiler. Unterhalb des verfallenen Tempels hat der Fluß sich in die Klamm gefräst, als stürze er vom Dach der Welt. Pemaköchung liegt auf knapp 2600 Meter Höhe. Laut Cawdors Messungen mit dem Siedethermometer verliert der Fluß innerhalb der 25 Kilometer, bis er die Rainbow Falls hinabdonnert, an die 450 Meter Höhe. 30 Kilometer weiter erreicht er am Scheitelpunkt der Great Bend, wo der Po Tsangpo mit dem Tsangpo zusammenfließt, die heilige Stätte Gompo Ne. Bis dahin hat der Tsangpo noch einmal 550 Meter Gefälle überwunden.

Anfangs waren Kingdon-Ward und Cawdor von dem Verlust von etwa 400 Höhenmetern auf 20 Kilometern begeistert. »Daß ein Fluß von dieser Größe 20 Meter Gefälle pro Kilometer hat, war einfach unglaublich«, schreibt Kingdon-Ward über den Flußabschnitt zwischen den Rainbow Falls und Gompo Ne. »[E]s gab also ausreichend Platz für einen Wasserfall von etwa 30 Meter Höhe« in dem Teilstück des Cañons unterhalb der Rainbow Falls.

Als sich dann aber herausstellte, daß die Klamm unpassierbar war, erinnerte sich Kingdon-Ward an eine Legende, der zufolge es am Tsangpo zwischen dem Kloster Pemaköchung und Gompo Ne fünfundsiebzig Wasserfälle gab, jeder mit seinem eigenen Schutzgeist. Wenn etwas Wahres hinter dieser Legende steckte, überlegte er, würde dies – selbst wenn die einzelnen Wasserstürze nur sechs Meter hoch waren – fast das gesamte Gefälle des Flusses ausmachen, und ein Wasserfall von der Größe der Niagarafälle wäre somit höchst unwahrscheinlich. Hier trübte die Logik Kingdon-Wards und Cawdors Vision, und sie gaben die Suche auf.

Für einen bestimmten Typ von Wildwasserfahrern ist ein Fluß mit fünfundsiebzig Wasserfällen auf 25 Kilometern jedoch eine geradezu paradiesische Vorstellung – so sah es zumindest einer dieser Kanuten, der Wasserfallspezialist und ehemalige Olympiarennfahrer Wickliffe »Wick« Walker.

Walker hörte zum ersten Mal vom Tsangpo, als er in seiner Jugend Kingdon-Wards Buch las. Er war in dem Paddelteam, das bei den Olympischen Spielen 1972 in München für die USA antrat. Damals wurde er Elfter in einem geschlossenen Kanu. Drei Jahre später brach er mit einigen Freunden zur Erstbefahrung der Great Falls am Potomac in der Nähe von Washington, D.C., auf. Sie führten eine neue Sportart ein, das Expeditionspaddeln mit dem Kajak, und waren in der ganzen Welt unterwegs, von den Appalachen bis Kanada und Mexiko. Bei einer der Techniken, die sie perfektionierten, ließen sie ihre Boote an Seilen in unzugängliche Cañons hinunter, kletterten hinterher und paddelten dann los. Bei ihren Übungsfahrten luden sie die Boote randvoll mit Proviant und Vorräten, um zu testen, wie sie sich bei langen Expeditionen auf großen Flüssen, wo jeder auf sich selbst gestellt war, handhaben ließen. Walker und ein paar seiner alten Freunde zählten 1981 zu den ersten, die eine Abfahrt auf den Flüssen Bhutans versuchten, dann faßten sie den Tsangpo ins Auge. Auch wenn die chinesischen Behörden ihren Antrag 1985 ablehnten, waren Walker und seine Freunde fest entschlossen, ihren Traum zu verwirklichen und den Cañon mit den fünfundsiebzig Wasserfällen zu befahren.

Mitte der neunziger Jahre erweckte der Pressewirbel um den Tsangpo als der »letzten großen Nummer Eins« unter den Flüssen auch das Interesse einiger Mitstreiter. Steve Currey, ein Veranstalter von Wildwassertouren aus Provo in Utah, wollte sich den Fluß vornehmen. Er war 1992 auf dem Brahmaputra in Indien unterwegs gewesen und hoffte nun, mit einer Fahrt auf dem tibetischen Teil des Flusses und der Grenzüberquerung den »Kreis schließen« zu können – was in doppelter Hinsicht eine Nummer Eins sein würde: die Erstbefahrung der Tsangpo-Schlucht und die erste Überquerung der umstrittenen Grenze. Ein solches Bravourstück würde außerdem Curreys Geschäft Auftrieb geben, denn er plante, zukünftig kommerzielle Touren auf dem Flußabschnitt unterhalb des gefährlichen inneren Cañons anzubieten. In seinen Augen war der südliche Teil der Schlucht ein äußerst vielversprechendes Ziel für Abenteuerreisen, Paddler und Wanderer.

In der überschaubaren Gemeinde der Wildwasserfahrer munkelte man, daß auch Expeditionspaddler aus Europa es auf den Tsangpo abgesehen hätten. Im Frühjahr 1998 kündigte schließlich die Tageszeitung *China Daily* eine Wildwasserexpedition an, die im September desselben Jahres beginnen und dem gesamten Flußlauf des Tsangpo folgen sollte. Ausgangspunkt der Tour war das Quellgebiet des Flusses im Westen Tibets, Zielpunkt die sino-indische Grenze am unteren Flußlauf. Yang Yong, ein Professor für Geologie, sollte das zwanzigköpfige Team anführen. In China fast schon als Held gefeiert, gehörte Yang zu den chauvinistischen Paddlern, die 1986 ein amerikanisches Team hatten ausstechen wollen, das die Erstbefahrung des Yangtse von seiner Quelle in Tibet aus versucht hatte. Zermürbt von den gewaltigen Stromschnellen und vom Tod eines Mannschaftsmitgliedes durch ein Gehirn- und Lungenödem zutiefst getroffen, hatten die Amerikaner ihre Expedition abgebrochen, so daß Yang und seine Kollegen Chinas Gesicht wahrten.

Der Artikel in der *China Daily*, der Mitglieder für Yangs Tsangpo-Expedition warb, erwähnte, daß zeitgleich mit den chinesischen Teams auch amerikanische auf dem Fluß unterwegs sein würden. Der Gedanke, die Erstbefahrung Ausländern überlassen zu müssen, veranlaßte einige chinesische Wildwasserfahrer, sich für das Team zu bewerben, angespornt von einem »etwas bornierten Stolz auf unser so innig geliebtes Mutterland«, wie einer von ihnen es nannte.

Anders als bei Yangs Yangtse-Expedition 1986 hatte das chinesische Team diesmal nicht den Segen der Regierung.

Peking unterstützte statt dessen eine Expedition von vierzig Wissenschaftlern der Academica Sinica, die im Oktober 1998 mit fünfunddreißig Fernseh- und Zeitungsreportern in die Schlucht reisen wollte. Im April unternahm die Akademie mit neunzehn der Mitglieder eine Expedition, um die Routen durch den Cañon zu erkunden und die Fauna und Flora im Gebiet der Great Bend zu untersuchen. Angeführt wurde das Sondierungsteam von dem Geologen und Geographen Yang Yichou, der als Pate der Tsangpo-Schlucht gilt. Seit 1973 hatte er sechs Expeditionen dorthin geleitet und 1994 – statt Rick Fisher – von offizieller Seite lobende Anerkennung für die Ermittlung ihrer Rekordtiefe bekommen.

Von Spekulationen gleichermaßen angeheizt wie von den Fakten, kam es bei dem Wettstreit um die Durchfahrt der Schlucht schließlich so weit, daß ein gewitzter Zeitschriftenredakteur eine Meldung über das Rennen mit den Worten »Finger weg vom Tsangpo!« überschrieb. Die Ambitionen der Wildwasserfahrer interessierten Baker nicht, aber die Nachricht von den Plänen der chinesischen Wissenschaftler stachelte seinen Ehrgeiz an. Er, Sardar, Storm und die Gillenwaters hatten miteinander vereinbart, den verborgenen Wasserfall im November 1998 zu vermessen. Etwa zur gleichen Zeit würden das riesige Team von Wissenschaftlern und die drei Dutzend chinesischen Journalisten den inneren Cañon belagern.

Ohne Storm oder den Gillenwaters davon zu erzählen, kehrten Baker und Sardar bereits im Mai 1998 in die Schlucht zurück, unter dem Vorwand, die Mönpa-Jäger für Sardars Dokumentation zu filmen. Das Film Studies Center der Harvard University hatte ihm dafür einen kleinen Zuschuß gewährt. Außerdem wurde er bei den Aufnahmen von Ned Johnston unterstützt, einem mehrfach ausgezeichneten Filmemacher und Lehrbeauftragten des Instituts.

Als die drei in Pelong ankamen, der Stadt, in deren Nähe

der Weg am Po Tsangpo entlang beginnt, war gerade ein berauschendes religiöses Fest im Gange. Sardar erkannte einen der angeheiterten Feiernden: Tsering Dondrup, den Mönpa-Jäger aus Bayu, den er 1996 bei seiner Recherche über die Traditionen des heiligen Zentrums von Pemakö kennengelernt hatte. Dondrup und sein Bruder, ein Lama, hatten damals behauptet, sie wüßten nichts von einem Wasserfall, und es betrete nie jemand das Innere des Cañons.

Nun aber war Dondrup ordentlich betrunken. Er sprang auf und umarmte Sardar. Sie schwelgten in Erinnerungen an die Zeit, als Sardar bei Dondrup zu Gast gewesen war, bis der Jäger plötzlich damit herausplatzte, daß er seinen Freund damals belogen hatte. In Wirklichkeit kannte Dondrup einen Weg in die innere Klamm. Sein Sohn war dort eben erst auf Takin-Jagd gewesen und hatte gemerkt, wie reich an Wild das Gebiet war. Außerdem hatte der Junge den riesigen verborgenen Wasserfall gesehen.

»Hört euch das mal an«, rief Sardar Baker und Johnston zu. Als Dondrup seine Geschichte erzählt hatte, schlug Sardar vor, zum Drehen in die Klamm anstatt in die ursprünglich vorgesehene Region zu gehen. Wenn es auch dort Takin gab, konnten er und Johnston ja die Jagd und den Wasserfall filmen, den Storm und die Gillenwaters gesehen hatten. Dondrup erklärte sich bereit, sie direkt zur Abbruchkante des Wasserfalls zu bringen, anstatt zu einer Stelle weiter flußaufwärts.

Es war nicht nur der Alkohol, der Dondrups Zunge gelöst hatte, sondern auch seine Bewunderung für Sardars und Bakers Interesse an der heiligen Geographie Pemakös. »Mittlerweile hatte die Legende von Lekdrup und unserer gewagten inneren Umwandlung des Dorsem Potrang von 1995 unter den Einwohnern der nördlichen Schluchtregion die Runde gemacht«, erzählt Sardar. »Sie betrachteten uns jetzt als Pilger und Eingeweihte, die mit den tibetischen Ritualen und heiligen Schriften vertraut waren.«

Die vier zogen weiter nach Bayu, und nachdem sie dort Träger gefunden hatten, stiegen sie auf den Bergrücken, den der Tsangpo als Great Bend umfließt. Es goß in Strömen, und der schlammige Weg bergauf war von abgeschlagenen Bambusstämmen gesäumt, die so spitz waren wie die Stangen einer indischen Bambusfalle. »Jedesmal, wenn wir ausrutschten, drohten wir gepfählt zu werden«, sagt Sardar.

Von der verschneiten Bergkuppe aus konnten sie sehen, wie der Tsangpo tief unter ihnen aus der Klamm hervorbrach und auf den Scheitelpunkt der großen Flußschleife im Nordosten zuströmte. Hinter ihnen strömte er nach Südwesten weiter. Als sie langsam vom Bergkamm zur Klamm abstiegen, wurde das Geräusch des Flusses hinter ihnen immer schwächer, während das Tosen vor ihnen anschwoll wie ein unheilvolles Echo.

Soweit Johnston es verstanden hatte, sollte Sardars Film die Beziehung der Mönpas zu der Landschaft und den Tieren der Schlucht, insbesondere zum Takin, darstellen. Zunächst scheint die oberste Lehre Buddhas – daß alles Leben heilig und unberührt ist – eindeutig gegen das Jagen zu sprechen. So sind auch im verborgenen Land Tsari, das im Westen direkt an Pemakö angrenzt, die Jagd, das Schlachten und sogar das Pflügen oder die Brandrodung für den Ackerbau verboten. Tsari wird als eine Art heiliger Nationalpark verehrt, und wenn jemand die Naturschutzbestimmungen mißachtet, wird er in aller Öffentlichkeit gezüchtigt – es sollen sogar schon Menschen an den Folgen dieser Schläge gestorben sein.

In Pemakö dagegen haben die Mönpas eine praktische Erklärung, die ihnen die Takin-Jagd erlaubt: Padmasambhava hat die Tiere geschaffen, damit die Mönpas etwas zu essen haben. Sie glauben, daß es für sie als Bewohner eines verborgenen Landes keine Auswirkungen auf ihr Karma hat, wenn sie die Takin quasi als Opfertiere töten und schlachten. Erlegen sie einen Takin, dann entweiche sein Geist im selben Moment aus winzigen Löchern an den Spitzen seiner Hörner (oder einem Höcker mitten auf seiner Stirn) und das Tier erlange Buddhaschaft, erklären die Jäger. Wenn irgendwann die Emanationen Padmasambhavas zurückkehrten, um die innerste verborgene Sphäre Pemakös zu erschließen, so glauben die Mönpas, würden sich seine Inkarnationen in Gestalt eines Takin offenbaren und die Gläubigen ins ewige Paradies führen. Dort würden die Takin auf magischen Weiden grasen und selbst im massiven Fels Fußabdrücke hinterlassen.

Doch auf dieser Reise machten sich die Takin rar. Dondrup fand zwar an einer Stelle Fährten und frischen Dung und gab seinen Hunden Witterung, aber die Beute war ihnen offensichtlich entkommen. Johnston war erschöpft. Er hatte sich der Gruppe angeschlossen, um eine Jagd zu filmen, und nicht, um sich zu einem Wasserfall durchzukämpfen. Es goß immer noch in Strömen, und die Jäger querten Hänge, die von lockerem Geröll überzogen und so steil waren, daß an Filmen nicht zu denken war.

Wie versprochen führte Dondrup sie zu einem auf 600 Metern über dem Wasserfall gelegenen Felssims. Von diesem gefährlichen Aussichtspunkt aus hatten sie ihn zwar vollständig im Blick, doch da sie direkt von oben auf ihn hinuntersahen, konnte keiner von ihnen sagen, wie hoch er war.

»Wir waren eigentlich ziemlich sicher, daß es sich als nichts Besonderes entpuppen würde«, sagt Baker. »Trotzdem gab es da ja noch die Abmachung, daß wir im November hierher zurückkommen würden. Die Jäger meinten, es würde dann auch leichter sein, nach unten zu gelangen [weil die Pflanzen niedriger und nicht so üppig wuchsen].« Da sie keine Meßinstrumente mitgebracht hatten und sich ihrem Versprechen gegenüber Storm und den Gillenwaters verpflichtet fühlten, schlug Baker vor, nicht weiter abzusteigen. Sardar war einverstanden, wenngleich aus anderen Gründen. Er hatte immer noch in keinem der buddhistischen Pilgerbücher einen

Hinweis auf den Wasserfall gefunden, und die mündlichen Überlieferungen nannten einen Wasserfall irgendwo im unteren Teil der Schlucht als Eingang zum Paradies Pemakö. Der Wasserfall hier hieß bei den Jägern nur »der große Wasserfall«.

Als Sardar auf die »wilden Wasserspiele« hinunterblickte, kam ihm ein kühner Gedanke. War es denkbar, daß das gigantische Erdbeben von 1950 die Klamm erschüttert und dem innersten Teil des Cañons ein völlig neues Gesicht gegeben hatte? Konnte es sein, daß der Wasserfall damals erst entstanden und nicht zerstört worden war, wie Rick Fisher glaubte? Die scharfen Kanten der umliegenden Felswände ließen auf eine geologische Verschiebung vor nicht allzu langer Zeit schließen. Die Vorstellung war bizarr: Der Traum abendländischer Forscher und Geographen war möglicherweise erst Wirklichkeit geworden, nachdem sie ihre Suche als hoffnungslos aufgegeben hatten.

Das Wiedersehen mit Dondrup war nicht der einzige Glücksfall auf ihrer Expedition. Bevor sie zu den Wasserfällen aufbrachen, waren Baker und Sardar auch Steve Currey, dem Wildwasserführer aus Utah, über den Weg gelaufen. Er kundschaftete die Schlucht nach Abschnitten aus, die für geübtere Wildwasserfahrer geeignet waren. Sein »großer Plan« war, eine Forschungsexpedition zu leiten, bei der chinesische Militärhubschrauber die Wanderer und Paddler in jeden Winkel des Cañons brachten, und deren Höhepunkt die »geschichtsträchtige Überquerung der indo-sinesischen Grenze« war. Als Sponsor wollte Currey die National Geographic Society gewinnen.

Baker und Sardar erschienen ihm als ideale Führer für seine Trekking-Teams. Nach seiner Heimkehr setzte Currey ihre

Namen in eine Ankündigung, die er dem Expeditionsrat des Magazins im Sommer vorlegen wollte. Baker würde zu dieser Zeit gerade in New York sein und hatte sich bereit erklärt, seine Dias während Curreys Präsentation zu zeigen. Nur wenige Minuten vor der Sitzung fragte ihn Currey, ob er die Teams leiten wolle. Baker sagte zu.

Doch Curreys Antrag blieb erfolglos. Abgesehen von den veranschlagten Kosten für die Expedition – allein vierhunderttausend Dollar für die Hubschrauber – wollte der Beirat nichts unterschreiben, was einige seiner Mitglieder für reine Zeitvergeudung hielten. Daß Baker als Experte für tibetische Kultur mit von der Partie war, hielten sie für Augenwischerei.

Von Baker hingegen war der Beirat beeindruckt. Er erschien dem Gremium erfreulich zurückhaltend, ernsthaft und versiert. Nach der Sitzung nahmen ihn die Herausgeber beiseite und ermunterten ihn, selbst einen Antrag einzureichen. Die Magazin- und die Fernsehredaktion der Gesellschaft planten für 1999 einen Sonderbericht über die Schlucht, und eine Expedition zur Vermessung des verborgenen Wasserfalls würde eine wertvolle Ergänzung des Programmpakets darstellen. Sollte der Beirat dem Antrag zustimmen, würde Baker zu einem »Dream Team« von Journalisten, Fotografen und Fachleuten gehören. Mit dabei waren unter anderen David Breashears und George Schaller, der berühmte Artenschützer, Umweltaktivist und Autor. Außerdem zählten Wick Walker und seine Paddelfreunde zum Team, wie sich herausstellte. Sie – und nicht Steve Currey – würden aus der Perspektive der Wildwasserabenteurer Bericht erstatten.

Einen Monat später, im September 1998, unterschrieb Baker seinen Antrag. Er bat den Beirat darin um zweiundvierzigtausend Dollar, mit denen er »die Topographie der Tsangpo-Schlucht zwischen den Rainbow Falls und dem Zusammenfluß mit dem Po Tsangpo endgültig dokumentieren« wollte. Die Klamm sei nach wie vor »ein weißer Fleck auf der Landkarte«, schrieb Baker, und wegen des ungeheuren Widerwillens der Mönpas, irgend jemanden dorthin zu führen, sei das Innerste das Schlucht auch »eines der bestgehüteten geographischen Geheimnisse«. Er erwähnte nicht, daß er, Sardar, Storm, die Gillenwaters und Breshears den verborgenen Wasserfall bereits gesehen hatten, um eine mögliche Enttäuschung zu vermeiden. Als Forschungsziel gab er lediglich an, die Klamm erkunden und alle Wasserfälle vermessen zu wollen, auf die sie stießen. In einem gesonderten Antrag an die Fernsehredaktion wies er jedoch darauf hin, daß sie einen Wasserfall gesehen hätten, der sich womöglich als die legendären Brahmaputrafälle entpuppen würde, ihn aber nicht vermessen hätten. Der vorgeschlagene Dokumentarfilm würde die Schnittstelle zeigen zwischen »einer verloren geglaubten Vision und der tibetischen Sehnsucht nach der Entdeckung eines Paradieses in diesen entlegenen Schluchten.«

Ende Oktober genehmigte der Beirat den Antrag und stellte Baker achtunddreißigtausend Dollar zur Verfügung. Die Fernsehabteilung zeigte zudem Interesse an der vorgeschlagenen Filmdokumentation und teilte dem Team einen Videofilmer zu. So begann das Projekt, das Sardar als »Ians Menuett mit der National Geographic Society« bezeichnet.

Schon immer waren Forschungsreisende von Gönnern und Sponsoren abhängig. Das Geschäft beruhte dabei üblicherweise auf der folgenden Übereinkunft: Der Forscher konnte sich seine Träume erfüllen, und die Institution oder Einzelperson, die ihn unterstützte, konnte sich mit ihm rühmen – 1998 war das nicht anders als hundert Jahre zuvor. Im Gegenzug für die Übertragung der Text- und Bildrechte an die National Geographic Society konnten Bakers und Walkers Teams von der Gesellschaft autorisiert nach Tibet reisen, ohne sich Gedanken über die Kosten machen zu müssen. Hätte der Expeditionsrat Walkers Antrag auf einen Zuschuß abgelehnt, anstatt ihn mit sechzigtausend Dollar zu unterstützen, hätten er und sein Team die Expedition um ein Jahr verschieben müssen.

Für Ian Baker erfüllte sich durch die Zusammenarbeit mit der National Geographic Society ein Traum. Als freiberuflicher Zeitschriftenredakteur und Autor mehrerer Tibetbücher hatte er schon immer für die in seinen Augen »ehrenwerte Institution« schreiben wollen. Die Gesellschaft war eine der wenigen zuverlässigen Quellen für die Finanzierung von Expeditionen und honorierte ihre Korrespondenten angemessen. Neben der Erstattung der Reisekosten zahlte das Magazin für die Artikel mancher Korrespondenten fünf Dollar pro Wort. Zwei Beiträge pro Jahr brachten also vierzigtausend Dollar ein, genauso viel wie der Vorschuß auf ein Buch, für das man mindestens zwei Jahre lang reisen, recherchieren und schreiben mußte.

Zudem trug es zur eigenen Reputation bei, wenn man für die National Geographic Society arbeitete. Baker war zwar nach Kathmandu gezogen, um dem »klimatisierten Alptraum« zu entkommen, aber gleichzeitig strebte er nach der »Freiheit von den Konventionen, die das Leben vieler meiner Bekannten in den Staaten einschränken. Sie haben sich zu irgendeinem Beruf oder zur Ehe gedrängt gefühlt, nur weil man es von ihnen erwartete.«

In Nepal zu leben bedeutete, sich nicht von den Ansprüchen der Familie oder der Freunde bestimmen zu lassen, sondern frei zu sein, um nach einem »persönlicheren Lebensentwurf« zu suchen. Bakers Freunde glauben, daß es ihm nie ganz gelungen ist, sich den Erwartungen der Eltern zu entziehen, auch wenn er sich diesen Druck selbst auferlegte und einredete. Er war vierzig, hatte keine Familie und verdiente sich als Autor und spiritueller Abenteurer einen recht unsicheren Lebensunterhalt, auch wenn er gelegentlich heimkam, um sich auf luxuriösen Buchpräsentationen im Kreise buddhistischer Prominenter, Filmstars und Models feiern zu lassen.

National Geographic setzte auf Baker, im Vertrauen darauf, einen exklusiven und detaillierten Einblick in eine außergewöhnliche Region zu erhalten. Doch es gab noch einen anderen Grund für ihre großzügige Gegenleistung. Die Gesellschaft hat mit der Last einer hundertzehnjährigen Tradition zu kämpfen, die vorschreibt, große Entdecker, die um »die Mehrung und Verbreitung geographischen Wissens« bemüht sind, zu fördern. Eine erfolgreiche Erkundung der Schlucht würde das Image der Gesellschaft aufpolieren und ihr wieder ein wenig von dem früheren Glanz verleihen, den sie einst besessen hatte, als sie für Expeditionen in entfernte und unerforschte Länder verantwortlich zeichnete, die heute als Meilensteine der Entdeckung gelten: Robert Pearys Reise zum Nordpol, Hiram Binghams Erstbesteigung des Machu Picchu und Louis und Mary Leakeys Erforschung der Olduvai-Schlucht. Mit ihnen konnte sich Baker natürlich nicht messen, aber nach seiner Vorstellung beim Expeditionsbeirat der Gesellschaft erschien er ihnen allen als der richtige Mann.

Während Baker in Washington auf die Zustimmung zu seinem Antrag wartete, traf er sich auf Anregung der Herausgeber von *National Geographic* mit Wick Walker und einigen Mitgliedern des Wildwasserteams. Er erfuhr, daß Walkers Mannschaft aus vier Paddlern bestand, Walker selbst jedoch nicht darunter sein würde. Der pensionierte Nachrichtenoffizier der U.S. Army hatte den Zenit seiner Paddlerlaufbahn überschritten und für die Flußfahrt keine rechte Kondition mehr, so daß er einen der beiden Versorgungstrupps leiten wollte, welche die Paddler an zuvor vereinbarten Punkten mit neuem Proviant ausstatten und bei Notfällen zur Stelle sein sollten. Der andere Versorgungstrupp bestand aus Harry und Doris Wetherbee, einem Ehepaar, das im diplomatischen Dienst gestanden und das Walker in Pakistan kennengelernt hatte. Das Treffen wurde in ihrem Haus abgehalten.

Die Expedition sollte in Pe beginnen, dem Dorf am Eingang der Schlucht. Von dort aus würde die Route bis nach Metok in der unteren Schluchtregion führen. Keiner der Paddler rechnete damit, die gesamte, 230 Kilometer lange Strecke mit dem Boot bewältigen zu können. Unbefahrbare Stromschnellen und Wasserfälle würden sie umtragen müssen. Wenn es ihnen jedoch gelingen sollte, die imaginäre Verbindungslinie zwischen dem Namche Barwa und dem Gyala Pelri zu kreuzen, wären sie die ersten Paddler, die den Fluß im tiefsten Cañon der Welt befahren hatten.

Tom McEwan war der offizielle Führer des Flußteams. Er war fünfunddreißig Jahre alt und leitete ein Jugendzeltlager in Maryland, das seine Eltern gegründet hatten. Er kannte Walker, seit er fünfzehn war. Gemeinsam hatten sie 1975 die Erstbefahrung der Great Falls am Potomac unternommen und waren zusammen in Bhutan unterwegs gewesen. Auch McEwans jüngerer Bruder Jamie, der 1972 ebenfalls erfolgreich an der Olympiade teilgenommen hatte und auf der Bhutan-Expedition mit dabei gewesen war, hatte sich dem Tsangpo-Team angeschlossen. Er war stark, äußerst tatkräftig und ein exzellenter Paddler.

Die dritte Stütze des Bootsteams war Doug Gordon, ein Chemiker, der bei amerikanischen Kajak-Meisterschaften 1982 Silber und 1985 Bronze geholt hatte und mit Walker etliche Male auf Expedition gewesen war. Von Natur aus ein eher analytischer, aber dennoch draufgängerischer Typ, war Gordon derjenige, der bei gefährlichen Stromschnellen oft vorausfuhr. Er hatte eine besondere Begabung, die Strömung eines Flusses zu erkennen oder blitzschnelle Wendemanöver auszuführen, und seine Eskimorolle galt als »bombensicher«.

Die anderen im Tsangpo-Team hielten ihn für den Besten der Mannschaft.

Außerdem war Roger Zbel mit von der Partie. Er war erst im August eingesprungen, nachdem vier andere Kandidaten kalte Füße bekommen und sich entschlossen hatten, Walkers und Tom McEwans Einladung nach Tibet nicht nachzukommen. Zbel, ein Bär von einem Mann, war zweiundvierzig Jahre alt, hatte einen buschigen, blonden Vollbart und war kein Absolvent einer amerikanischen Eliteuniversität wie Walker (Dartmouth), die McEwans-Brüder (Yale) und Gordon (Harvard). Er war nie auf ein College gegangen, bei einem Olympia-Rennen mitgefahren oder auf Expedition gewesen. Dennoch beherrschte er die Wildwasserrennstrecken in den Gebirgen West Virginias und im westlichen Maryland, wo er Raftingtouren organisierte, und paddelte seit über zwanzig Jahren an fünf Tagen in der Woche.

Bis zu dem Abend, an dem das Treffen mit Baker stattfand, hatte Walker die Einzelheiten der Expedition penibel geheimgehalten, und sogar die zukünftigen Teammitglieder hatten sich zu absolutem Stillschweigen verpflichten müssen. Er plante die Expedition wie früher eine geheime Mission, als er noch in Südostasien stationiert gewesen war. Auf diese Weise wollte er vermeiden, daß ihm einer der anderen Kajakfahrer, die angeblich auch den Tsangpo ins Auge gefaßt hatten, zuvorkam.

Während Baker seine Einschätzung des Flusses abgab, holten Walker und die Wetherbees Karten, Luftaufnahmen und Satellitenbilder von dem Cañon hervor, die sie zum Teil über ihre Kontakte zum Außenministerium bekommen hatten. »Das interessierte mich natürlich alles sehr«, sagt Baker, »da meine eigenen ›Karten‹ der Region zum größten Teil alte buddhistische Schriften waren, die eine Art Parallellandschaft beschrieben.« Insgeheim war er jedoch davon überzeugt, daß die hoch komplexen Satellitenbilder im Vergleich zu dem

»mythischen Bewußtsein« und den mündlichen Überlieferungen, auf die er sich bei seinen Wanderungen durch das mystische Land verließ, eher unbrauchbar waren.

Ein Jahr zuvor, 1997, hatten Walker, die Wetherbees und Tom McEwan den ganzen September hindurch die Schlucht ausgekundschaftet und zeigten Baker nun die Dias von ihrer Reise. Die Erkundungstour hatte sie am Po Tsangpo entlang bis zum Zusammenfluß mit dem Tsangpo geführt. Dort hatten sie sich getrennt. Die Wetherbees waren flußabwärts Richtung Bayu weitergewandert, während Walker und McEwan der Klamm am nördlichen Ufer gefolgt waren. Von den Flanken des Gyala Pelri aus hatten sie etwa acht Kilometer weit ins Innere des Cañons sehen können und festgestellt, daß zwischen den großen Wasserstürzen befahrbare Flußabschnitte lagen. Obwohl ihre Untersuchung nur oberflächlich gewesen war, glaubte Walker genug gesehen zu haben, um die Lage »sachkundig beurteilen« zu können.

Baker war vom Kenntnisstand der Mannschaft, ihrer mühevollen Vorbereitung und »bescheidenen Gesinnung« beeindruckt, aber angesichts der bisherigen Erfahrungen tauchten in ihm Zweifel bezüglich ihrer Pläne auf. »Was sie bisher unternommen hatten, war eine ganz lustige Erkundungstour«, sagt er, jedoch »ohne Bedeutung für den Abschnitt, den sie befahren wollten«. Das obere Ende des Cañons hatten sie nie gesehen, und keiner von ihnen hatte einen einzigen Paddelstich im Tsangpo getan.

Dann erzählte ihnen Baker, wie wild der Tsangpo 1993 bei seiner Überquerung ausgesehen hatte und daß er selbst niemals auf die Idee kommen würde, einen solchen Fluß mit dem Boot zu befahren. Er erwähnte auch einen möglichen »Fluchtweg«, der unterhalb der Rainbow Falls auf Wildwechseln aus der Schlucht führte und den er 1996 entdeckt hatte, als er sich an den Flanken des Gyala Pelri in Richtung Great Bend einen Weg flußabwärts zu bahnen versucht hatte.

Davon abgesehen gab er nichts über den verborgenen Wasserfall oder die verschlungenen Jägerpfade am anderen Flußufer preis, auf denen er und sein Team dorthin gelangen wollten.

»Es war nicht im Interesse der Expedition, zu diesem Zeitpunkt das umfangreiche Wissen der Mönpa-Jäger zu verraten«, erklärt Baker. »Für ihre Sicherheit und ihren Auftrag war dies belanglos.« Er teilte dem Team nur das mit, was im Zusammenhang mit der Expedition stand, und wünschte ihnen eine gute Nacht und viel Glück.

Anfang August 1998 berichtete die *New York Times* wiederholt von verheerenden Überschwemmungen in China. Durch den Monsun hatte der Wasserstand am Yangtse und an anderen Flüssen Rekordhöhe erreicht. Angeblich waren vierzehn Millionen Menschen obdachlos geworden und fünfzig Millionen Äcker überflutet worden, und noch war die Regenzeit nicht vorüber. In Tibet hatten das ungewöhnlich starke Hochwasser und die Schlammlawinen entlang des Tsangpo fünfzig Menschen und mehr als viertausend Yaks und Schafe das Leben gekostet. Ein Viertel der tibetischen Bevölkerung kämpfte gegen die Fluten – so viele, daß die Feiern zum 33. Gründungstag der Autonomen Region Tibet abgesagt wurden.

Trotz aller Bedenken glaubten Walker und seine Teamkollegen, daß sie nur vor Ort herausfinden konnten, wie riskant eine Flußbefahrung wirklich war. Die Monsunzeit wäre bis dahin hoffentlich vorüber, und das Hochwasser in der Schlucht zurückgegangen. Falls sie sich dann gegen eine Durchfahrt des Cañons entscheiden sollten, konnten sie immer noch den Fluß entlangwandern und Informationen für einen späteren Versuch einholen. Jeder bislang noch undokumentierte Flußkilometer, den sie auskundschaften konnten, war in ihren Augen ein Gewinn.

Die Teammitglieder flogen nach Kathmandu und quartierten sich in ein Hotel ein, das von einem gepflegten Garten umgeben war. Sie breiteten einen riesigen Berg von Ausrüstung und Proviant auf dem Rasen aus und begannen, die Sachen für ihre Expedition umzupacken. Träger sollten die meisten Vorräte an zuvor vereinbarte Stellen in der Schlucht bringen, die teilweise jedoch eine Woche Fußmarsch oder mehr auseinanderlagen. In den Booten sollten gefriergetrocknete Gerichte, Wasserfilter, Funkgeräte, die Campingausrüstung, Reiseapotheke, Kleidung, Kletterseile und Haken sowie die Männer selbst befördert werden. »Sieht mir nach ziemlich schweren Booten aus«, bemerkte Zbel, als er seinen Blick über die Tonnen von Ausrüstung schweifen ließ.

Um einen Frühstückstisch im Freien versammelt, besprach das Team das weitere Vorgehen. »Was ist, wenn die Sache wirklich schiefgeht?« fragte Walker. »Ich war noch nie auf einer Paddeltour, bei der es einen Todesfall gab, aber mal angenommen, es passiert so was. Ich spreche das nicht gerne an, aber wie denkt ihr darüber?«

»Du meinst, ob wir dann weitermachen würden?« fragte Jamie McEwan. Walker selbst wollte jedenfalls, daß seine Teamkollegen in so einem Fall seinen »Namen in einen Baum ritzen und dann weiterfahren«. Einige waren anderer Ansicht. »Für mich ist die Sache eindeutig«, meinte Doug Gordon. »Wenn ich sterbe, laßt ihr mich einfach da. Stirbt jemand anderes, sehen wir zu, daß wir zur nächsten Ausstiegsstelle kommen und ab geht's.«

»Du meinst, wir brechen dann die Expedition ab?« fragte Walker.

»Ja, das meine ich«, sagte Gordon und fingerte nachdenklich an einem Riemen seiner Trekking-Sandale herum. »Ich kann mir nicht vorstellen, daß ich dann weitermachen könnte.

Ich glaube, ich wäre dann lieber zu Hause und würde mit den betroffenen Angehörigen reden wollen, oder irgend etwas anderes machen als Wildwasserfahren und meinen Spaß haben.«

»Glaubst du immer noch, daß das hier ein Spaß wird?« entgegnete Walker, um die Stimmung etwas zu heben.

Die Gruppe lachte nervös.

Mit einer ehrfürchtigen Verneigung vor Kingdon-Ward wälzte sich die sogenannte Riddle of the Tsangpo Gorges Expedition am 19. September 1998 in drei Geländewagen aus Lhasa Richtung Pe. Vier Tage später stand das Team am Flußufer. Obwohl das Wasser zurückgegangen war, führte der Tsangpo noch immer zwischen 800 und 1100 Kubikmeter Wasser pro Sekunde, doppelt so viel wie der Colorado. »Wir waren alle eingeschüchtert«, sagt Tom McEwan. »Wir wußten, daß es einen einfach fortreißen würde, wenn man erst einmal die Kontrolle verloren hatte.«

Doug Gordon und Jamie McEwan konnten es kaum erwarten, endlich loszupaddeln. Zbel drängte sie abzuwarten, bis der Pegel weiter gefallen wäre, und in der Zwischenzeit ein paar weitere Kilometer flußabwärts zu erkunden. Ein viel begangener Pfad führte ins Dorf Gyala, und obwohl er etwa 300 Meter oberhalb des Flusses lag, würden sie von dort aus die ersten Stromschnellen sehen können, die sie bewältigen wollten. Letztendlich konnte Zbel sich durchsetzen.

Von dem Pfad aus wirkte der Tsangpo nicht unbedingt tückischer als große Wildwasserläufe Europas oder Amerikas. Doch die Größenverhältnisse der Schlucht können einen leicht täuschen. Vor einem Gebirge aus Siebentausendern mag eine Stromschnelle gerade einmal einen Meter hoch erscheinen, während sie in Wirklichkeit eine Höhe von drei Metern oder mehr hat. Doch als die Paddler ihre Boote zu Wasser ließen, wurde ihnen klar, worauf sie sich einließen.

Für die erste Stromschnelle der Tour wählte Jamie McEwan einen Weg in der Flußmitte, entschied sich dann aber plötzlich anders. Die gigantischen stehenden Wellen in der Mittelströmung waren viel größer, als er erwartet hatte. Er drehte ab und sprintete in das ruhigere Kehrwasser am Ufer, während Gordon, der hinter ihm kam, in der Mittellinie blieb, wo die Strömung am stärksten war. In dem Moment, als er mit voller Wucht in die erste Welle fuhr, schlug das Kajak um, als wäre es federleicht, und Gordon wurde aus seinem Sitz gedrückt. Erst nach etwa zwanzig Sekunden tauchte er auf, um Luft zu holen. Es war ungewöhnlich, daß ihm eine Rolle nicht gleich gelang.

Als sich Jamie McEwan am nächsten Tag in sein geschlossenes Kanu zwängte, um es zu Wasser zu lassen, rutschte es von der Uferböschung und stürzte in den Fluß. McEwan hatte keine Zeit mehr gehabt, die Spritzdecke über dem Cockpit festzuzurren, so daß sich dieses langsam mit Wasser füllte. Er konnte gerade noch aussteigen, aber sein Kanu wurde mitsamt der Ausrüstung fortgespült. Während die übrige Mannschaft auf dem Fluß weiterfuhr, ging McEwan zu Fuß nach Gyala. Bezeichnenderweise entdeckten zwei Pilger das Boot kurz hinter Gyala in einem Becken am Fuß eines 15 Meter hohen Wasserfalls – es war nach einer Geisterfahrt von fast 30 Kilometern dort zum Liegen gekommen. Gegen einen Finderlohn gaben sie es dem Team zurück, das somit wieder einsatzbereit war.

Gyala liegt am Eingang des engen, steilen Abschnitts im Inneren des Cañons. Von den 16 Kilometern jenseits des Dorfes besaß das Team keine Luftaufnahmen, weshalb es unumgänglich war, das Teilstück vorher zu erkunden. Die Mittelströmung wurde so unberechenbar, daß die Paddler nicht einmal von einem Ufer zum anderen wechseln konnten. Wenn sie sich dicht an einer Seite des Strömungskanals hielten, konnten sie die Strecke vor ihnen nicht weit genug überblicken und kollidierten möglicherweise mit einer der Felsrippen, die sich vom Namche Barwa oder dem Gyala Pelri herunterzogen. Sie hätten dann weder die Möglichkeit, weiter stromabwärts zu fahren, noch könnten sie die Mittellinie kreuzen und ans andere Ufer wechseln oder zumindest am Fluß entlang zurückgehen.

Die nächste Versorgungsstation nach Gyala lag bei den Rainbow Falls. Da sie ein ganzes Stück davon entfernt waren, mußte jeder der Männer Proviant für fünfzehn statt, wie üblich, acht Tage mitnehmen. Er würde somit auch reichen, falls sie die Fahrt kurz vor den Wasserfällen abbrechen und nach Gyala zurückwandern oder zum Wasserfall absteigen mußten, um dort Walker zu treffen. Die zusätzlichen Vorräte machten noch einmal lästige vierzehn Kilo in den ohnehin schweren Booten aus.

Durch ruhiges Wasser – einen »See«, wie Tom McEwan den Abschnitt nannte – paddelte die Mannschaft von Gyala aus los. Doch schon nach kurzer Zeit zwangen die Stromschnellen und Klippen sie, an Land zu gehen. Um die Strecke, die sie mit den Booten bewältigt hatten, noch einmal genauer anzusehen, mußten sie durch den Urwald wieder ein Stück flußaufwärts gehen. Es nahm einen ganzen Tag in Anspruch, einen Pfad durch das Gehölz zu schlagen und die schweren Boote hinter sich herzuziehen. Sie machten »negative Fortschritte«, wie Tom McEwan es formulierte, waren entmutigt und erschöpft.

Nachdem sie den Fluß mit den Booten überquert hatten, tasteten sie sich entlang der Uferlinie vorwärts, wurden aber ein zweites Mal gezwungen auszubooten. Nach einer viertägigen Umtragung kamen sie endlich zu einer Stelle, an der sie ihre Boote mit einem guten Gefühl wieder einsetzen konnten. Am dritten Tag kletterten sie über nasse, zerklüftete Findlinge, bis sie die Boote schließlich an Seilen über einen 45 Meter hohen Ausläufer ziehen mußten, der in den Fluß hineinragte.

Das Wetter war die meiste Zeit über miserabel, und sie arbeiteten auf einer Höhe von über 2700 Metern. Mittlerweile waren alle im Team der Gefahr gegenüber abgestumpft, in der sie sich ständig befanden, jedoch nicht so sehr, daß sie den Helden gespielt und sich der enormen Wucht der Mittelströmung ausgesetzt hätten. Ihre Strategie war, die Strecke vor ihnen ein gutes Stück weit auszukundschaften, dann die Nacht in einem der Basislager zu verbringen, am nächsten Morgen die Boote klarzumachen und so weit wie möglich zu fahren. Sie kamen stetig voran, schafften aber nie mehr als fünf Kilometer pro Tag.

Mit einem herrlich sonnigen Morgen brach der elfte Tag der Expedition an. Es war der 16. Oktober, ein frischer, wolkenloser Tag. Während die Paddler flußabwärts fuhren, blickten sie immer wieder über ihre Schulter auf das strahlend weiße Massiv des Gyala Pelri zurück. Von oben zogen sich Hängegletscher durch den Wald bis fast zum Fluß herunter – ein großartiger Hintergrund für die Videoaufnahmen.

Gegen elf Uhr hielten die vier Männer an, um den schwierigen Abschnitt zu erkunden, der vor ihnen lag. In der Mittelströmung reihten sich gigantische Löcher aneinander, unterbrochen von tiefen Wellentälern, wo der Fluß unsichtbare Hindernisse überspülte und dann in die Gegenrichtung wogte. Diese Kehrwasser konnten zur tödlichen Falle werden: Ihnen zu entkommen, war nicht immer möglich. Der Rücklauf war stark genug, um ein Boot in die Tiefe zu ziehen, wo es sich dann unter einem Felsen verkeilen konnte.

Gordon und die beiden McEwans suchten vier mögliche Routen entlang des Flußufers aus, aber Zbel lehnte sie alle ab. Schon ein winziger Fehler konnte verhängnisvoll sein. Außerdem würden sie wegen der Stromschnellen 30 Meter weiter unten ohnehin eine Umtragung machen müssen. Was wäre damit also gewonnen?

Gordon fuhr freiwillig als erster los. Er wollte eine Rinne weit abseits der Hauptströmung nehmen, überlegte es sich aber im letzten Moment doch anders. Er beschleunigte sein schweres Kajak, schoß über eine zwei Meter fünfzig hohe Rutsche, die der Hauptströmung am nächsten lag, und krachte dahinter in einen schäumenden Strudel aus Kehrwasser. Die zurücklaufende Strömung drückte das Heck seines Bootes unter Wasser. Einen gräßlichen Augenblick lang stand das Kajak senkrecht und wurde von den enormen Wassermassen hin und her gebeutelt, bevor es zurück in den Mahlstrom stürzte.

Die anderen waren starr vor Entsetzen, aber andererseits war Gordon auch schon mit schwierigeren Situationen fertiggeworden. Sein Kajak wurde aus dem Strudel gespült, aber es gelang ihm nicht, das Boot aufzurichten. Er unternahm einen zweiten, langwierigen, verzweifelten Versuch hochzukommen. Doch auch diesmal schaffte er es nicht. Das Boot trieb auf das Loch zu. Die drei Männer am Ufer rechneten damit, daß er jeden Moment auftauchen würde. Sie beteten, daß ihm die Rolle gelang. Doch mitten in seinem dritten Versuch, als er schon halb aus dem Wasser war, war die Zeit für Douglas Gordon abgelaufen.

»Er trieb genau auf dieses furchtbare, riesige Ding zu«, sagt Jamie McEwan. »Ich wendete und fuhr Richtung Ufer. Als ich zurückschaute, war er verschwunden. Ich habe ihn nie wieder gesehen.«

»Der ganze Fluß stürzte über eine ungefähr 18 oder 20 Meter hohe Kante, und danach kam ein riesiges Loch nach dem anderen«, erinnert sich Tom McEwan. »Ich fuhr flußabwärts, weil ich hören wollte, wie Doug ›Hier bin ich!‹ schrie. Aber eigentlich war mir klar, daß er keine Chance hatte.« Während Zbel und Tom McEwan am felsigen Ufer entlangrannten, fuhr und trug Jamie McEwan sein Boot flußabwärts. Er war noch nicht weit gekommen, als ihn die nächste garantiert tödliche Stromschnelle endgültig an Land zwang.

Drei Tage lang suchte die Mannschaft flußabwärts nach Gordon oder seiner Ausrüstung, während sich Walker, der über Satellitentelefon verständigt worden war, den Tsangpo heraufkämpfte. Keines der Teams fand auch nur die geringste Spur. »Wir waren todunglücklich«, sagt Tom McEwan. »Der Marsch am Fluß entlang erschien uns wie eine via doloroso. Vom anfänglichen Glück unserer Expedition war nichts geblieben.«

Walker und sein Team verließen die Schlucht eine Woche, nachdem sie die Suche nach Gordon aufgegeben hatten. Am Ufer des Tsangpo nahe des Klosters Pemaköchung hatte an einem kalten, regnerischen Tag die Gedenkfeier stattgefunden. Tom McEwan, ein gläubiger Christ, hielt den Gottesdienst ab. Er hatte Gordons Namen auf einen Felsbrocken geschrieben, den er in der Nähe des Flusses aufstellte. Die Träger sangen Gebete und ein Lied über den Tsangpo. Ihr Glaube, daß Gordons Körper Eingang in das Reich Buddhas gefunden hatte, war nur ein schwacher Trost.

Auf der Rückfahrt nach Lhasa stieß die trauernde Mannschaft auf Bakers Team, das ebenfalls auf dem Weg in die Stadt war. Ein Erdrutsch hatte die Straße versperrt, und beide Gruppen mußten beim Schaufeln mit anpacken, um den Weg für die Lastwagenkonvois freizuräumen, die auf der anderen Seite im gefrorenen Matsch feststeckten. Baker hatte über die National Geographic Society bereits von Gordons Tod erfahren. Das Kajakteam beschrieb ihm, wo es nach Gordon gesucht hatte, und Baker versprach, die Suche in der Klamm fortzusetzen und die Bewohner der flußabwärts gelegenen Dörfer zu fragen, ob sie irgend etwas gesehen oder gehört hätten.

Wie sonst auch hatte Baker für die Expedition einige nepalesische Sherpas angeworben. Sie waren mit den Expeditionsvorräten auf dem Landweg nach Lhasa gefahren, während

Baker, Storm, Sardar und Bryan Harvey, ein Videofilmer von National Geographic, in die Hauptstadt geflogen und von dort aus zu der ermüdenden dreitägigen Fahrt in die Schlucht aufgebrochen waren. Die Gillenwaters hatten beschlossen, diesmal nicht mitzukommen, da dringende Geschäfte sie zu Hause festhielten.

Nachdem Träger angeheuert worden waren, machte sich die Gruppe erneut auf den mühsamen Weg am Po Tsangpo entlang nach Bayu, wo Tsering Dondrup und die anderen Mönpa-Jäger zu ihnen stoßen sollten. Sardar war verärgert, daß sich Harvey für seinen Film hauptsächlich auf Baker und Storm konzentrierte, aber er ließ sich nichts anmerken. Ihm war schon jetzt klar, daß der Dokumentarfilm von einem »großen weißen Forscher« handeln würde, und er neben Baker und Storm nur eine unbedeutende Nebenrolle spielte – oder gar keine. Nachdem Sardar eine Weile hin und her überlegt hatte, faßte er den Entschluß, sich die ganze Tour mitsamt Wasserfällen zu schenken. Statt dessen wollte er vom unteren Ende her in die Klamm vorstoßen und dafür Dondrup mitnehmen. Sollen sich die anderen doch zum Affen machen, dachte er. Außerdem hatte er die Wasserfälle ja bereits von oben gesehen und mußte sie sich gar nicht unbedingt noch einmal anschauen oder gar mit Storm konkurrieren, der vor der Kamera seiner Meinung nach reichlich übertrieb.

»Als Hamid beschloß, sich von den anderen Expeditionsteilnehmern zu trennen, waren Ken und ich ein wenig neidisch«, sagt Baker. »Es war nicht immer spaßig, daß sich in alles, was man erlebte, eine Videokamera einmischte. Außerdem hatten wir uns bei dem Film [für die Harvard University] etwas ganz anderes vorgestellt als das, was hier entstand.«

Sardar hatte seine eigene Videoausrüstung dabei und wollte sie auch einsetzen. Wenn er mit der gesamten Expedition aus ungefähr zwanzig Trägern, Sherpas und Sahibs in die Schlucht marschierte, würde das jede Aussicht darauf zunichte machen, eine traditionelle Takin-Jagd zu filmen, allein schon deshalb, weil die Tiere vor so einer riesigen Karawane die Flucht ergriffen hätten.

Als Kingdon-Ward 1924 in die Schlucht vorgedrungen war, hatte er nur ein Ziel gekannt: »Die Schlucht zwischen den Rainbow Falls und dem Zusammenfluß mit dem Po Tsangpo zu erforschen, den Teil, der vor uns verborgen geblieben war... Wenn es die Brahmaputrafälle, die ein halbes Jahrhundert lang ein geographisches Rätsel dargestellt hatten, tatsächlich gab, dann hier; und die endgültige Lösung – Wasserfälle: ja oder nein? – war zum Greifen nahe.«

Diese Aussage hätte auch das Motto für die Mission von Baker und Storm sein können. Sie wußten, daß es einen Wasserfall gab, aber war es auch der 30 Meter hohe, den Kingdon-Ward gesucht hatte? Solange sie ihn nicht vermessen konnten, würden sie es nicht wissen.

Auf dem Weg in die Schlucht war Baker und seinen Teamkollegen bewußt, daß die riesige Expedition der Academica Sinica jeden Augenblick eintreffen konnte. Das chinesische Fernsehen berichtete jeden Abend über den Fortschritt der Mannschaft, und auch der Radiosender BBC World Service brachte gelegentlich Meldungen. Das andere chinesische Team, das den gesamten Fluß befahren wollte, war am Tag nach Doug Gordons Verschwinden in Pe angekommen. Es hatte den Plan einer Durchfahrung des gesamten Cañons aufgegeben und setzte seinen Weg durch die Schlucht zu Fuß fort, während Baker und seine Mannschaft gerade den Po Tsangpo hinunterwanderten.

In Bayu erzählte Sardar Tsering Dondrup von seinem Vorhaben. Den Jäger drängte es genauso wenig wie Sardar, den Wasserfall noch einmal zu sehen. Er wollte lieber mit seinem Freund Lekdrup jagen gehen und das untere Ende der Klamm erkunden. Dondrups tüchtiger Neffe Buluk sollte dem Vermessungsteam den Weg zurück zu dem Aussichtspunkt bei den Wasserfällen zeigen.

Bis dahin war das Wetter frisch und der Himmel wolkenlos gewesen, aber als die beiden Teams aus Bayu aufbrachen, türmten sich über dem inneren Teil der Schlucht allmählich dicke Wolken auf. In der Höhe würde es schneien, in tieferen Lagen regnen. Baker, Storm und Harvey marschierten flußaufwärts bis in die Klamm und begannen am 6. November ihren entscheidenden Abstieg zum Wasserfall. Am Morgen vollzog einer ihrer Männer, ein Lama, die Zeremonie, mit der die Götter der Umgebung besänftigt werden sollten. Wie durch ein Wunder teilten sich die Wolken, die den Namche Barwa eingehüllt hatten, und das Sonnenlicht flutete in die Schlucht herab.

Sie hängten am Lagerplatz Gebetsfahnen auf, die ihnen Glück bringen sollten, und machten sich mit den Jägern auf den Weg, die fünfundvierzig Grad steilen Hänge hinunter, in denen Erdrutsche tiefe Furchen hinterlassen hatten. Mit einfachen Breitbeilen hackten sie Stufen in das lockere Geröll, so daß ein Hagel von Steinen über die Klippen weiter unten in den Abgrund polterte. Obwohl der Fluß hier 600 Meter unter ihnen und außer Sichtweite lag, konnten sie klar und deutlich hören, wie er donnernd bergab auf die Wasserfälle zustürzte.

Schließlich bedeutete Buluk dem Team stehen zu bleiben. Um den Felsgrat unmittelbar über dem verborgenen Wasserfall zu erreichen, mußten sie steil absteigen. »Wir sprangen, schwammen und kletterten durch einen dichten, abschüssigen Wald aus Rhododendron, Hemlocktannen, Magnolien und anderen, unbekannten Bäumen«, notierte Baker später in sein Tagebuch. »Riesige Farne bedeckten den Boden, so daß wir ein paar Mal durch mehrere Schichten Moos rutschten und zwischen Wurzeln und Ästen steckenblieben, während die Beine in dem überwucherten Loch baumelten.«

Endlich erreichten sie den Aussichtspunkt, an dem Baker und Sardar im Mai des vergangenen Jahres gestanden hatten. Sie konnten zwar von hier aus die Rainbow Falls überblicken, doch diese waren zu weit weg, um von Storms Entfernungsmesser oder Klinometer erfaßt werden zu können. Sie konnten auch keinen Pfad zum Flußufer ausmachen, doch die Jäger schlugen sich bereits instinktiv durchs Dickicht den Hügel hinunter und dem Tosen des Wasserfalls entgegen. Zwei Stunden später erreichte die Gruppe eine Felsbank, etwa 250 Meter oberhalb des Flusses. Storm packte seine Instrumente wieder aus und peilte die Wasserbecken am oberen und unteren Ende der Rainbow Falls an. Der Wasserfall war von atemberaubender Schönheit, über der Kaskade tanzten Gischtschleier, während an den umliegenden Felswänden das Wasser in zarten Streifen hinunterrann.

Kingdon-Ward und Cawdor hatten angenommen, daß die Rainbow Falls etwa zwölf Meter hoch waren, doch Storms Messungen ergaben, daß sie sich bei weitem verschätzt hatten: Der Wasserfall war seinen Instrumenten zufolge 22 Meter hoch. Es handelte sich also mit ziemlicher Sicherheit um den 30 Meter hohen Wassersturz, den Kingdon-Ward zu finden gehofft hatte. Sollte der verborgene Wasserfall einen halben Kilometer weiter flußabwärts noch höher sein, so wie die Jäger versprochen hatten, wäre das Geheimnis um die Brahmaputrafälle endlich gelöst.

Auf dem steilen Abstieg, der direkt zur Abbruchkante des Wasserfalls hinunterführte, kam das Team gegen halb sechs Uhr abends an eine Steilwand, die unüberwindbar schien. Die Sonne war untergegangen, und rasch brach die Dunkelheit ein. In einem Kiefernwäldchen schlugen die Jäger das Lager auf, machten ein Feuer aus Rhododendronstämmen und legten sich dann schlafen, die Füße Richtung Glut gestreckt. Sie alle verbrachten die Nacht in unruhiger Erwartung, aber im Morgengrauen kam einer der Jäger an Bakers Zelteingang, um zu melden, daß es eine Verzögerung geben würde: Die Mönpas hatten eine kleine Herde Goral erspäht, den ziegenähnlichen Antilopen, aus deren Fell sie noch heute Wendeumhänge nähen, genauso wie zu Kingdon-Wards Zeiten.

Mit ihrem ersten Schuß erlegten die Jäger ein großes Männchen, das aber den Hang hinunterrutschte und über eine Klippe in den Fluß fiel. Die Männer stürzten beinahe über denselben Abgrund hinterher, aber dann gelang es ihnen, ein Weibchen zu schießen, das sie ins Lager zurückbrachten. Nachdem sie das Ritual vollzogen hatten, mit dem die Lebenskraft des Tieres freigesetzt und ins Reich Buddhas befördert wird, zerteilten sie den Rumpf und rösteten einige der Innereien. Buluk bot Baker ein noch fast rohes Stück Leber an, und als dieser es aß, lief ihm das Blut über die Hände.

Dann begannen sie ihren endgültigen Vorstoß. Die Mönpas fanden eine Möglichkeit, die Steilwand zu umgehen, die ihnen am Abend zuvor den Weg versperrt hatte, und führten die Gruppe zu einer Lichtung direkt über dem verborgenen Wasserfall. Sie waren jetzt keine hundert Meter mehr von ihrem Heiligen Gral entfernt, als Harvey Baker und Storm bat stehen zu bleiben und zu beschreiben, was sie in diesem Augenblick so kurz vor der Entdeckung empfanden. »Wir wissen nicht genau, worauf wir stoßen werden«, begann Baker unbeholfen. »Los jetzt«, fuhr Storm dazwischen. »Wir müssen den Wasserfall finden.«

Die Mönpas hatten sich an der Abbruchkante des Wasserfalls versammelt und waren wie gebannt von dem Schauspiel. Ein reißender Strom aus schlammigem Wasser rauschte in einem braunen Bogen in die Tiefe, prallte auf halber Strecke auf einen Felssims und zerstob zu blendend weißer Gischt.

»Wahnsinn!« schrie Baker und johlte vor Begeisterung. »Unglaublich«, stieß Storm hervor. »Diese Wassermassen! Der gesamte Tsangpo – vom Kailash, am Mount Everest vorbei, und dann hierher... Was für eine Energie!«

»Auch wenn ich mich noch so sehr auf diesen Moment vorbereitet hatte«, sagte Storm später, »das hatte ich nicht erwartet. Als ich endlich dort stand, war ich starr vor Ehrfurcht.«

Der Augenblick der Wahrheit war gekommen. Um genaue Messungen durchführen zu können, mußten Storm und Baker zum unteren Ende des Wasserfalls absteigen. Sie legten ihre Klettergurte an und befestigten zwei Seile an einer Kiefer in der Nähe des Abgrunds.

»Wir sehen uns dann im Paradies«, scherzte Baker, als er Harveys Kameralinse den Rücken zuwandte und begann, in die klaffende Tiefe hinunterzuklettern. An einem Felsvorsprung 15 Meter weiter unten machte er eine kurze Pause, um zu fotografieren. Von der Gischt des Wasserfalls hin und her gebeutelt, hing er am Seil und starrte direkt auf die Kaskade. Er war wie hypnotisiert von ihrer Kraft. Einen Moment lang verspürte er den seltsamen Drang, sich dem Fluß hinzugeben.

Als nächster kletterte Storm zu dem Felssims hinunter. Er führte weitere Messungen mit seinen Instrumenten durch, die das Ergebnis des Vortages bestätigten. Die »Hidden Falls of Dorje Phagmo«, wie sie den Wasserfall tauften, waren ein wenig mehr als 30 Meter hoch und 15 Meter breit. Mit den 55 Meter hohen, hufeisenförmigen Niagarafällen oder dem Sturz der Viktoriafälle aus über 100 Meter Höhe in die Sambesi-Schlucht konnten sie nicht mithalten. Dennoch zählten sie damit zu den höchsten Wasserfällen im Himalaya und – was viel wichtiger war: Sie entsprachen Kingdon-Wards Angaben.

»Unsere Messungen bewiesen nach einer über hundert Jahre langen Suche eindeutig, daß die großen Brahmaputrafälle kein Mythos, sondern Wirklichkeit waren«, schrieb Baker in sein Tagebuch. »Diese verlorengegangene Vision wurde heute zu neuem Leben erweckt.«

Mit mechanischen Steighilfen, Jumars genannt, kletterten er und Storm an den Fixseilen wieder hinauf. Jetzt wollten sie das untere Ende des Wasserfalls sehen. Harvey dagegen hatte keine Lust mehr. »Der Film ist fertig«, erklärte er Baker. »Wir müssen schließlich nicht den ganzen Wasserfall filmen.«

Während Harvey oben wartete, krabbelten Baker, Strom und drei Mönpas durch Geröllrinnen und über leicht geneigte Steilwände zu einer rutschigen Felsplatte am Fuß des Wasserfalls. Als Storm nach oben blickte, konnte er die Abbruchkante nicht sehen, weshalb er seine Messungen ein Stück weit von der Felswand entfernt durchführte, die auf der anderen Seite des Flusses aufragte. Wieder zeigte das Gerät gut 33 Meter, also 108 Fuß an – im tibetischen Buddhismus eine heilige Zahl: Gebetsketten haben beispielsweise ebenso viele Perlen.

Die Mönpas waren weniger von den Zahlen beeindruckt als von den Gischtfahnen, die aus dem Kessel am Fuß des Wassersturzes aufstiegen und sie an Weihrauch erinnerten. Sie betrachteten die unerreichbare Steilwand, die Storm vermaß, und entdeckten im schwarz glänzenden Fels mehrere Spalten. Eine davon, ein ovaler Schlitz, hatte die Form einer Vagina. Immer wieder deuteten die Jäger darauf. Die Öffnung führte in einen Gang, doch man konnte nur den Eingang zu dem Tunnel erkennen. Und es gab keine Möglichkeit, den Fluß zu überqueren und herauszufinden, wie weit die Höhle in den Fels hineinreichte oder – wie Baker sich vorzustellen versuchte – was am anderen Ende lag. War dies das Tor zum Paradies?

»Als die Tibeter magische Formeln murmelten und unterhalb des Wasserfalls nach Geheimgängen suchten, glaubten wir an einem Ort zu stehen, an dem alles möglich war«, schreibt Baker. »Das hier war ein Ort des Zusammenflusses, ein Ort, an dem sich der viktorianische Traum vom großen Wasserfall und die tibetische Suche nach dem verlorenen Garten Eden trafen. Als wir neben dem Wasserfall standen, von hoch aufragenden Steilwänden umgeben und mit dem unversöhnlichen Dröhnen des Tsangpo im Kopf, teilten wir mit unseren tibetischen Freunden den kostbaren Augenblick, in dem wir – jeder auf seine Weise – an einen Ort jenseits der Geographie vordrangen.«

Dann begann die eigentliche Expedition: die Erkundung des letzten, unerforschten Teils der Schlucht und die Suche nach weiteren Wasserfällen. Mehrere Tage lang kämpfte sich die Gruppe durch unwegsames Gelände flußabwärts. »Wir streiften den ganzen Tag im Urwald umher, ohne irgendeinen Gipfel zu besteigen, völlig ziellos«, sagt Harvey. »Jeden noch so kleinen Felsgrat entlangzuklettern, nur um nachzusehen, ob da noch andere Wasserfälle waren – das ergab für mich einfach keinen Sinn.«

Als sie mit Sardar und Dondrup zusammentrafen, die den Fluß heraufkamen, wichen sie erst einmal alle einen Schritt zurück: Sardars Gesicht war von unzähligen entzündeten Mückenstichen übersät. Sein Haar war zerzaust und seine Kleider schmutzig vom »Rhododendronschwimmen«. Die Nächte hatte er in Höhlen oder mit den Jägern unter Plastikplanen verbracht. Kurz gesagt, er war in seinem eigenen Paradies gewesen.

Takin waren in der Klamm nicht aufgetaucht, aber die Jäger hatten einen Assam-Makaken vom Baum geholt. Ihre Hunde waren dem angeschossenen Affen nachgehetzt, der schließlich vor Sardars Füßen um sein Leben gekämpft und die Jagdhunde noch übel zugerichtet hatte, bevor er starb. Der Fluß sei während der ganzen Tour durch die Klamm nicht zu sehen gewesen, erzählte Sardar ihnen, aber er glaube nicht, daß es noch andere große Wasserfälle gebe.

Ursprünglich hatten sie geplant, daß Sardar mit Dondrup und dessen Männern weiter flußaufwärts zum Wasserfall ging, während Baker, Storm und Harvey Sardars Route bis zum unteren Ende der Klamm zurückverfolgten. Statt dessen wandten sich beide Teams vom Fluß ab und schlugen den direkten Weg nach Bayu ein. Der Film war ja fertig. Es war ohnehin zu spät, den Verlauf der Handlung noch einmal zu ändern und Sardar mit hineinzunehmen – auch wenn letztendlich er es gewesen war, der die Lücke bei der Entdeckung der Klamm geschlossen hatte. Daß Sardar als einziger Fremder eine weiße Stelle auf der Landkarte erforschte, die das Abendland über ein Jahrhundert lang in Atem gehalten hatte, würde unerwähnt bleiben.

Bevor sie die Hidden Falls verließen, hatte Baker an der Abbruchkante eine Schnur mit Gebetsfahnen zwischen zwei Kiefern gebunden, einerseits, um die Schutzgottheiten der Region zu ehren, andererseits aber auch, um ganz im wörtlichen Sinn die Flagge zu hissen, wie es viele Bergsteiger auf dem Gipfel tun. Sollte das chinesische Wissenschaftsteam den Wasserfall finden, so Bakers Idee, würden die Gebetsfahnen Beweis dafür sein, daß ihnen jemand zuvorgekommen war, ähnlich wie Roald Amundsens Fahne Robert Falcon Scott gezeigt hatten, daß er und seine Männer den Wettlauf zum Südpol verloren hatten.

Zurück in Bayu berichteten die Dorfbewohner, das chinesische Team befinde sich immer noch am Anfang der Schlucht, in der Nähe von Pemaköchung. Die Mannschaft hatte per Funk durchgegeben, daß sie Proviant brauchten und in Bayu neue Träger für die Tour in die Klamm bereitstehen sollten.

Obwohl das amerikanische Team seinen Sieg für nicht besonders wichtig hielt, fand Baker, daß sie ihn melden sollten. Harvey hatte ein Satellitentelefon dabei, und nachdem sie am Po Tsangpo entlang zu ihrem Ausgangspunkt zurückgewandert waren, rief Baker Maryanne Culpepper, seine Chefin bei National Geographic auf der anderen Seite der Erdkugel an.

Culpepper gratulierte Baker. »Sie haben den Wasserfall gefunden. Warum ist es Ihrer Meinung nach gerade Ihnen gelungen, und den anderen nicht?«

Plötzlich hatte Baker ein ungutes Gefühl. Er merkte, wie ihm die Geschichte aus den Händen glitt. »So wie sie ihre Fragen stellte, wurde mir gleich klar, daß es nicht um Pemakö und seine metaphysische Bedeutung ging, sondern um eine Art Konkurrenzkampf: Wer war als erster wohin gekommen?« sagt er. »Wir befanden uns hier an einem Ort, wo man wunderbar auf den Rest der Welt verzichten konnte, und ich sprach über ein Magellan Satellitentelefon mit irgend jemandem in Washington, D.C. – da beschlich mich einfach das dumpfe Gefühl: ›Hmmm, ob das mal eine gute Idee war.‹«

Natürlich hätte Baker ihr sofort erklären können, daß eine »Entdeckung« nicht dasselbe wie eine »Dokumentation« der Hidden Falls war, aber er ließ es sein. »Es gefiel mir, daß wir vor den Chinesen und ihrer riesigen, von den Medien initiierten Expedition dort waren«, meint Baker und übersieht dabei ganz die Pläne seines eigenen Sponsors. »Wäre das chinesische Team nicht in der Schlucht gewesen, wäre die Sache vielleicht anders ausgegangen. Aber ich muß zugeben, daß es eine echte Genugtuung war, die erste Dokumentation über die Hidden Falls vorstellen zu können. Als etwas anders möchte ich es nicht bezeichnen. Der Begriff ›Entdeckung‹ ist so problematisch. Steht dem die Entdeckung zu, der etwas als erster gesehen hat? Oder eher dem, der begreift, was er gesehen hat?«

Doch um solche Fragen ging es im Augenblick nicht. Ian Baker war auf dem besten Weg, ein berühmter Forscher zu werden, und dabei zu entdecken, daß dieses Schicksal wie Fausts Pakt mit dem Teufel Himmel und Hölle zugleich war.

»Verborgener Wasserfall in entlegener Schlucht Tibets entdeckt«, stand als Schlagzeile über der Pressemeldung der National Geographic Society. »Es war sehr spannend herauszufinden, daß es den sagenumwobenen Wasserfall auch in Wirklichkeit gibt«, wurde Baker zitiert. »Die Menschen dachten, daß die Geschichte von dem großen Wasserfall am Tsangpo reine Illusion war. Aber es gibt ihn, und er ist größer, als wir dachten.«

Auch Storm wurde in der Meldung angeführt: »Ich glaubte nicht an den Wasserfall«, sagte er, »sondern vielmehr an die Berichte von damals, die seine Existenz anzweifelten – was beweist, daß man auch dann weiter nach einer Sache suchen muß, wenn einem jemand sagt, daß sie nicht existiert.«

Bei der Pressemeldung handelte es sich lediglich um einen Entwurf von einer Seite Länge, den eine Journalistin aufgesetzt hatte. Storm hatte ihr eine ausführliche Chronologie zukommen lassen, wer wann die Wasserfälle gesehen hatte, und dabei auch sich selbst und die Gillenwaters sowie Baker und Sardar aufgelistet. Die Journalistin mußte die Geschichte jedoch auf das Wesentliche reduzieren: daß die National Geographic Society ein Team unterstützt hatte, dem eine bedeutende Entdeckung gelungen war.

Sie leistete gute Arbeit: Am Abend zeigte Peter Jennings, der Nachrichtenmoderator bei ABC, ein Foto von den Wasserfällen. Jim Lehrer vom Fernsehsender Public Broadcasting Service führte ein Interview mit Storm. In Kathmandu sprach Baker mit der *Newsweek* und erklärte, daß die Quellen, die James Hilton für *Der verlorene Horizont* herangezogen hatte, »ganz eindeutig auf Berichten von Forschern basierten, die in der Tsangpo-Schlucht gewesen waren.«

Über das Internet gelangte die Geschichte um die ganze Welt. Eine Website, die aufdringlich für Bücher über das versunkene Atlantis warb, veröffentlichte eine Notiz, in der es hieß, Shangrila sei ein tatsächlich existierender Ort. Obwohl die Pressemeldung von National Geographic Shangrila nicht erwähnt hatte, überschrieb ein Reporter der *Chicago Tribune* seinen Artikel mit den Worten »Endlich: Forscher finden Shangrila«. Er hatte ein Interview mit der Vorsitzenden des Expeditionsbeirates, Rebecca Martin, geführt und sie falsch zitiert: »Wenn es Shangrila wirklich gibt, dann muß es hier sein. Eine ziemlich überraschende Entdeckung – besonders in unserer Zeit, wo viele Menschen sagen: ›Was gibt es denn heute schon noch zu entdecken?‹«

Der Artikel der *Tribune* erschien gleichzeitig in mehreren Zeitungen und wurde außerdem von Nachrichtenagenturen aufgegriffen und in der ganzen Welt verbreitet. Die Brüder Gillenwater und Rick Fisher lasen ihn in der *Arizona Republic*. Neben anderen Fehlern schrieb der Reporter auch Baker und seinen Teamkollegen den Nachweis zu, daß der Tsangpo und der Brahmaputra miteinander verbunden waren. »Es gibt keinen Hinweis darauf, daß je zuvor ein Mensch die [Schlucht] gesehen hat, geschweige denn dort gewesen ist«, hieß es in dem Bericht. Die Mönpa-Jäger wurden gar nicht erwähnt.

Den Gillenwaters verschlug es die Sprache. Wo blieben ihre Namen in dem Artikel? Sie riefen Storm an, der ihnen versicherte, sie in seiner Aufstellung genannt zu haben. In der letzten Fassung der Pressemeldung seien sie jedoch weggelassen worden.

Die Brüder fühlten sich betrogen, vor allem von Baker, und schickten einen Protestbrief an National Geographic, dem sie ihre eigenen Fotos vom Wasserfall sowie einen vierzehnseitigen Bericht beilegten, in dem Gil Gillenwater seine Reisenotizen von 1997 zusammengefaßt hatte.

»Troy und ich haben absichtlich mit der Freigabe unserer Geschichte und der Fotos gewartet, um Ihre Publikation irgendwann gemeinsam ankündigen zu können«, schrieb Gil. Er forderte die Gesellschaft auf, eine Richtigstellung zu veröffentlichen, und drohte im anderen Fall mit rechtlichen Schritten. Er erklärte, daß verschiedene Magazine und ein Buchverlag an sie herangetreten seien, und sie sich diese Zweitverwertung offenhalten müßten, um die wahre Geschichte von der Entdeckung des Wasserfalls erzählen zu können.

Die Brüder warteten die Antwort gar nicht erst ab, sondern korrigierten die Rekordmeldung selbst: Am folgenden Tag erschien auf der Titelseite des *Daily Star* aus Arizona unter der Schlagzeile »Forscherstreit um ›Entdeckung‹ eines Wasserfalles in Shangrila« ein Artikel, in dem Storm die Vorwürfe der Gillenwaters bestätigte und meinte, National Geographic habe ihre Namen in der Pressemeldung »versehentlich« weggelassen. Der Reporter des *Star* sprach auch mit Fisher, der die Entdeckung als »lächerlich« bezeichnete.

Einige Tage später distanzierte sich Storm in einem eigennützigen Brief an National Geographic von den Gillenwaters. Er erklärte, daß sie ohne ihn die Bedeutung dessen, was sie in der Schlucht gesehen hatten, gar nicht erfaßt hätten. »Die Gillenwaters erwecken in ihrem Bericht den Eindruck, ich hätte mich [1997] ›ihrer‹ Expedition angeschlossen«, schrieb Storm. »Das stimmt ganz einfach nicht.« Er beklagte sich über das »bedenkliche Versehen« der Brüder, ihm nicht angerechnet zu haben, daß er ihnen die Geschichte von der Suche nach dem verborgenen Wasserfall erklärt hatte. Außerdem hätten die drei nie über eine gemeinsame Ankündigung gesprochen.

Gil Gillenwater erhielt eine Kopie von Storms Brief und konnte nur noch den Kopf schütteln. Von Storms Mitleidsbekundungen am Telefon – daß National Geographic alle Fakten gehabt habe, einschließlich ihrer Namen, aber die Reporter nur das gehört hätten, was sie hören wollten – blieb nur ein schaler Nachgeschmack. Die bittere Erkenntnis der Gillenwaters war, daß die ehrwürdige Gesellschaft die Fakten anscheinend sehr selektiv für ihre Veröffentlichung verwendet hatte: und zwar nur die, welche der Expedition zugute kamen, die sie auch finanziert hatte.

National Geographic produzierte zwei *Explorer*-Beiträge: einen über die Kajakexpedition und einen über den Wasserfall. Beide wurden beim Mountainfilm Festival in Telluride, Colorado, eingereicht, bei dem jährlich die besten Bergfilme prämiert werden. David Breashears und Gordon Wiltsie waren als Redner eingeladen worden, und auch die Gillenwaters kamen. Rick Fisher hatte ebenfalls teilnehmen wollen, doch der Festivalleiter hatte ihm zu verstehen gegeben, daß er nicht willkommen war. Das Festival sollte kein Forum sein, wo Fisher seiner Verbitterung gegenüber Baker und National Geographic Luft machen konnte.

Fisher hatte der Gesellschaft vorgeworfen, das Foto von den Wasserfällen gefälscht zu haben. In mehreren Briefen an die National Geographic Society bezichtigte er Baker, 1993 einen jungen Takin erschlagen zu haben. Angeblich »riß er Fetzen von rohem, noch zitterndem Fleisch von dem Körper und stopfte sie in sein blutbesudeltes Gesicht«, bevor er die restliche Herde ausgewachsener Tiere in den Fluß hetzte, damit sie dort ertranken. »Er aß selbst dann noch davon, als in unmittelbarer Nähe 250 Kilo amerikanische Lebensmittel zu haben waren«, schrieb Fisher. Zudem hielten die Dorfbewohner aus der Schlucht Baker für die »Wiedergeburt eines blutbesudelten Teufels«, behauptete Fisher, und Sardar sei ein indischer Spion – ein Sirdar, ein Stammeshäuptling –, den Baker dazu benutzte, daß er ihm eine Horde nepalesischer Wilderer »für seine Drecksarbeit« verschaffte.

National Geographic befragte Baker zu Fishers Anschuldigungen. In seiner schriftlichen Widerlegung mit dem Titel

»Geständnisse eines blutbesudelten Teufels: Eine Antwort an meine eifrigen Verleumder« nannte Baker die Vorwürfe »völlig aus der Luft gegriffen«. Während der Kingdon-Ward-Querung von 1993 hätten ihre Führer tatsächlich drei Takin erlegt, um die schrumpfenden Lebensmittelreserven aufzustocken. »Ich selbst hatte mit der ganzen Sache jedoch nichts zu tun«, schreibt Baker. »Die Jäger gaben uns von dem Fleisch ab, weil auch wir nur noch wenig Proviant hatten. Wir aßen es in gut durchgebratenem Zustand. Fishers seltsame Behauptung, [meine drei Mitreisenden] seien Zeugen meiner Freßlust gewesen, kann leicht widerlegt werden.«

Alle paar Wochen gingen Fishers Schimpftiraden im Hauptsitz der Society ein, mal waren sie an den pensionierten Vorsitzenden, Gilbert Grosvenor, gerichtet, mal an den Verleger, den Leiter der Öffentlichkeitsarbeit, den Ersten Vizepräsidenten oder den Chefredakteur. Fisher kritisierte National Geographic für die finanzielle Unterstützung von Walkers Expedition und die Falschmeldungen, die sie über den Wasserfall in Umlauf setzten. Walker, ein Vietnam-Veteran, sei nichts anderes als »ein alter Mann, der junge Amerikaner in den Urwald und so in den sicheren Tod schickt, wo es keine wirkliche Chance auf Erfolg gibt«, klagte Fisher an. »So wie in Vietnam die konventionelle Kriegführung nichts ausrichten konnte, kann in diesem tibetischen Cañon auch eine konventionelle Bootsfahrt keinen Erfolg haben.« Er nannte Walker einen Feigling, weil er sich nicht selbst auf den Fluß gewagt hatte.

Fishers Aggressivität irritierte die Mitarbeiter der Gesellschaft, und als er begann, seine Angriffe als »Pressemeldungen« zu bezeichnen, benachrichtigten sie die Anwälte. Diese gelangten schließlich zu der Überzeugung, daß man einen Prozeß auf Basis einer Verleumdungsklage nicht wirklich gewinnen könne. National Geographic stempelte Fisher deshalb als Paria ab, als »alten Quälgeist, der vor Jahren erfolglos mit seinen Fotos bei National Geographic hausieren gegangen war.«

In privaten Kreisen gestand Fisher, daß er sich gekränkt fühlte. Er fand, daß die »bedeutenden« Leistungen, die er in der Schlucht vollbracht hatte, übersehen worden waren. Baker wollte sich für Fishers Interessen einsetzen und rief ihn von Kathmandu aus an, handelte sich aber nichts als Gehässigkeit ein. »Ich werde dich kriegen«, brüllte Fisher ins Telefon. »Du bist entlarvt!«

»Wer ist hier entlarvt?« fragte Baker zurück. »Rick, ich weiß wirklich nicht, auf was du hinaus willst.«

Baker erhielt nie eine zufriedenstellende Antwort. »Ich würde wirklich gerne wissen, was Rick will«, sagt Baker. »Ich finde es ganz aufschlußreich, aber auch beunruhigend, daß jemand, der so verrückt auf die Schlucht ist und sein ganzes Leben darauf ausrichtet, dieses Leben dann gleichzeitig zerstört, indem er sich zum Gespött macht. Er hat mit seinen Hirngespinsten jegliche Glaubwürdigkeit eingebüßt. Aber genau das verheißen die Schriften über Pemakö: Wer mit der falschen Motivation in dieses Gebiet kommt, wird die Segnungen dieser Landschaft nicht wahrnehmen. Ganz im Gegenteil – die Schutzgötter werden ihn vernichten.«

Beim Filmfestival in Telluride beteiligten sich Breashears, die Gillenwaters, Wiltsie und Bryan Harvey – der Videofilmer, der die Expedition zum Wasserfall filmte – an einer Podiumsdiskussion über die Bedeutung von Entdeckungen um die Jahrtausendwende. Breashears prahlte mit dem Foto vom oberen Teil der Hidden Falls, das er 1993 aufgenommen hatte, und verglich es mit den Bildern der Gillenwaters aus dem Jahr 1997. Wer hatte nun den Wasserfall entdeckt? Hatte er die Anerkennung verdient? Oder gebührte die Ehre Storm und

Baker, die noch weiter gegangen waren und die Höhe des Wasserfalls ermittelt hatten?

Die Frage wurde nicht beantwortet, aber Wiltsie hatte das letzte Wort. »Ich bin wohl derjenige, der am wenigsten an der Sache beteiligt ist. Was hier geschehen ist, ist bezeichnend für Entdeckungen in der heutigen Zeit. Es geht dabei nicht mehr darum, Namen auf einer Karte zu verzeichnen, sondern darum, in sich selbst auf die Suche zu gehen. Was mich bei der Tsangpo-Geschichte traurig stimmt, sind die Aggression und die angedrohten Prozesse: Dabei handelt es sich doch im Vergleich zu anderen Entdeckungen um eine eher unbedeutende Angelegenheit.«

Wie Recht er mit seinen Worten hatte, sollte sich am nächsten Tag herausstellen: Der Bergsteiger Conrad Anker kam direkt vom Mount Everest in die Stadt. Er war auf George Mallorys gefrorene Leiche gestoßen, die mit elfenbeinblasser Haut unterhalb des Gipfels gelegen hatte.

Mallory zu finden – nach so vielen Jahren! Alle auf dem Festival dachten dasselbe: Wenn das keine Entdeckung ist.

Wer sich selbst Sieger nennt, dem gebührt der Lorbeer: Wie Kingdon-Ward und Bailey, die beide eine Medaille von der Royal Geographical Society erhalten hatten, wurde auch Baker für die Erforschung der Schlucht geehrt. Das Sonderheft *National Geographic Adventure* kürte Baker zu einem der sieben »Forscher für das Millennium« und lobte seine »kreative Vision und verwegene Neugier«, die ihn darüber hinwegsehen ließen, daß das große Zeitalter der Entdeckungen eigentlich vorüber war. Für ein Porträt ließen die Bildredakteure der Zeitschrift Baker kopfüber von einem Kletterseil hängen und gelassen in die Kamera blicken.

Als immer mehr Artikel über die Expedition erschienen, nahm Baker die Hilfe eines Literaturagenten in Anspruch. Die Herausgeber eines New Yorker Verlagshauses boten ihm eine halbe Million Dollar für seine Geschichte, die er annahm. Nach einer turbulenten Zeit mit Interviews, Konferenzen und Empfängen flog Baker nach Kathmandu zurück. »Mein Gott, ist das schön, wieder hier zu sein«, gestand er einem Freund.

Mit der Zeit und dem plötzlichen Ruhm hatten sich Bakers Lebensumstände erheblich verbessert. Er hatte die zwei oberen Etagen eines Landhauses mit Garten in der Nähe des Königspalastes bezogen. Die Wohnung gehörte einem exzentrischen Kunstsammler, dessen Geschmack bei der Einrichtung zum Barocken neigte: rote Wände, üppige Schnitzereien, Buntglasfenster und Marmorböden. Zu dem Labyrinth von Zimmern zählten eine Bibliothek, ein Büro, ein Meditationsraum, ein Bad aus schwarzem Marmor mit Massagebecken, mehrere kleine Wohnzimmer und eine moderne Küche mit einem ausgeklügelten Wasserfiltersystem. Vom großen Wohnzimmer führte eine Wendeltreppe in einen Salon auf der zweiten Etage und zu einer Dachterrasse, und von dort aus konnte man auf eine Aussichtsplattform mit Panoramablick über die Stadt steigen.

Die Wohnung wurde von Bakers Hausangestellter und seinem Koch penibel saubergehalten und war verschwenderisch mit seiner eigenen Sammlung aus Antiquitäten, Teppichen und Kunstgegenständen eingerichtet. Carroll Dunham zog ihn mit der Bemerkung auf, die Wohnung sehe aus wie »eine Mischung aus einem Bordell und einem Antiquitätenladen, in der für weibliche Energie nicht viel Platz ist.« Doch er zahlte weniger als fünfhundert Dollar Miete im Monat.

Um fit zu bleiben, trainierte Baker dreimal die Woche im Fitneßklub des Yak and Yeti Hotel, im Wechsel mit einem Tag Yoga und einem Tag Meditation. Er achtete auf seine Ernährung und stärkte sich mit verschiedenen Getränken und Energietoniken, die er zum Teil aus Tibet mitgebracht hatte. Das Telefon stand nie lange still: Es gab ständig irgendwelche Einladungen zum Abendessen oder Picknick, zu Partys oder einem Ausflug in die Berge der Umgebung. Einer seiner Freunde amüsierte sich, daß die Souvenirgeschäfte im Rucksacktouristen-Ghetto von Kathmandu T-Shirts anboten mit dem Aufdruck »Ich war in Kathmandu, ohne Ian Baker zu begegnen«.

Sardar dagegen führte immer noch das Leben eines mittellosen Akademikers. Wie Baker während seiner ersten Zeit in Kathmandu hatte Sardar die Leitung der School for International Training übernommen. Er verdiente zweitausend Dollar im Monat und lebte mietfrei in einem düsteren, kleinen Häuschen auf dem Campus.

Zwischen den beiden Männern war es zu gewissen Spannungen gekommen. Sardar fand, Baker habe seinen Beitrag zu der Entdeckung der Wasserfälle nicht angemessen gewürdigt und indessen seine Rolle übernommen, um die Geschichte zu konstruieren – eine Geschichte, die in Sardars Augen nichts anderes war als eine »Maskerade aus Halbwahrheiten und Lügen«. Vor allem lehnte er es ab, in Bakers Darstellung der Ereignisse die zweite Geige zu spielen. Immerhin war er es, der die alten Schriften lesen konnte, und nicht Baker. Und er hatte schließlich Tsering Dondrup – den Jäger, der in seinem Rausch zugegeben hatte, daß die Klamm ein geheimes Jagdrevier war – als erster kennengelernt.

Sardar war nicht verbittert, aber enttäuscht von Baker. »Das gehört alles zu seiner Bestimmung«, sagt er philosophisch. Nachdem sein Freund den Samen des Ehrgeizes gesät habe, würde er nun auch den entsprechenden karmischen Verdienst ernten. »Ian wollte schon immer für *National Geographic* schreiben und berühmt werden. Aber er hat einen tragischen menschlichen Zug an sich: Er begeht auch mal Fehler. Das macht ihn ja so liebenswert.«

Am Abend bevor sich Sardar zum ersten Mal seinen Studenten als Leiter der School für International Training vorstellte, lud Baker ihn zum Abendessen ein – passend zum Anlaß in das exklusive Shangrila Hotel in Kathmandu. Sardar war eben erst aus Frankreich gekommen und nach einem verzögerten Aufenthalt in Bangkok froh, endlich zurück zu sein. Hatte es jemals Unstimmigkeiten zwischen ihm und Baker gegeben, so waren sie an diesem Abend vergessen. Sardar brachte zwei Schwestern mit, die der ehemaligen nepalesischen Herrscherfamilie angehörten und von denen eine früher seine Freundin gewesen war – ein kokettes Mädchen aus der gesellschaftlichen Elite mit einem schicken Prada-Täschchen, die nichts als Shopping und Partys in London im Kopf hatte. Die Hotellobby war mit alten Fotografien dekoriert, von denen einige ihren Vater und den Großvater auf Tigerjagd zeigten: Majestätisch posierten sie mit ihrem Gefolge für die Kamera. Bailey war der britische Angesandte an ihrem Hof gewesen.

Als Baker später wieder zu Hause war, dachte er über sein Schicksal als Aushängeschild für *National Geographic* nach: »Der Abstieg zu diesem Wasserfall war die Krönung all meiner bisherigen Reisen. Für mich schloß sich ein Kreis. Doch gleichzeitig, und ohne daß ich es so richtig wollte, sah es so aus, als ob ich große Forderungen erheben und Entdeckungen für mich beanspruchen würde. Das hing mit der Präsentation der Geschichte zusammen. Die Medien, das westliche Denken, die ganze Öffentlichkeit konnten die Bedeutung der Reisen offenbar nur auf konventionelle Art und Weise begreifen, im Sinne von: ›Naja, warum sollte man auch an solche Orte gehen, wenn man nicht ein ganz bestimmtes Ziel vor Augen hat? Natürlich hattest du noch nichts gemeldet, weil du den Wasserfall ja noch nicht gefunden hattest.‹

Sie haben überhaupt nichts kapiert. Es ging nicht um den Wasserfall, auch wenn er als Symbol wichtig war. Durch ihn gewann ich ein tiefes Verständnis des westlichen Denkens, der Welt, die ich hinter mir zurückließ, als ich hierherzog. Ich hatte nicht bemerkt, wie weit ich mich inzwischen von der konventionellen Orientierung westlicher Entdecker entfernt hatte. Doch auf diese Weise wurde mir bewußt, wie sehr die Touren Pilgerfahrten und Reisen in mein Inneres gewesen waren.

Bei der letzten Tour zum Wasserfall war im Vergleich zu vorher nichts mehr von der Atmosphäre einer Entdeckung zu spüren gewesen. Ich hatte das Gefühl, daß wir zu Darstellern eines Films degradiert wurden, der einem ganz anderen Plan folgte. Bryan Harvey wollte einen Film machen, bei dem man das Gefühl hatte, die Schlucht durch meine Augen zu sehen. Aber das waren nicht meine Augen, sondern *seine*, die durch meine Augen schauten. Der Film kam mir vor wie ein amerikanisches Amateurvideo für die breite Masse. Im Rahmen dessen, was der Film leisten soll, ist er gut gemacht. Doch was ich für dieses Land und seine Menschen empfinde, mein Verhältnis zu ihnen, stellt er nur unzulänglich dar.«

Baker gestand, er habe bei dem Ganzen viel über das menschliche Wesen gelernt. Daß die Geschichte die Menschen derart polarisiert hatte, amüsierte ihn. Entweder sie spendeten ihm Beifall und projizierten Shangrila in die Schlucht, oder sie verurteilten ihn als Scharlatan und Schwindler, so wie es Rick Fisher getan hatte.

Für ihn war die Tour zum Wasserfall nur ein Teil einer noch nicht abgeschlossenen Erforschung der kulturellen und spirituellen Landschaft Pemakös. Seine nächste Pilgerreise dorthin werde »endgültig« sein, sagte er.

»Der Wasserfall ist ein Tor zu weiteren Reisen. Er ist kein Endpunkt, nichts, was man für sich in Anspruch nehmen, woran man seinen Namen heften kann. Er bietet lediglich Orientierung in einer Geographie der äußeren Umwelt und zudem des Geistes, des Bewußtseins. Anscheinend kann der westliche Geist eine Landschaft nicht würdigen, ohne sie durch den individuellen Filter des Ich zu sehen. Das ist meine eigentliche Entdeckung.«

Nicht lange nach seiner Rückkehr aus Washington und New York flog Baker mit Sardar im Auftrag von *National Geographic* nach Tibet. Die Herausgeber hatten Baker gebeten, eine Expedition vorzubereiten, um die Geomorphologie der Schlucht zu untersuchen. Der Artenschützer George Schaller sollte die Studien durchführen und darüber schreiben. Er hatte lange Zeit in Tibet gearbeitet, um Naturschutzgebiete und Nationalparks zu gründen, und arbeitete eng mit dem Tibet Forestry Department zusammen, das die Einrichtung des sogenannten Great Valley Nature Reserve in der Schlucht beaufsichtigt. Als das Team jedoch in Lhasa zusammentraf, zogen die Behörden ihre Reiseerlaubnis zurück und verboten den Zutritt zum sogenannten Great Canyon. Es würde also keinen Bericht geben.

Daß sich National Geographic so in den Vordergrund drängte, hatte die Behörden in Peking sehr verärgert und dazu geführt, daß China sein Gesicht verlor. Die *China Daily* versuchte, die Geschichte umzuschreiben, und brachte eine Meldung mit der Überschrift »Chinesische Forscher als erste beim Wasserfall«. »Obwohl es chinesischen Wissenschaftlern sicher nicht an Tapferkeit, Ausdauer und Perfektionswillen fehlt«, heißt es in dem Artikel, »sind sie manchmal bei der Meldung ihrer Entdeckungen nicht ganz so schnell.« Der Geologe Yang Yichou, der die Expedition der Academica Sinica mit angeführt hatte, berichtete, er wisse schon seit Jahren von dem verborgenen Wasserfall. Bereits 1986 habe ihm ein Fotograf der Volksbefreiungsarmee mehrere Luftaufnahmen der Rainbow Falls und der Hidden Falls gebracht, die von einem Hubschrauber aus aufgenommen worden waren. Der Geologe habe sie Zangbo Badong Nummer Eins und Nummer Zwei genannt.

In einem anderen Interview, das auf chinesisch im Internet veröffentlicht wurde, sagte Yang: »Es ist für Amerikaner verboten, unseren Cañon auszukundschaften.« Er warf chinesischen Reiseveranstaltern Profitgier vor und kritisierte, daß sie Geschäfte mit Ausländern machten, die »unsere Schätze« aus der Schlucht »gestohlen« hätten.

Das Ergebnis war, daß die Schlucht für Fremde erneut geschlossen wurde. Die chinesischen Wissenschaftler meinten, die Schließung gebe ihnen Zeit, um Naturschutz- und Entwicklungspläne für einen Nationalpark und ein Artenschutzgebiet in der Schlucht auszuarbeiten, was Schaller sehr begrüßte. Seiner Meinung konnte die Schlucht nur erhalten werden, wenn sie zum Naturschutzgebiet erklärt wurde. Er mußte sich letztendlich über ein Jahr lang gedulden, bis er in den Cañon zurückkehren und seine Arbeit fortsetzen konnte.

In Sardars Ohren klang die Aussicht auf einen Nationalpark wie Totengeläut. Manche Chinesen seien wie besessen von dem Gedanken, die Wildnis Pemakös zu zähmen, und schreckten vor keinem Projekt zurück, sagt er. Man hat Überlegungen angestellt, ob man nicht eine Seilbahn zu den Wasserfällen bauen sollte, damit die Touristen sie bequem besichtigen können. Einige Ingenieure haben vorgeschlagen, unter dem Doshong La hindurch einen Kanal in den Fels zu sprengen, um einen Teil des Tsangpo über ein Kraftwerk in die untere Schluchtregion zu leiten, und ein Straßennetz zu bauen, das Pemakö mit dem chinesischen Mutterland verbindet.

»Es gibt zwei Möglichkeiten, die Schlucht zu erschließen: entweder rücksichtslos und gewaltsam, wie die Chinesen es tun, oder indem man die heiligen Pilgerstätten zu Naturschutzgebieten erklärt«, meint Sardar. Doch beide Möglichkeiten laufen letztendlich auf dasselbe hinaus, befürchtet er: daß die Tage, in denen er mit den Mönpa-Jägern durch die Wildnis streifen kann, gezählt sind. »Wir werden es noch miterleben, wie die Wildheit Pemakös zugrunde geht.«

Doch bevor es soweit kam, wollte Sardar noch eine letzte Pilgerreise unternehmen, um das paradiesische Yangsang Ney Pemakös ausfindig zu machen. Das letzte unerforschte und unbewohnte Nebental der Schlucht erschien ihm dabei am aussichtsreichsten. Es ist unter den Einheimischen als Bodlunga-Tal bekannt und liegt an den südlichen Berghängen des Namche Barwa. Sardar und Baker hatten das Tal 1997 erforschen wollen, nachdem die Gillenwaters und Strom sich von ihnen getrennt hatten und nach Norden weitergezogen waren, um den inneren Teil der Schlucht zu erkunden. Die Dorfbewohner hatten ihnen jedoch erklärt, daß die Reise unmöglich sei: Jetzt, im August, sei das Gras zu hoch, um den Weg zu finden, hatten sie gemeint. Sie sollten es lieber im Frühling oder im Winter versuchen.

In mehreren Jagdhütten waren Sardar die weißen Felle einer seltsamen Primatenart aufgefallen. Die Jäger hatten die Tiere im Bodlunga-Tal erlegt. Die genaue Art konnte Sardar zwar nicht bestimmen, aber für einen Affen waren die Felle seiner Ansicht nach zu groß. Sie stammten viel eher von einem Menschenaffen, einem weißen Menschenaffen. Daher auch der Name, den er dem abgeschiedenen Tal gab: »The Valley of the White Ape«, das Tal des weißen Menschenaffen. Aufgrund der Schriften, die er studiert hatte, und der mündlichen Überlieferungen war er sicher, dort das Yangsang Ney zu finden.

Während Baker eifrig an seinen Memoiren schrieb, willigte Sardar auf meine Bitte hin ein, nach Pemakö zurückzukehren. Zunächst wollte er nach Bayu, wohin er Abschriften von Pilgerbüchern bringen wollte, die er gefunden hatte und die eine vage Wegbeschreibung zum Yangsang Ney enthielten.

Sie sollten Ersatz für die Abschriften im Kloster Bayu sein, die von den Roten Garden zerstört worden waren. Gemeinsam mit Tsering Dondrup und dessen Bruder, dem Lama, wollte er dann weiter zu den Hidden Falls gehen, wo der Lama ein Reinigungsritual durchführen sollte, um den Wasserfall von der negativen Energie zu befreien, die in den vergangenen Monaten dort entstanden war. Dann wollten sie über einen Ausläufer des Namche Barwa in das Valley of the White Ape absteigen. Der Lama war noch nie dort gewesen, aber Sardar glaubte, es könnte den Mönpas als Rückzugsort dienen, wenn die Apokalypse der Kettensägen, Planierraupen, Gästehäuser, Parkwächter und Ökotouristen losbrach. Dort wären sie von der Welt des zwanzigsten Jahrhunderts abgeschnitten, so wie es die Schriften verheißen hatten.

Weil Sardar Verpflichtungen hatte, mußte die Pilgerreise, die ursprünglich für November 1999 geplant gewesen war, in den Mai des folgenden Jahres verschoben werden. Das Gras im Tal sei dann immer noch niedrig genug, dachte Sardar, aber der Monsun konnte ihnen Schwierigkeiten bereiten. Zudem war der Zugang zur Schlucht offiziell noch immer verboten. Steve Currey, der Veranstalter von Wildwassertouren aus Utah, glaubte jedoch, über seine Kontaktleute in Chengdu zumindest eingeschränkte Reisegenehmigungen zu bekommen: Sie sollten ihre Beziehungen nutzen und bei den Polizeibehörden ein wenig mit Geld nachhelfen.

Currey wollte die Schlucht und ihre Möglichkeiten nach wie vor unbedingt als Paradies für Abenteuerreisen vermarkten und war überzeugt davon, daß sich Touren ins Valley of the White Ape ungeheuer gut verkaufen ließen. Gemeinsam mit einem Videofilmer und einem Medienexperten wollte er sich Sardar anschließen und per Satellitenverbindung täglich auf einer Website über ihre Fortschritte berichten. Mit einer solchen »virtuellen Expedition« würde er leichter Sponsoren gewinnen und für sein Angebot werben können. Currey schlug vor, die Expedition auf zehn Teilnehmer zu erweitern, um die Kosten zu senken, und auch die Gillenwaters mitzunehmen, die bereits Interesse gezeigt hatten. Ein Team von zehn Leuten erforderte etwa dreißig Träger, was die Karawane auf eine Größe anwachsen lassen würde, wie es zur Kolonialzeit üblich war.

Sardar hatte kein gutes Gefühl bei der Sache. Schließlich sollte es eine Pilgerreise sein und kein Medienspektakel, keine belagerungsartige Invasion. Wie immer bat er seinen Guru Chatral Rinpoche auch dieses Mal um eine Weissagung für die Expedition.

Dann ließ Sardar Currey die folgende Nachricht zukommen: »Die Weissagung für die Tour ins Valley of the White Ape fiel negativ aus, sowohl für den Ort, als auch für die Teilnehmer. Der Lama wiederholte mehrmals, daß die innersten Bereiche des verborgenen Landes erst noch erschlossen werden müßten und daß sie nur jemand aufsuchen sollte, der mit der spirituellen Übertragungslinie des Ortes in Verbindung steht. Die Vorstellung, auch Journalisten, professionelle Videofilmer, Fotografen und ein Inmarsat-Satellitensystem dorthin zu bringen, ist mit den Prinzipien einer buddhistischen Pilgerreise unvereinbar.«

Die Expedition zum Valley of the White Ape wurde also abgeblasen.

Die Pilgerreise hingegen fand statt. Nachdem sich Sardar von der Expedition zurückgezogen hatte, bat er Chatral Rinpoche um eine zweite Weissagung. Ohne die Gillenwaters und Currey mit seinem Gefolge würden nur mehr drei Personen auf Pilgerreise gehen: Sardar, ich und der kanadische Bergführer Jeff Boyd, der bereits zweimal in der Schlucht gewesen war und im Krankenhaus von Banff die Notaufnahme leitete.

Der Rinpoche erwachte aus seiner Vision und verkündete: »Ihr könnt alle ungehindert gehen.« Aber er mahnte uns auch, daß wir uns äußerst unauffällig verhalten sollten, um nicht verhaftet zu werden. »Der Tiger ist euer Verbündeter«, riet er uns. »Pirscht durch den Urwald wie er, unbemerkt und gewandt.«

In Lhasa erwarteten uns schlechte Neuigkeiten: Ein gewaltiger Erdrutsch versperrte einen Teil der Verbindungsstraße zwischen Lhasa und Sichuan und hatte den Yigrong, einen Nebenfluß des Po Tsangpo, aufgestaut. Das Gebiet war als geologisch instabil bekannt. Bereits 1901 hatte sich ein Erdrutsch über den Yigrong gewälzt, so daß sich hinter dem Geschiebe ein See gebildet hatte. Nachdem der Wasserpegel einen Monat lang unaufhörlich gestiegen war, durchbrach das aufgestaute Wasser den Damm und donnerte in den Cañon des Po Tsangpo. Noch zwölf Jahre später hatten Bailey und Morshead die Spuren davon gesehen.

»Eine riesige Lawine aus Wasser, Erde und Steinen« – so Baileys Worte – war durch das Yigrong-Tal gerauscht, hatte einen mehr als drei Kilometer breiten und 100 Meter hohen Schwemmfächer aufgetürmt und drei Dörfer unter sich begraben. Die Schuttwalze rollte den Po Tsangpo hinunter und hinter dem Zusammenfluß mit dem Tsangpo weiter Richtung Indien. Stammesangehörige im unteren Teil der Schlucht hatten Bailey berichtet, daß sie die »Leichen seltsamer Menschen« gefunden hätten: Es waren Tibeter aus flußaufwärts gelegenen Gebieten. Bailey und Morshead folgten dem Yigrong bis zu der Stelle, wo er in den Tsangpo mündet, und stießen dort auf die Überreste eines zerstörten Dorfes. Sie errechneten, daß die Flutwelle 50 Meter über dem Hochwasserpegel des Vorjahres gelegen haben mußte.

Jetzt, fast ein Jahrhundert nach dieser Überschwemmung, war der Yigrong von zwei Erdrutschen blockiert worden, wobei einer den anderen ausgelöst hatte. Die Schneemassen im oberen Stromgebiet des Yigrong waren rasch geschmolzen, als es Frühling wurde, und hatten die Hänge oberhalb des Flusses durchtränkt. Der erste Erdrutsch – noch verhältnismäßig klein – löste eine 100 Millionen Kubikmeter große Geröllawine aus. Forscher vermuteten, daß sie mit einer Geschwindigkeit von fast 50 Metern pro Sekunde ins Tal gerauscht war. Auf dem Weg nach unten rissen die Schlammmassen weitere 100 Millionen Kubikmeter Schutt mit sich, und als sich die Lawine (an derselben Stelle wie bei dem Erdrutsch von 1901) über den Fluß schob, entstand ein Damm von 120 Meter Höhe und fast drei Kilometer Breite. Das Ganze hatte laut Augenzeugen nicht länger als zehn Minuten gedauert und hinterließ eine tiefe Schneise in der Landschaft, die selbst auf Satellitenbildern deutlich erkennbar war. Ein chinesischer Hydrologe hielt den Erdrutsch für den größten, den es jemals in Asien gegeben hatte, und für den drittgrößten, der sich weltweit je ereignet hatte.

Wieder bildete sich ein See im Yigrong-Tal. Da die Behörden eine ähnliche Überschwemmung wie 1901 befürchteten, sperrten sie das gesamte Gebiet für den Verkehr und evakuierten mehrere bedrohte Dörfer am Po Tsangpo und am Tsangpo. Wenn der Erddamm brach, würden das aufgestaute Wasser und der Schutt jedem zum Verhängnis werden, der im Weg stand – auch drei Pilgern aus dem Westen, die entlang dem Po Tsangpo nach Bayu unterwegs waren.

Sardar hatte eine Idee, wie sie diesem Schicksal entrinnen und die Straßensperren umgehen konnten: Sie würden kurz vor dem Erdrutschgebiet Richtung Schlucht abbiegen und diese über den 4877 Meter hohen Nyima La betreten. Auch Bailey und Morshead hatten den Paß 1913 überquert, und kurz dahinter hatte Bailey den leuchtend himmelblauen Mohn entdeckt, *Meconopsis baileyi*, der nach ihm benannt worden war. Der Mohn würde zu dieser Zeit des Jahres von knietiefem Schnee bedeckt sein, dachte Sardar, aber wenn ihnen die

Überquerung gelang, konnten sie durch die Schlucht nach Bayu gelangen, ohne Gefahr zu laufen, von einer Schuttwalze begraben zu werden.

Wir ließen es also darauf ankommen, ob das Public Security Bureau dem Plan zustimmen und die Reisegenehmigungen ausstellen würde, und verließen Lhasa Richtung Osten. In Bayi, der letzten größeren Stadt vor dem Erdrutsch, hatte Sardar einen guten Draht zu einem einflußreichen Polizeihauptmann. Ohne seine Zustimmung wäre die Reise zum Scheitern verurteilt.

Als wir schließlich in Bayi ankamen, freute sich der Hauptmann – ein Khampa – zwar, Sardar wiederzusehen, konnte aber einer Reiseerlaubnis nicht zustimmen, weil ihm, wie er sagte, die Autorität hierfür fehle. Der tibetische Vizepräsident kümmere sich höchstpersönlich darum, daß der Stausee abgeleitet werde, und ab Bayi sei die Durchfahrt nur für die Polizei, das Militär und beratende Geologen aus Chengdu gestattet. Er werde trotzdem noch am Abend seine Vorgesetzten in Lhasa anrufen und sich für uns einsetzen.

Abends mieteten wir uns in einem staatlich geführten Gästehaus namens Welcome Hotel ein, einem dreistöckigen Betonkasten mit gleichgültigem Personal und überschwemmten Gemeinschaftsbädern. Als wir nach dem Essen durch die fast menschenleeren Straßen von Bayi liefen, wurde Sardar deprimiert. Mitten in der Stadt schwammen auf einem offenen Abwasserkanal Plastiktüten und abgefahrene Reifen an einem neuen, pyramidenförmigen Einkaufszentrum vorbei, das von zwei riesigen, pilzförmigen Türmen flankiert war.

»Bald wird es in ganz Tibet so aussehen«, sagte Sardar. »Die Nomaden kommen in die Stadt, sehen das hier, gehen in die Karaoke-Bars, deren Dröhnen und Plärren die Geräusche der Natur übertönen, und denken sich: ›Das ist der Hit!‹«

Zurück in seinem Hotelzimmer hörten sie den Widerhall lauter Stimmen aus der Lobby, und durch den Türspalt quoll ungesunder Zigarettendunst herein. »Um ins Paradies zu kommen, muß man zuerst durch die Hölle gehen, und Bayi ist die Hölle. Ich gehe jetzt schlafen«, meinte Sardar nur noch.

Doch es war gar nicht so einfach, in dieser Nacht Schlaf zu finden. Von ein Uhr bis halb vier Uhr drangen vom Hof des Hotels Geräusche herauf wie aus Dantes Inferno. Unter unseren Fenstern parkte ein Viehtransporter mit Schweinen, die zum Schlachten gebracht werden sollten. Ihr ununterbrochenes Quieken war grauenhaft, es klang wie ein Chor der Verdammten. Hin und wieder glaubte man sogar, einzelne Worte zu verstehen – verzweifelte, kehlige Schweineworte des Grauens.

Um halb sechs Uhr ertönte der Weckruf: Die Lautsprecher auf dem Hof begannen, Militärmusik und träge Popballaden zu schmettern. Der Morgen war kalt und grau, und es sah nach Regen aus. Beim Frühstück kam Sardar auf die Schweine zu sprechen.

»Ein höllischer Lärm«, sagte er. »Ich glaube, das war die Stimme von Dorje Phagmo, der Schweinegöttin. Vielleicht war es ein Zeichen.«

Buddhistische Schriften besagen, daß alle, die nicht dafür ausersehen sind, nach Pemakö zu gehen, Stürme, Überschwemmungen und Erdrutsche erleben und vielleicht sogar sterben werden. Was bei dieser Aufzählung noch fehlt, sind Bürokraten und Polizisten.

Als wir am Morgen wieder auf die Wache kamen, begrüßte uns der Hauptmann stolz mit seinem neuen Exemplar von Rick Fishers *Earth's Mystical Grand Canyons*. Fisher war etwa einen Monat vor uns – als das Wasser in dem aufgestauten See noch niedriger stand – auf dem Rückweg aus der Schlucht hier vorbeigekommen und hatte dem Polizisten das

Buch geschenkt. Ironischerweise war das Umschlagfoto in Bayu aufgenommen worden, wohin Sardar die Kopien von den Schriften über das Valley of the White Ape bringen wollte.

Sardar ahnte, daß der Hauptmann keine guten Nachrichten hatte. Um ihm zuvorzukommen, bot er ihm an, die Gelegenheit zu nutzen und mit auf Pilgerreise zu gehen. Er könne sich ja die Schlucht ansehen und geeignete Stellen für die in dem Ökotourismus-Projekt vorgesehenen Gästehäuser auswählen. Es gebe noch viele andere Reiseveranstalter, meinte Sardar, die ein Auge auf die Reichtümer der Schlucht geworfen hätten und seine Autorität in dieser Region bald anzweifeln würden. Jetzt habe er die Möglichkeit, seine Position zu festigen.

»Mr. Hamid, Sie sind mein Freund«, sagte der Hauptmann. »Ich würde Ihnen gerne helfen. Aber es ist ein ganzer Berg herunter in den Fluß gestürzt. Sehr gefährlich. Meine Chefs sagen, Sie können nicht weitergehen. Sie müssen zurück nach Lhasa. Warum kommen Sie nicht ein anderes Mal wieder, und dann gehen wir zusammen nach Pemakö?«

Auf der Rückfahrt nach Lhasa meinte Sardar: »Die Erde rebelliert. Sie wappnet sich für den großen Befreiungsschlag. Dorje Phagmo möchte den Cañon von den Energien reinigen, die diesen Ort seit 1993 umgeben. Seither geht es nur noch um das Ego – als erster das hier tun, als erster dorthin kommen – und um das menschliche Streben nach Ruhm.«

Für einen Buddhisten war die Botschaft so klar wie das Quieken der Schweine in der Nacht: Die innerste Sphäre des Bäyül sollte nicht erschlossen werden – weder durch ein Tor bei einem Wasserfall, noch über ein Tal, in dem weiße Affen lebten. Die Zeit war noch nicht gekommen.

Epilog

NACH DER FLUT

Am 10. Juni 2000, neun Tage nach der Warnung der Schweinegöttin, durchbrach das aufgestaute Wasser im Yigrong-Tal gegen Mitternacht den Erddamm. Chinesische Ingenieure hatten versucht, den See mit Hilfe eines Kanals abzuleiten, konnten das Wasser jedoch nicht unter Kontrolle halten. Innerhalb weniger Minuten riß es ein Stück aus der Schuttlawine, floß ab, und die Schneise verbreiterte sich, bis der Damm schließlich brach. Eine gigantische Flutwelle aus Wasser, Schlamm und Steinen wälzte sich den Fluß hinunter und ergoß sich in den Po-Tsangpo-Cañon. Als die Überschwemmung die Flußschlaufe Great Bend erreichte, gab es einen Rückstau in den inneren Cañon des Tsangpo, doch der größte Teil der Wassermassen bewegte sich weiter auf die indische Grenze zu. Wie bei der Flut von 1901 schmirgelte der Gletscherseeausbruch die Felswände bis auf das Grundgestein ab – und das bis auf 50 Meter über der normalen Hochwassermarke. Kleinere Brücken und Seilbrücken wurden davongeschwemmt.

Unter den Tibetern oder Chinesen gab es glücklicherweise keine Opfer. Anfang Mai wurden die Bewohner der Dörfer entlang des Po Tsangpo evakuiert und die des unteren Tsangpo-Cañons flüchteten sich in die Hügel, wo die chinesische Luftwaffe sie aus der Luft mit Lebensmitteln und anderen Vorräten versorgte. An Indien ging jedoch keine entsprechende Warnung. Dort ertranken ungefähr dreißig Menschen, fünfzigtausend wurden obdachlos. Indische Journalisten verlangten vom chinesischen Water Resources Department eine Erklärung. Ein Sprecher antwortete: »Tibet ist ein sehr heikles Thema in Peking« und verweigerte jede weitere Stellungnahme.

Der Biologe George Schaller war in jener Zeit mit einem fünfköpfigen Team in der Gegend von Metok unterwegs gewesen. Am 8. Juni, zwei Tage vor der Katastrophe, waren sie wieder abgereist. Bei dieser Expedition wanderten sie etwa 400 Kilometer weit, nahmen Daten auf und befragten die Dorfbewohner, wieviel Vieh sie durch Tiger verloren hatten.

Schaller fand heraus, daß es vor 1990 kaum Viehverluste gegeben hatte, sie sich seltsamerweise aber seit 1992, als die Schlucht Fremden wieder zugänglich war, deutlich gehäuft hatten. 1995 erreichten sie einen Höchststand. Nach seinen Aufzeichnungen rissen die Tiger in diesem Jahr in der Gegend von Metok und im angrenzenden Flußtal des Chimdro hundertvierzig Yaks und anderes Vieh sowie siebenundzwanzig Pferde – eine beachtliche Zahl angesichts der Tatsache, daß zur damaligen Zeit nur etwa zwanzig Tiger durch die Wälder streiften. Der Verlust bereits eines einzigen Yaks oder Pferdes ist für die verarmten Dorfbewohner ein schwerer Schlag, so daß sie trotz des Jagdverbots Tiger schossen. Seit 1996 sind angeblich vier Tiger erlegt worden, und die Verluste an Weidevieh und Pferden in den untersuchten Dörfern haben sich um mehr als die Hälfte verringert.

Nachdem Schaller und seine chinesischen Kollegen die Schlucht verlassen hatten, verfaßten sie einen Bericht, in dem sie sich für ein »ausführliches ökonomisches Gutachten über den potentiellen Wert des Tourismus« einsetzten. Nach Einschätzung der Behörden würden bis zum Jahr 2005 über siebenhunderttausend Touristen aus China und anderen Ländern die Schlucht besucht haben – ungeachtet der Schwierigkeiten und Kosten einer solchen Reise und der Tatsache, daß sie offiziell immer noch geschlossen war, als Schallers Bericht veröffentlicht wurde. Zur Unterbringung der erhofften Besucherströme plante man bei Nyingchi, in der Nähe des Schluchteingangs, eine Anlage mit »Ferienvillen« für tausend Gäste. Für die Reichen und Mächtigen ist ein Luxushotel vorgesehen. In Erwartung des Touristenbooms haben sich Geschäftsleute der Präfektur Nyingchi zu einem Verein zusammengeschlossen, der es sich zur Aufgabe gemacht hat, die Gerüchte zu prüfen, denen zufolge ein »legendärer Wilder« – wahrscheinlich ein Yeti – in der Schlucht haust.

Nach den Naturschutzplänen des Tibet Forestry Department wird dem sogenannten Great Valley Nature Reserve innerhalb der kommenden zehn Jahre absolute Priorität unter den Entwicklungsprojekten eingeräumt. Der tiefstgelegene Fluß der Welt soll zu einer Hauptstütze des tibetischen Fremdenverkehrs werden, zu einer der drei landschaftlichen Sehenswürdigkeiten Tibets von Weltrang. Auf nur einer Tour, hieß es in einem Gesamtplan für die nächsten zehn Jahre, könnten die Besucher den höchsten Berg und das tiefste Flußtal der Welt sehen sowie Lhasa, »die geheimnisvolle Kultur am dritten Pol der Welt«.

In fünf Kerngebieten innerhalb des 9000 Quadratkilometer großen Reservats sollen das Jagen und Holzfällen, der Bergbau und das dauerhafte Siedeln verboten sein. Das Mönpa-Dorf Bayu soll zu einem Bildungs- und Kulturzentrum umfunktioniert werden, wo die Dorfbewohner Kunsthandwerk, Pilze, Speiseöle, Pflanzenfarben und Heilkräuter verkaufen.

Schaller bezweifelte die angekündigte Flut von Touristen und die Eignung des Ökotourismus als Instrument des Umweltschutzes. »Es darf bezweifelt werden, daß der Tourismus die Regierung für ihre Investitionen entschädigt, zu den Erhaltungskosten des Reservats viel beiträgt und den Menschen dieser Region von Nutzen ist«, schrieb er und wies darauf hin, daß die schon lange bestehende Annapurna Conservation Area in Nepal lediglich sechzig Prozent ihres Jahresetats aus dem Tourismus bestreitet und der Rest von Spendenorganisationen zugeschossen wird. Nur sieben Prozent dessen, was Touristen in dem Naturschutzgebiet ausgeben, komme auch tatsächlich bei den Einwohnern an. »Gewinne zu versprechen ist schlimmer, als gar keine Versprechungen zu machen«, schrieb Schaller.

»Die Pläne Chinas im Hinblick auf den Tourismus sind völlig unrealistisch«, sagte er mir und erklärte, daß andere Regionen Tibets eine viel reichere Kultur hätten, nicht so schwer zugänglich und unwirtlich seien und außerdem für Fremde geöffnet. China hat jedoch eine riesige Bevölkerung und eine wachsende Mittelschicht, so daß der neue Nationalpark gar nicht auf reiche Besucher aus Europa und Amerika angewiesen wäre. Neue Ferienorte im Gebirge von Yunnan und Sichuan ziehen chinesische Touristen an, denen es die wilde Schönheit der Berge und die tibetische Kultur angetan haben.

Um 1900 stellte sich Sir Thomas Holdich, der Präsident der Royal Geographical Society, ein schickes neues Hotel für Reisende und Sportler mit Blick auf die Brahmaputrafälle vor. Er ging, was die Gestaltung betrifft, nicht ins Detail, aber man kann sich gut vorstellen, wie ihm ein elegantes Holzhaus mit breiten Terrassen vorschwebte, ganz im Stil der britischen Hill Stations im Bergland von Darjeeling oder Simla. Der Bericht von Bailey und Morshead an die RGS von 1914, der die gefährliche Topographie der Schlucht offenbarte, bereitete solchen Gedankenspielen ein rasches Ende und hätte beinahe auch die Vermutung ad absurdum geführt, daß ein so großer Wasserfall überhaupt existierte.

Jetzt, fast hundert Jahre später, erweist sich Holdichs Vision als nicht einmal ganz so abwegig. Es gibt in der Schlucht tatsächlich einen aufsehenerregenden Wasserfall, und im Cañon sollen Gästehäuser für abenteuerhungrige Touristen gebaut werden – wenn auch nicht mit Blick auf den Wasserfall. Was für Menschen kommen werden und wie viele, und welche Auswirkung diese Entwicklung auf die physischen und spirituellen Gegebenheiten im Cañon haben wird, kann heute noch niemand sagen.

Nach seiner Rückkehr aus Tibet beschloß Hamid Sardar, Kathmandu zu verlassen und eine Niederlassung der School for International Training in Ulan Bator in der Mongolei zu eröffnen. Als Leiter der Schule brachte er einen Großteil des Jahres damit zu, seine Studenten durch die Wildnis des mongolischen Hinterlandes zu führen, mit Nomadenhirten zu leben und die gigantischen Weiten der Steppe zu erkunden.

Jeff Boyd widmete sich wieder der Notfallmedizin in Banff, reiste aber ein Jahr später mit George Schaller nach Westtibet. Gemeinsam untersuchten sie das Migrationsverhalten des vom Aussterben bedrohten Chiru, auch Tibetische Antilope genannt, und folgten den Tieren von der Changthang-Region bis zu den unbekannten Regionen nördlich der Taklamakan-Wüste im Westen des Kunlun-Gebirges, wo sie ihre Jungen gebären. Die Antilopen mit den grazilen, wie eine Lyra geschwungenen Hörnern beschäftigten Schaller bereits seit 1988. Im Jahr 1993 unterstützte er die Tibeter bei der Einrichtung eines Reservats für diese Tiere, und er hofft, dasselbe eines Tages für die bedrohten Arten der Tsangpo-Schlucht tun zu können.

Die Gillerwaters haben eine Website über ihre Abenteuer in Pemakö eingerichtet, auf der ungefähr zwei Dutzend Fotos den Text veranschaulichen, und für den Katalog eines Herstellers von Expeditionsbekleidung haben sie einen ähnlichen

Bericht verfaßt. Keines der Foren hatte genügend Ansehen, um im *National Geographic* lobende Erwähnung zu finden, aber immerhin glaubten die Brüder dadurch den Rekord so darstellen zu können, wie sie es für richtig hielten.

Ken Storm tat sich mit Baker und einigen anderen zusammen und veröffentlichte 2001 eine Neuausgabe von Kingdon-Wards *The Riddle of the Tsangpo Gorges*. Im Januar 2002 schloß Storm sich einer großen Expedition an, die mit Kajaks mehrere Flußabschnitte in der oberen Schluchtregion überwand und somit die Erstbefahrung schaffte, die Walker und seinen Teamkollegen nicht gelungen war. Storm selbst war nicht als Paddler dabei, sondern als historischer und geographischer Experte des Teams angekündigt worden – »einer der großen Erforscher der Tsangpo-Schlucht, [dessen] Name auf ewig mit [ihren] Wasserfällen verbunden sein wird«, hieß es in einer Fernsehdokumentation über das Unternehmen.

Angeführt wurde das Team von Scott Lindgren, einem Himalaya-erprobten Kajakfahrer und Filmemacher, finanziell unterstützt von dem Magazin *Outside* und Chevrolet, die drei Fahrzeuge im Wert von jeweils vierzigtausend Dollar für die Beförderung des Teams in Tibet zur Verfügung stellten. Es bestand aus sechs weiteren Paddlern aus den USA, Großbritannien, Neuseeland und Südafrika sowie einer etwa achtzigköpfigen Versorgungsmannschaft, die Träger miteingeschlossen. Als Reisezeit wählte Lindgren den tiefsten Winter, wenn der Tsangpo am wenigsten Wasser führte. Trotzdem verschlang der Fluß beinahe mehrere der Paddler, während sie sich von Pe aus stromabwärts zu einer Stelle kurz unterhalb der Rainbow Falls vorkämpften. Dann überquerten sie den verschneiten Senchen La – ein gefährlicher Aufstieg, bei dem jeder der Kajakfahrer sein Boot selbst über die Paßhöhe trug. Im Dorf Lugu, hinter dem Paß, wo Baker und Storm 1993 so ausgelassen gefeiert hatten, meuterten die Träger und verlangten weitere zehntausend Dollar – für jeden Träger ungefähr zweihundert – was angesichts der Gefahr der Umtragung nicht unbedingt unverhältnismäßig war. Nach einem dreitägigen Hin und Her zahlte Lindgren zähneknirschend und heuerte neue Träger an, aber er hätte ebensogut einfach aufgeben können: Die plötzliche Überschwemmung hatte den Lauf des Tsangpo unterhalb der Great Bend so verändert, daß Satellitenkarten hinfällig waren. Die Aussicht auf uneinsehbare Streckenabschnitte, Stromschnellen über die gesamte Flußbreite, die nicht umtragen werden konnten, und das schrumpfende Budget brachte Lindgren schließlich dazu, die Tour abzubrechen und nach Hause zu fahren.

Dennoch war es dem Team gelungen, bei Niedrigwasser und mit nur leicht beladenen Booten diejenigen Abschnitte des Cañons zu befahren, wo Doug Gordon und Yoshitaka Takei umgekommen waren. Als Lindgren das Drehbuch für seine NBC-Dokumentation schrieb, bezeichnete er die Tour als »eine der perfektesten Expeditionen der heutigen Zeit«. Doch trotz aller Rücksicht auf die Kultur und die spirituelle Bedeutung der Schlucht war es eben genau so ein Unternehmen, wie es Sardars Guru, Chatral Rinpoche, kategorisch abgelehnt hatte: eine belagerungsartige, mediengesteuerte Invasion, bei dem täglich Berichte, Fotos und Hörproben im Internet den Verlauf der Tour kommentierten. Ich las sie und sah mir Lindgrens spannende und herrlich gefilmte Dokumentation an, wobei ich mir vorstellte, wie der Lama sicher mit dem größten Vergnügen erklärt hätte, daß es Dorje Phagmo wieder einmal gelungen war, ein »Dream Team« aus dem Westen zu schlagen, so wie sie es auch mit Wickliff Walker und mir getan hatte.

Nachdem Boyd, Sardar und ich aus Tibet zurückgekehrt waren, begann ich mich ausgiebig mit dem Erdrutsch am Yigrong zu befassen, der unser Abenteuer im Paradies sabotiert hatte. Wären wir früher darüber informiert worden, dann hätten wir unsere Expedition vielleicht um einige Monate verschieben können. Tatsächlich brachte der Bergführer und Tibetexperte Gary McCue, der während meiner ersten Reise nach Tibet 1988 die Tour geführt hatte, vier Monate nach der unerwarteten Überschwemmung vier Wanderer in die Schlucht und erreichte mit ihnen die Hidden Falls. McCue und seine Lebensgefährtin, Kathy Butler, meinten, die Tour sei die schwierigste gewesen, die sie jemals unternommen hätten, aber auch eine der lohnendsten.

Das Ausmaß des Erdrutsches über den Yigrong und die Gefahr, die das aufgestaute Wasser darstellte, wurde mir bewußt, als ich ein herrlich koloriertes Satellitenbild sah, hergestellt vom europäischen Konsortium Spot Image. Die Schneise in den Bergen oberhalb des Flusses war auf dem Bild in grellem Pink zu sehen, der entstandene See in Saphirblau. Ein anderes Satellitenfoto, das Boyd mir per E-Mail schickte, zeigte die ganze Tsangpo-Schlucht. Das mehrere Monate vor der Überschwemmung aufgenommene digitale Bild war so gestochen scharf und realistisch, daß ich das Gefühl hatte, in dem Raumschiff zu sitzen, in dem es aufgenommen worden war. Man konnte jeden Ausschnitt des Fotos so stark vergrößern, daß man die Eigenheiten der Landschaft bis ins kleinste Detail erkannte – mit nur einem Mausklick.

In der optimalen Vergrößerung konnte man sowohl die Rainbow Falls als auch die Hidden Falls deutlich sehen, sogar die Gischtwolken, die sich darüber auftürmten. Ich konnte die Steilwände ausmachen, die Bailey und Morshead wie auch Kingdon-Ward und Cawdor daran gehindert hatten, die Schlucht zu durchqueren. Man sah die Stellen, wo Dough Gordon und Yoshitaka Takei verschwunden waren, und die schwierige Route, auf der wir von den Hidden Falls in das Valley of the White Ape gelangt wären.

Um ehrlich zu sein: Ich war nie besonders wild auf die Tour gewesen. Abgesehen von der üblichen Nervosität vor einer schwierigen Expedition hatte ich diesmal ein besonders ungutes Gefühl. Etwa eine Woche vor unserer Abreise nach Tibet beschloß ich, mir einige Karten der Schlucht zu kopieren, darunter auch ein Satellitenfoto von der Umgebung der Wasserfälle. Diese letzte Kopie war jedoch völlig schwarz, mit Ausnahme einer weißen Linie, die den Tsangpo zeigte, und drei freien Stellen, die wie Fingerknochen aussahen. Sie deuteten genau auf die Hidden Falls.

Ich bin nicht abergläubisch. Da ist nur was mit dem Toner nicht in Ordnung, sagte ich mir also. Doch als ich die Tonerkartusche überprüfte, war sie voll. Die nächste Kopie war wieder einwandfrei.

Sardar und Baker sagen, man solle auf solche Zeichen achten, seiner Intuition folgen und die Vernunft außer Kraft setzen, wenn man sicher durch ein heiliges Land kommen will. Vielleicht wäre auf der Expedition ja auch gar nichts passiert. Meine eher irrationale Furcht, sich zu verlaufen und allein in der Wildnis zugrunde zu gehen, beruht auf einem Kindheitserlebnis: Die Spielkameraden hatten mich im Wald zurückgelassen, und ich irrte stundenlang umher und glaubte, nie wieder nach Hause zu finden. Doch in einem so dichten und unergründlichen Urwald wie dem von Pemakö, wo selbst Jäger und Pilger manchmal in den Tod stürzten und Touristen den Anschluß an die Gruppe verloren, nur weil sie ein Stück neben dem Weg beim Austreten waren, hätten solche Szenarien mehr als nur eine vorübergehende Befürchtung sein können.

So verließ ich Tibet mit einer Mischung aus Erleichterung und Bedauern. Wieder zu Hause beschäftigte ich mich oft mit meinen Karten und Satellitenbildern, um die Routen besser nachvollziehen zu können, denen die Pioniere der Schlucht gefolgt waren. Meist landete ich dann irgendwann bei dem vergrößerten Satellitenbild von der Schlucht, und kauerte auf allen vieren am Boden, um die Wasserfälle durch eine Lupe zu betrachten. Dann wünschte ich mir, ich hätte sie aus der Nähe sehen können.

Eines Tages fiel mir plötzlich auf, daß der Fluß in diesem Abschnitt das Profil eines Takinkopfes nachzeichnet. Wo der Tsangpo eine rechtwinklige Kurve beschreibt, bildet er das Maul des Tieres. Dann fließt er durch eine gerade Rinne, die dem langgezogenen Gesicht eines Takin ähnelt. Wo sonst dessen Auge ist, umspült der Fluß einen riesigen Findling. Die Rainbow Falls markieren seine Stirn. Die Hidden Falls sitzen am Höcker zwischen den Hörnern des Takin, durch den der Überzeugung der Mönpas zufolge unmittelbar nach dem Tod seine Lebensgeister entweichen. Die lange, gerade Klamm unterhalb der Hidden Falls bildet einen Teil des Horns.

Wenn die Apokalypse naht, kehren die Götter in Gestalt eines Takin zurück und weisen den Weg in das heilige Zentrum Pemakös, glauben die Mönpas. Konnte diese Allegorie somit ein Hinweis sein, daß dieser Zeitpunkt gekommen war? Bedeutete sie, daß der endgültige Sturm auf die Schlucht bevorstand, wenn Fremde in die geheimen Jagdgründe der Mönpas eindrangen und die Takin vertrieben?

Womöglich hat Baker recht, was die mysteriöse Höhle am unteren Ende der Hidden Falls betrifft. Vielleicht ist sie der Eingang zum Paradies. Sardar meinte zynisch, daß Baker in Wirklichkeit vielleicht ein Tertön, ein Schatzfinder, war, der in Pemakö eine Geschichte von unwiderstehlicher Kraft und Hoffnung zu finden hoffte. Als buddhistischer Schatztext würde sie etwa so lauten: Wenn die Menschen fliegen können wie die Götter und vom Himmel auf Pemakö herabschauen, dann werden sie die Macht haben, die Lebensweise der Mönpas zu zerstören. Dann ist es Zeit, dem Takin zu folgen und das Yangsang Ney zu suchen, den geheimen Zufluchtsort.

Vielleicht gibt es sogar ein Happy End: Ein verborgener Wasserfall beflügelt die Phantasie der Menschen in der ganzen Welt und läßt Naturschützer Pemakö als Schatzkammer biologischer, kultureller und spiritueller Reichtümer bewahren. Die Lebensweise der Mönpas wäre somit gerettet.

In Wirklichkeit jedoch treffen am Tor zu Shangrila die Barbaren aufeinander. Dem Heer der Gier und der Korruption in China stehen die Mächte der Erleuchtung und des Vertrauens in eine glücklichere Zukunft Pemakös gegenüber. In der Legende von Shambhala erheben sich die Mächte des Guten und besiegen die Mächte des Selbst und des egoistischen Begehrens. Angesichts der gegenwärtigen chinesischen Realpolitik ist der Ausgang des Kampfes allerdings ungewiß. Doch die Zukunft läßt sich gestalten, und vielleicht werden die Mönpas sich erst noch auf die Suche nach dem Yangsang Ney machen müssen. Im Augenblick haben sie lediglich die Gewißheit, daß nur der Gläubige und Würdige seinen Weg ins Paradies findet, wenn die letzte Schlacht bevorsteht.

Glossar

Amban: Titel chinesischer Regierungsvertreter in Tibet, die 1723 von den mandschurischen Kaisern zur Kontrolle der tibetischen Regierung eingesetzt wurden. Die letzten Ambane verließen Tibet 1912.

Changthang: (tib. nördliche Ebene), unwirtliche rauhe Gegend, die nur spärlich von Nomaden besiedelt ist

Dakini: Himmelstänzerin, weibliche Reinkarnation

Dorje: (tibetische Bezeichnung für Vajra: Donnerkeil) im Buddhismus Symbol für die Unveränderlichkeit der Natur, zentraler Begriff im tantrischen bzw. Vajrayana-Buddhismus

Dorje Drolo: eine furchterregende, dreiäugige Figur mit einer Kette aus frisch abgeschlagenen Menschenköpfen, die auf dem Rücken einer Tigerin thront. Wird meist mit einer Gefährtin, eben dieser Tigerin, dargestellt. Chatral Rinpoche ist nicht nur eine Reinkarnation dieser zornvollen Gottheit, sondern seine direkte, spontane Emanation.

Dorje Phagmo: (tib. Diamant-Sau) so genannt nach der weiblichen tantrischen Gottheit Vajravahari; Dakini der höchsten tantrischen Klasse

Dzong: (tib.) Festung

Dzongpon: (tib.) Distriktverwalter

Goral: (lat. Nemorhaedus cranbrooki) eine Art Bergziege mit einem struppigen, rötlichen Fell

Guru Rinpoche: (tib. Bezeichnung für Padmasambhava)

Nirwana: Endziel des Lebens als Zustand vollkommener Ruhe

Padmasambhava: ein historisch nicht gesicherter indischer Guru, der vom tibetischen König Trisong Detsen nach Tibet gerufen wurde, um die vorbuddhistische Bön-Religion zu besiegen und den Buddhismus zu verbreiten. Wird besonders in Tibet sehr verehrt.

Pandit: (Hindi) Gelehrter

Purba: (tib.) magischer Dolch

Rinpoche: (tib. kostbares Juwel) Anrede eines hohen und/oder reinkarnierten Lamas

Takin: (lat. Budorcas taxicolor) eine Art Moschusochse

Tsampa: (tib.) geröstetes Gerstenmehl und tibetisches Grundnahrungsmittel

Yamantaka: gilt als Besieger des Totengottes Yama

Yangsang Ney: (tib.) innerster geheimer Ort

Literaturhinweise

Allen, Charles, *A Mountain in Tibet* (London: A. Deutsch, 1982).

–, *The Search for Shangri-La* (London: Little, Brown and Co., 1999).

Bailey, Frederick M., *China–Tibet–Assam* (London: Jonathan Cape, 1945).

–, *No Passport to Tibet* (London: Rupert Hart-Davis, 1957).

Bernbaum, Edwin, *Der Weg nach Shambhala. Auf der Suche nach dem sagenhaften Königreich im Himalaya* (Freiburg: Verlag Hermann Bauer, 1988).

Bishop, Peter, *The Myth of Shangri-La* (Berkeley: University of California Press, 1989).

Cassaday, Jim, Bill Cross und Fryan Calhoun (Hg.), *Western Whitewater* (Berkeley: North Folk Press, 1994).

Chan, Victor, *Tibet Handbook* (Chico, CA: Moon Publications, 1994).

David-Néel, Alexandra, *Mein Weg durch Himmel und Höllen. Das Abenteuer meines Lebens* (Bern: Scherz, 1988).

–, *Heilige und Hexer. Glaube und Aberglaube im Lande des Lamaismus* (Leipzig: Brockhaus, 1931).

Dowman, Keith, *Geheimes, heiliges Tibet: Ein Führer zu den Mysterien des verbotenen Landes*, übs. v. Eluan Ghazal (Kreuzlingen: Heinrich Hugendubel Verlag, 2000).

Fisher, Richard D., *Earth's Mystical Grand Canyons* (Tuscon: Sunracer Publications, 1995).

Fletcher, Harold (Hg.), *A Quest of Flowers* (Edinburgh: Edinburgh University Press, 1975).
French, Patrick, *Younghusband: The Last Great Imperial Adventurer* (London: HarperCollins, 1994).
Hilton, James, *Der verlorene Horizont* (Frankfurt: Fischer Taschenbuch Verlag, 1997).
Holdich, Thomas H., *Tibet the Mysterious* (London: Alston Rivers, 1906).
Huber, Toni, *The Cult of Pure Crystal Mountain* (New York: Oxford University Press, 1999).
Kingdon-Ward, Francis, *Riddle of the Tsangpo Gorges* (London: Edward Arnold & Co., 1926).
–, *Himalayan Enchantment*, hg. v. John Whitehead (London: Serindia Publications, 1990).
Lopez, Donald, *Prisoners of Shangri-La* (Chicago: University of Chicago Press, 1998).
–, *The Story of Buddhism* (New York: HarperCollins, 2001).
Lyte, Charles, *Frank Kingdon-Ward: The Last of the Great Plant Hunters* (London: John Murray Ltd., 1989).
Macdonald, A. W. (Hg.), *Mandala and Landscape* (New Delhi: D. K. Printworld, 1997).
Mao Xiaolan et al., *Flora and Fauna of the Namche Barwa Region* (Kunming: Science Press China, 1995).
Mariani, Fosco, *Secret Tibet* (London: Harwill Press, 2000).
Meyer, Karl E. und Shareen B. Brysac, *Tournament of Shadows: The Great Game and the Race for Empire in Central Asia* (Washington, D.C.: Counterpoint, 1999).
Morris, James, *Pax Britannica: The Climax of an Empire* (New York: Harcourt Brace Jonanovich, 1968).
–, *Farewell the Trumpets: An Imperial Retreat* (New York: Harcourt Brace Jovanovich, 1978).
Sardar, Hamid, *The Buddha's Secret Gardens: End Times and Hidden Lands in Tibetan Imagination* (Cambridge: Harvard University, Department of Sanskrit and Indian Studies, 2001).
Schell, Orville, *Virtual Tibet* (New York: Metropolitan Books, 2000).
Shapiro, Judith, *Mao's War against Nature* (Cambridge: Cambridge University Press, 2001).

Swinson, Arthur, *Beyond the Frontiers* (London: Hutchinson & Co., 1971).
Vaurie, Charles, *Tibet and Its Birds* (London: H. F. & G. Witherby, Ltd., 1972).
Waller, Derek, *The Pundits* (Lexington: University Press of Kentucky, 1990).
Walker, Wickliffe W., *Tragödie am Tsangpo: Wildwasserexpedition auf Tibets verbotenem Fluss*, (Hamburg: Gruner + Jahr/RBA, 2001).
Watters, Ron, *Never Turn Back* (Pocatello, ID: The Great Rift Press, 1994).

Beiträge in Zeitschriften, Zeitungen und Internet

Bailey, F. M., »Exploration on the Tsangpo or Upper Brahmaputra«, *The Geographical Journal*, Oktober 1914, S. 341–364.
Baker, Ian, »Exploring a Hidden Land«, *Explorers Journal* (Explorer's Club of New York), Herbst 1997, S. 19–24.
Fleming, Robert L., jr., »A Summary of Biodiversity: The Great River Ecosystems of Asia Trust Region«, auf: www.future.org/greatbio.html.
Forestry Reconnaissance & Design Institute in Tibet, »The Master Plan on Yarlung Zangbo Great Valley State Reserve, 2000–2010«, Oktober 1999.
Gillenwater, Gil, und Troy Gillenwater, »1997 Tibet Expedition«, auf: www.hiddenfalls.org.
Kaulback, Ronald, »The Assam Border of Tibet«, *The Geographical Journal*, März 1934, S. 178–190.
–, »A Journey in the Salween and Tsangpo Basins, Southeastern Tibet«, *The Geographical Journal*, Februar 1938, S. 98–122.
Kingdon-Ward, F., »Explorations in Southeastern Tibet«, *The Geographical Journal*, Februar 1926, S. 97–123.
–, »The Himalaya East of the Tsangpo«, *The Geographical Journal*, November 1934, S. 369–397.
–, »Botanical and Geographical Explorations in Tibet, 1935«, *The Geographical Journal*, November 1936, S. 386–413.

–, »Caught in the Assam-Tibet Earthquake«, *The National Geographic Magazine*, März 1952, S. 402–16.
Liang Chen, »Chinese Explorers Get to the Falls First«, *China Daily*, 29. Jan. 1999, S. 9.
–, »Scientists Evaluate Fruits of Canyon Expedition«, *China Daily*, 12. Dez. 1998, auch auf: www.chinadaily.com.cn und in einer Werbebeilage der *Washington Post National Weekly Edition*.
McGowan, William, »Legend of the Falls«, *Middlebury Magazine*, Winter 2000, S. 27–33.
Morris, Jenny, »The Hunt for the Red Lily«, *London Telegraph Magazine*, 25. Okt. 1997.
Sardar, Hamid, »An Account of Padma-Bkod: A Hidden Land in Southeastern Tibet«, *Kailash*, Bd. XVII, Nr. 3–4, S. 1–22.
Schaller, George, et al., »An Ecological Survey of the Metok Area in the Yarlung Tsangpo Great Canyon National Reserve, Tibet«, September 2000.
Waddell, L. A., »The Falls of the Tsangpo (San-pu) und of that River with the Brahmaputra«, *The Geographical Journal*, Bd. V, 1895.
Yang Yichou et al., »Fight King Cobra« und andere Artikel auf: www.100gogo.com.
–, »On Foot Through the Great Gorge on the Yarlung Zangbo River«, auf: http://shoe.wenzhou.com.cn/ChinaPictorial.

Bildnachweis

S. 23, 31, 35: Royal Geographical Society
S. 108: Columbia Pictures Industries, Inc.
S. 119, 135: Michael McRae
Tafel 1, 4, 6, 7, 8: Ian Baker
Tafel 2/3, 5: Tiziana und Gianni Baldizzone

Danksagung

Die Idee zu diesem Buch entstand, als ich zwei Artikel über die Erforschung der Tsangpo-Schlucht schrieb, einen 1994 für das *Men's Journal* und den anderen 1999 für das erste Heft des *National Geographic Adventure*. Beide Aufträge erhielt ich zufällig vom gleichen Herausgeber, John Rasmus. Als Mitbegründer der Zeitschriften und ehemaliger Herausgeber von *Outside*, für das wir Ende der siebziger Jahre gemeinsam tätig waren, hat er mich bei dieser wie bei zahlreichen anderen Recherchen in der ganzen Welt unterstützt, wofür ich ihm zutiefst dankbar bin. Dank geht auch an James Vlahos, der mir half, den Text für *Adventure* in seine endgültige Form zu bringen, an die Bildredakteurin Nell Hupman und an alle anderen Redaktionsmitglieder, die bei der Veröffentlichung mitwirkten, vor allem Kalee Thompson und Katie McDowell. Hätte mich die *Adventure*-Redakteurin Caryn Davidson nicht gedrängt, dieses Buch anzufangen, dann hätte ich mich nie mit meinem Literaturagenten Mike Hamilburg in Verbindung gesetzt. Für seine unaufhörlichen Ermutigungen stehe ich tief in seiner Schuld.

Meinem Lektor bei Broadway Books, Charles Conrad, bin ich für seine Geduld, sein Verständnis und seine Anregungen dankbar. Herzlichen Dank auch an Claire Johnson und Alison Presley für die Bearbeitung von Anrufen und E-Mails, an Linda Steinmann und Andrea Zalcman für ihren weisen Rat und an Rowland White und Kate Brunt bei Penguin Books UK für die redaktionelle Unterstützung und Hilfe bei der Sichtung historischer Fotos bei der Royal Geographical Society.

Es ist ungewöhnlich für einen Autor, einen Kollegen an seiner Geschichte teilhaben zu lassen, auch wenn die beiden aus unterschiedlichen Blickwinkeln über das gleiche Thema schreiben. Ich danke somit Ian Baker für die Großzügigkeit, die er mir zuteil kommen ließ. Für unsere stundenlangen Gespräche, sowohl am Telefon als auch persönlich in Kathmandu, opferte er viel Zeit, in der er an seiner eigenen Darstellung über die Erforschung der Tsangpo-Schlucht hätte schreiben können. Von all den anderen, die ihre Erlebnisse in der Schlucht mit mir teilten, gebührt mein größter Dank Hamid Sardar, dem Gelehrten, Linguisten und Experten der spirituellen Aspekte und Physiologie der Schlucht, der mich in Tibet begleitete und mir die Geschichte, Religion und Kultur des Landes nahebrachte.

Viele andere halfen mir zu erfahren, was in der Schlucht geschehen ist, seit sie vor fast einem Jahrzehnt wieder geöffnet wurde: Ich danke Gil und Troy Gillenwater, die mir ihre Tagebücher, persönlichen Einschätzungen und Fotos zugänglich machten. Rick Fisher, der 1993 die Expedition in die Schlucht leitete, widmete mir viel Zeit, während ich an dem Artikel für das *Men's Journal* arbeitete. David Breashears und Gordon Wiltsie, die gleichzeitig mit Fisher in der Schlucht waren, erzählten mir für diesen Artikel und später für das Buch bereitwillig ihre Geschichte. Die beiden gestatteten mir auch, ihre Fotos zu verwenden.

Ich danke John Milnes Baker, Richard Bangs, Jill Bielawski, Lukas Blucher, Simon Boyce, Jeff Boyd, Victor Chan, Diane Chang, Maryanne Culpepper, Steve Currey, Keith Dowman, Carroll Dunham, Yoshinobu Emoto, Donald Lopez, Charles Lyte, Minao Kitamura, Rebecca Martin, Peter Miller, Barbara Moffat, Tom und Jamie McEwan, Tomatsu Nakamura, Charles Ramble, George Schaller, Dale Vrabec, Wick Walker, Ron Watters, Roger Zbel, Zhang Jiyue und Zhang Shaohong. Besonderer Dank gebührt Mrs. Jean Rasmussen, der Witwe von Frank Kingdon-Ward, die sich für ein Telefongespräch mit einem Autor bereithielt, der nie die Zeit hatte, nach England zu kommen.

Schließlich danke ich meiner Frau Virginia Morell, die mir während der Arbeit an diesem Buch treu zur Seite stand.

W STE GOBI
Karakorum
Kunlun
TIBET
Yangtse
Dharamsala
Simla
KAILASH
HIMALAYA
Salween
Mekong
Detailkarte
von Indien gezogene Grenze
Bata
Lhasa
Shigatse
Tsetang
Tsangpo
Yamdrok Lake
Dibang
Lohit
Gyantse
Dibang
Mipi
NEPAL
Delhi
MT. EVEREST
JELEP LA
SIKKIM
BHUTAN
Kathmandu
Sadiya
KANGCHENDZ NGA
Gangtok
von China gezogene Grenze
FORT HERT
Darjeeling
Kalimpong
Brahmaputra
ASSAM
Ganges
Bodhgaya
BANGLADESH
INDIEN
Kalkutta
BURMA (MYANMAR)
Irrawaddy
Salween
Golf von Bengalen
THA
Bang
Kilometer
0
500
' 2002 Jeffrey L. Ward

C H I N A
S I C H U A N
Chengdu
N N A N
Bayi
Gyamda
nach Tsari
Tsela Dzong
Tsangpo
Kilometer
0
10
20

Bettina Selby

Himalaja

Mit dem Fahrrad durch Nepal, Kaschmir und Sikkim. Aus dem Englischen von Jürg Wahlen. 298 Seiten mit 22 Farbfotos. Serie Piper

Eine Frau um die fünfzig fährt mit ihrem Fahrrad 8000 Kilometer von Karatschi Richtung Himalaja, durch Indien und Nepal bis nach Katmandu. Immerhin, wenigstens das Fahrrad ist eine Spezialanfertigung – zum Nachbauen gibt's die genauen Anweisungen. Das ist aber auch der einzige Luxus auf der fünfmonatigen Tour, die Bettina Selby mitten hineinführt in die Fremde, die sie konfrontiert mit unabwägbaren, manchmal auch gefährlichen Situationen, mit Neugier und Gastfreundschaft, mit Zudringlichkeit und Zuneigung, vor allem aber mit dem intensiven Erleben einer atemberaubenden Landschaft.

05/1062/01/L

Hans Kammerlander

Bergsüchtig

Klettern und Abfahren in der Todeszone. Unter Mitarbeit von Walther Lücker. 349 Seiten mit 56 Schwarzweiß- und 85 Farbfotos. Serie Piper

Der Südtiroler Hans Kammerlander ist einer der erfolgreichsten Extrembergsteiger der Welt und bisher der einzige, der vom Mount Everest mit Skiern abgefahren ist. In diesem Buch erzählt er von seiner Bergsucht, die ihn seit seiner Jugend immer wieder auf die höchsten Gipfel treibt, von seinem Leben zwischen Fels und Eis und von seinen Abenteuern auf den Achttausendern.

»Ein ehrliches, bodenständiges und schnörkelloses Buch. Ein echter Kammerlander eben.«
Abendzeitung, München

05/1561/01/R

Jamie Zeppa

Mein Leben in Bhutan

Als Frau im Land der Götter. Aus dem Englischen von Karina Of. 367 Seiten mit 15 Farbfotos. Serie Piper

Bhutan – das ist das geheimnisvolle »Land des Donnerdrachens« im Himalaja zwischen Tibet, Indien und Sikkim. Aus purer Abenteuerlust beschließt die Kanadierin Jamie als 24jährige, für zwei Jahre in Bhutan Englisch zu unterrichten. Dort begegnet sie einer vom Tourismus noch unberührten Welt. Sie entdeckt die sensationelle, wilde Schönheit der Natur, die faszinierende buddhistische Religion, die traditionsreiche Kultur mit ihren überwältigenden Klosterburgen und uralten mystischen Bräuchen. Mehr und mehr erliegt sie dem Zauber dieses einzigartigen Landes. Jamies tiefe Zuneigung zu den einheimischen Kindern und ihre Liebe zu dem Bhutaner Tshewang führen schließlich dazu, daß sie für immer bleiben möchte – gegen alle Widerstände ... Eine mitreißende Reportage einer mutigen jungen Frau und das bewegende Zeugnis einer großen Liebe zwischen den Kulturen.

05/1079/01/L

Rick Ridgeway

Der Himmel über dem Himalaja

Eine junge Frau auf der Suche nach ihrem Vater. 399 Seiten mit 8 Seiten farbigem Bildteil und 7 Schwarzweißbildern im Text. Aus dem Amerikanischen von Karina Of. Serie Piper

Tibet 1980: Eine Lawine erfaßt vier Freunde, die für »National Geographic« im Himalaja unterwegs sind. Einer von ihnen, Jonathan Wright, wird Opfer der tödlichen Schneemassen und findet auf dem Minya Konka seine letzte Ruhestätte. Zwanzig Jahre später macht sich seine Tochter Asia zusammen mit dem Mann, in dessen Armen einst ihr Vater starb, auf, um sein Grab zu suchen. Das ergreifende Abenteuer einer jungen Frau auf der Suche nach einer Beziehung, die ihr verwehrt blieb.

»Die emotionale Gratwanderung berührt buchstäblich auf Schritt und Tritt. Lesenswert.«
Westfälischer Anzeiger

05/1465/01/R

SERIE PIPER

SERIE PIPER

Isabel Hilton

Die Suche nach dem Panchen Lama

Auf den Spuren eines verschwundenen Kindes. Aus dem Englischen von Sigrid Langhaeuser. 413 Seiten. Serie Piper

Die Entführung eines sechsjährigen Jungen im Jahr 1995 stürzt das besetzte Tibet in eine seiner schwersten Krisen – gilt er doch als die elfte Reinkarnation des Panchen Lama, des zweithöchsten Würdenträgers nach dem Dalai Lama. Isabel Hilton erzählt die Geschichte eines unglaublichen politischen Verbrechens und bietet damit einen ebenso spannenden wie ungewöhnlichen Einblick in die religiös-politischen Verhältnisse Tibets und den unerschütterlichen Selbstbehauptungswillen des Landes.

»Isabel Hiltons international gewürdigtes Werk liest sich wie ein Krimi – und doch ist alles wahr.«
Süddeutsche Zeitung

05/1564/01/L

Reinhold Messner

Der nackte Berg

Nanga Parbat – Bruder, Tod und Einsamkeit. 320 Seiten mit zahlreichen Farb- und Schwarzweißabbildungen. Serie Piper

Über 8000 Meter ist er hoch, der magische Nanga Parbat. Seine mächtige Rupalwand, die mehr als vier Kilometer in die Tiefe fällt, hat Reinhold Messner als erster durchstiegen. Doch bis heute ruft sie die Erinnerungen an das Jahr 1970 wach, an die dramatischen Geschehnisse, die den Extrembergsteiger nicht loslassen, denn damals mußte er fassungslos und ohnmächtig den schrecklichen Tod seines Bruders durch eine Lawine erleben. Drei Jahrzehnte später erinnert er sich – an den Bruder, an das schreckliche Erlebnis am Nanga Parbat, an eine Tragödie, die am Anfang von Messners Identität als Grenzgänger steht.

»Ein großartiges, sein weitaus bestes Buch. Wer den Mythos Messner verstehen will, muß dieses Buch lesen, und er wird auch etwas vom Menschen Messner verstehen. Und von sich selbst.«
Die Zeit

05/1467/01/R

Nicolas Vanier

Die weiße Odyssee

Aus dem Französischen von Reiner Pfleiderer. 318 Seiten mit 42 Farbfotos. Serie Piper

Nicolas Vanier hat sich seinen Traum erfüllt, als erster allein mit seinen Schlittenhunden vom Pazifik bis zum Atlantik zu fahren: 8600 Kilometer quer über den Kontinent. Sein Bericht ist nicht nur ein packendes Leseabenteuer – es ist auch die Geschichte einer unerschütterlichen Freundschaft zwischen einem Menschen und seinen Hunden, die sich in der Auseinandersetzung mit einer gnadenlosen Natur bewährt.

»Von den Strapazen der Fahrt berichtet Vanier in seinem Buch, von ihrem beinahe fatalen Ausgang, aber auch von der Weite und Schönheit der Landschaft im Norden. Vanier ist mehr als ein Draufgänger, er kann blendend erzählen. Ein moderner Jack London.«
Focus

05/1409/01/L

Nicolas Vanier

Der Sohn der Schneewüste

Roman. Aus dem Französischen von Reiner Pfleiderer. 509 Seiten. Serie Piper

Wie schon in seinem Bestseller »Das Schneekind« entführt Nicolas Vanier den Leser in die verschneiten Weiten Kanadas. In seinem packenden Roman erzählt er die Abenteuer des jungen Indianers Ohio, der mit seinem Hundegespann allein durch die Wildnis der Rocky Mountains zieht. Von seinem Stamm verstoßen und seiner Wurzeln beraubt, begibt er sich in der Welt des weißen Mannes auf die Suche nach dem Vater, den er nie gekannt hat. Doch er wird zutiefst enttäuscht – bis er der schönen Mayoke begegnet …

»Ein moderner Jack London.«
Süddeutsche Zeitung

05/1538/01/R

SERIE PIPER

SERIE PIPER

Break your Limits

Neue Extremabenteuer. Herausgegeben von Ulrich Wank. 316 Seiten. Serie Piper

Man kann seine Hochzeitsreise auch zu Fuß durch die Sahara machen – jedenfalls wenn man Michael Asher heißt und passionierter Abenteurer ist. Den leichten Weg gehen, das ist nichts für die Autoren in diesem Buch. Ob wie Bertrand Piccard mit dem Ballon um die Welt oder in einer einmotorigen Maschine über den Atlantik wie Beryl Markham, ob ein Jahr mit Frau und Baby allein in der kanadischen Wildnis wie Nicolas Vanier oder auf der Suche nach einer großen Reportage im afrikanischen Dschungel … Wovon andere Menschen nur träumen, das leben die Autoren dieses Buches: Denn für das Abenteuer gibt es keine Grenzen.

05/1466/01/L

Ella Maillart

Geliebte Seidenpfote

Mit einer Katze allein durch Indien. Aus dem Englischen von Ursula von Wiese. Mit einem Nachwort von Brigitte Ebersbach und neun Fotos der Autorin. 255 Seiten. Serie Piper

Sie hat einfach mehr Glück als die meisten anderen Katzen in diesem Land: Ihr Leben beginnt in einem Schrank im indischen Tiruvannamalai, und dann verbringt sie drei Jahre an der Seite der Schweizer Abenteurerin Ella Maillart, als diese Anfang der vierziger Jahre Indien bereist. Ti-Puss, so nennt sie zärtlich das verspielte Katzenkind, wird als das Urbild aller Katzenwesen beschrieben und darf sie überallhin begleiten: Sie sitzt auf den Lagern der bewunderten indischen Meister, nimmt ein Bad im Ganges, geht mehrfach verloren und wird wiedergefunden. Die enge Verbindung zwischen dem kleinen, ungewöhnlichen Kätzchen und der Abenteurerin ist eine hinreißende Liebeserklärung an alle Katzen dieser Welt und zeugt von der tiefen Wesensverwandtschaft zwischen Tier und Mensch.

05/1080/01/R

MALIK

Reinhold Messner

Die weiße Einsamkeit

Mein langer Weg zum Nanga Parbat. 351 Seiten
mit 16 Farb- und 137 s/w-Abbildungen. Gebunden

Nanga Parbat ist Sanskrit und bedeutet »Nackter Berg«. In den mächtigen Eisfeldern und Felsrippen dieses gefürchtetsten aller Achttausender ließen die größten Alpinisten der Erde ihr Leben. 1970 stand Reinhold Messner zum ersten Mal am Fuße des Nackten Bergs. Und wenn ihm auch die für unmöglich gehaltene Überschreitung gelingen sollte, reist er doch als Gescheiterter ab – sein Bruder Günther wird beim Abstieg durch die Diamirflanke unter einer Eislawine begraben.
Kein anderer Berg vereint seither für Reinhold Messner Schuld und Schicksal so unauflöslich miteinander wie der Nanga Parbat. Sechsmal kehrt er noch zu ihm zurück, um den Bruder zu suchen und Antworten auf seine Fragen zu finden.
Die Erstbesteigung des Nanga Parbat durch Hermann Buhl jährt sich im Juli 2003 zum fünfzigsten Mal. Wie kaum ein anderer Berg symbolisiert er Erfolg und Niederlage zugleich, die sich von Beginn an durch die Geschichte seiner Besteigungen ziehen. »Die weiße Einsamkeit« ist Reinhold Messners ganz persönliche Chronik des Nanga Parbat, durch den er der wurde, der er ist.

02/1043/01/R